Über dieses Buch

Mit dem Enthusiasmus und der Neugierde des Forschers unternimmt es der Autor, ein junger Ethnologe und Anthropologe, in die Welt der »nicht-alltäglichen Wirklichkeit« der Yaqui-Indianer Mexikos einzudringen. Er schließt Freundschaft mit einem alten Medizinmann und Zauberer dieses Stammes, der ein »Wissender« und bereit ist, dem Schüler beim Überschreiten der geheimnisvollen Schwelle aus einer profanen Welt in die Gefilde einer neuen Dimension der Wirklichkeit helfend und beratend zur Seite zu stehen.

Mit Castaneda tun wir einen tiefen Blick in die mythologische Vorstellungskraft eines uralten Volkes, das Jahrtausende hindurch den strengen und sogar lebensgefährdenden Ritus unverändert bewahrt hat und noch heute in seiner wahrscheinlich ursprünglichen Form praktiziert. Eingehend schildert er sein Erleben beim Vorstoß in diese ihm bis dahin völlig unbekannte Sphäre, der ihm anfänglich ermöglicht wird durch gewisse, den Indianern seit je in seiner Wirkungsweise vertrauten pflanzlichen Rauschgifte. Gleich ihm erfährt der Leser das beklemmende Gefühl des Eingesponnenseins in die dämonische Besessenheit eines archaischen Schamanen.

Zu bewundern sind der Mut und die Beharrlichkeit, mit welcher der Zauberlehrling sich über einen langen Zeitraum hin den strapaziösesten Übungen unterzog, seine Kraft, die Kontrolle über seine vielfältigen und verwirrenden Empfindungen zu halten und seine Erlebnisse im Gedächtnis zu bewahren, um sie, in die gewohnte Welt zurückgekehrt, methodisch zu sichten und der Wissenschaft den Weg in ein weitgehend unbekanntes Gebiet zu eröffnen.

Von Carlos Castaneda erschien außerdem im Fischer Taschenbuch Verlag: *Eine andere Wirklichkeit. Neue Gespräche mit Don Juan* (Fischer Taschenbuch Bd. 1616).

Carlos Castaneda

Die Lehren des Don Juan

Ein Yaqui-Weg des Wissens

Silvia M. Fischer
1978

Fischer
Taschenbuch
Verlag

Fischer Taschenbuch Verlag
1.–17. Tausend: Oktober 1973
18.–25. Tausend: Mai 1974
26.–32. Tausend: Februar 1975
33.–42. Tausend: August 1975
43.–55. Tausend: Dezember 1975
56.–72. Tausend: Mai 1976
Ungekürzte und überarbeitete Ausgabe

Umschlagentwurf: Hannes Jähn

Titel der amerikanischen Originalausgabe:
›The Teachings of Don Juan. A Yaqui Way of Knowledge.‹
Aus dem Amerikanischen von Céline und Heiner Bastian

Fischer Taschenbuch Verlag GmbH, Frankfurt am Main
Lizenzausgabe mit freundlicher Genehmigung
des März Verlages, Frankfurt am Main
Titel der deutschen Erstausgabe: ›Die andere Realität. Die Lehren des Don Juan.‹

Gesamtherstellung: Hanseatische Druckanstalt GmbH, Hamburg
Printed in Germany
480-ISBN 3 436 01873 2

Inhalt

Vorwort 7
Einführung 11
Erster Teil: Die Lehren 23
Zweiter Teil: Eine strukturelle Analyse 155
Appendix A 199
Appendix X (Aufbau der strukturellen Analyse) 211

Für Don Juan –
und die zwei Leute, die
sein Gefühl magischer Zeit mit mir teilten

Vorwort

Dieses Buch ist Ethnographie und Allegorie zugleich.
Carlos Castaneda führt uns unter der Anleitung von Don Juan durch jenen Augenblick des Zwielichts, durch jenen Riß im Universum zwischen Tageslicht und Dunkel in eine Welt, die nicht nur anders als unsere ist, sondern von einer vollkommen verschiedenen Ordnung der Wirklichkeit. Er erreichte sie mit Hilfe von *Mescalito, yerba del diablo* und *humito* – Peyote, Datura und Pilzen. Aber dies ist nicht eine bloße Wiedergabe halluzinatorischer Erlebnisse, denn Don Juans kunstvolle Manipulationen haben den Reisenden geführt, während seine Interpretationen den Ereignissen Sinn gaben, die uns durch den Schüler des Zauberers zugänglich gemacht werden.
Die Anthropologie hat uns gelehrt, daß die Welt an verschiedenen Orten unterschiedlich definiert wird. Es ist nicht nur, daß die Menschen unterschiedliche Gewohnheiten haben, daß sie an verschiedene Götter glauben und an das Leben nach dem Tode unterschiedliche Erwartungen stellen. Vielmehr haben die Welten verschiedener Völker ein unterschiedliches Aussehen. Die metaphysischen Voraussetzungen selbst unterscheiden sich: der Raum fügt sich nicht in die euklidische Geometrie, die Zeit bildet nicht einen ununterbrochenen Fluß in nur einer Richtung, die Ursachen des Geschehens erklären sich nicht aus der Logik des Aristoteles, der Mensch wird nicht vom Nicht-Menschen, das Leben nicht vom Tod unterschieden wie in unserer Welt. Einiges vom Wesen dieser anderen Welten zeigt sich uns in der Logik der dort gesprochenen Sprachen und in den von den Anthropologen aufgezeichneten Mythen und Zeremonien. Don Juan hat uns Einblicke in die Welt eines Yaqui-Zauberers gewährt. Durch ihn »sehen« wir sie unter dem Einfluß halluzinogener Substanzen und erfassen sie in einer Wirklichkeit, die sich von jenen anderen Quellen völlig unterscheidet. Dies ist das besondere Verdienst dieser Arbeit.
Castaneda behauptet zu Recht, daß diese Welt trotz aller Unterschiede der Wahrnehmung ihre eigene innere Logik besitzt. Er versucht, sie von innen her zu erklären – sozusagen aus seinen eigenen reichen und stark persönlichen Erfahrungen unter der Anleitung von Don Juan –, statt sie in Begriffen unserer Logik zu untersuchen. Daß ihm dies nicht ganz gelingen kann, liegt an einer Begrenzung, die unsere eigene Kultur und Sprache der Wahrnehmung auferlegen, und nicht an seinen persönlichen Grenzen; und doch verbindet er für uns in seinen Bemühungen die

Welt eines Yaqui-Zauberers mit unserer eigenen, die Welt nichtalltäglicher mit der Welt alltäglicher Wirklichkeit.
Die zentrale Bedeutung des Eintretens in Welten, die sich von unserer eigenen unterscheiden – und somit auch und besonders der Anthropologie – liegt in der Tatsache, daß das Erlebnis uns vor Augen führt, daß unsere eigene Welt auch ein kulturelles Gebilde ist. Durch die Erfahrung anderer Welten sehen wir unsere eigene so, wie sie ist, und dadurch ist es uns auch möglich, flüchtig zu sehen, wie die wirkliche Welt – die Welt zwischen unserem eigenen kulturellen Gebilde und jenen anderen Welten – tatsächlich sein muß. Darum Allegorie und Ethnographie. Die Weisheit und Poesie Don Juans und das Talent und die Poesie seines Schülers geben uns eine Sicht von uns selbst und von der Wirklichkeit. Wie in jeder richtigen Allegorie liegt das, was einer sieht, beim Betrachter und bedarf hier keiner Erklärung.
Carlos Castaneda begann seine Gespräche mit Don Juan, als er an der University of California in Los Angeles Anthropologie studierte. Wir sind ihm zu Dank verpflichtet für seine Geduld, seinen Mut und seine Weitsicht bei seiner Suche und Annahme der Herausforderung seiner doppelten Lehre und für die Wiedergabe der Einzelheiten seiner Erlebnisse. In dieser Arbeit zeigt er die wichtigste Fertigkeit der Ethnographie – die Fähigkeit, in eine fremde Welt einzudringen. Ich glaube, er hat einen Weg mit Herz gefunden.

Walter Goldschmidt

Danksagungen

Aufrichtigen Dank möchte ich aussprechen an Professor Clement Meighan, der Beginn und Verlauf meiner anthropologischen Versuchsarbeit lenkte; Professor Harold Garfinkel, der mir Vorbild war und den Mut zu gründlicher Untersuchung gab; Professor Robert Edgerton, der mir von Anfang an mit seiner Kritik half; den Professoren William Bright und Pedro Carrasco für Kritik und Förderung; und Professor Lawrence Watson für seine unschätzbare Hilfe in der Klärung meiner Analyse. Schließlich danke ich Mrs. Grace Stimson und Mr. F. A. Guilford für ihre Hilfe bei der Vorbereitung des Manuskripts.

Para mi solo recorrer los caminos que tienen corazon,
cualquier camino que tenga corazon. Por ahi yo recorro,
y la unica prueba que vale es atravesar todo su largo.
Y por ahi yo recorro mirando, mirando, sin aliento.
(Für mich gibt es nur das Gehen auf Wegen die Herz haben, auf jedem Weg gehe ich, der vielleicht ein Weg ist, der Herz hat.
Dort gehe ich, und die einzige lohnende Herausforderung ist, seine ganze Länge zu gehen.
Und dort gehe ich und sehe und sehe atemlos.)

DON JUAN

. . . nicht mehr kann versucht werden, als den Beginn und die Richtung eines unendlich langen Weges festzustellen. Die Vorspiegelung irgendeiner systematischen und definitiven Vollständigkeit wäre zumindest Selbstbetrug. Vollkommenheit kann hier von dem einzelnen Lernenden nur in dem subjektiven Sinn erreicht werden, daß er alles kommuniziert, was zu sehen er fähig war.

GEORG SIMMEL

Einführung

Im Sommer 1960 machte ich als Anthropologiestudent an der University of California in Los Angeles mehrere Fahrten in den Südwesten, um Informationen über Heilpflanzen zu sammeln, die von den Indianern dieses Gebietes gebraucht werden. Die Ereignisse, die ich hier beschreibe, begannen auf einer meiner Fahrten. Ich wartete in einer Grenzstadt auf einen Greyhoundbus und unterhielt mich mit einem Freund, der mein Führer und Helfer bei den Nachforschungen gewesen war. Plötzlich beugte er sich zu mir herüber und flüsterte, daß der Mann, der vor dem Fenster saß, ein weißhaariger alter Indianer, sehr viel über Pflanzen wisse, insbesondere über Peyote. Ich bat meinen Freund, mich diesem Mann vorzustellen.

Mein Freund grüßte ihn, ging dann zu ihm hinüber und gab ihm die Hand. Nachdem sie eine Weile gesprochen hatten, winkte mein Freund mich herbei, ließ mich dann aber sofort mit dem alten Mann allein, obwohl er uns nicht einmal bekannt gemacht hatte. Der Indianer war nicht im geringsten verlegen. Ich nannte ihm meinen Namen, und er sagte, daß er Juan heiße und mir zur Verfügung stehe. Er benutzte die förmliche spanische Anrede. Ich gab ihm zuerst die Hand, und dann schwiegen wir einige Zeit. Es war keine künstliche Stille, sondern beiderseits eine natürliche und entspannte Ruhe. Obwohl sein dunkles Gesicht und sein Nacken voller Falten waren und sein Alter verrieten, zeigte er einen auffallend beweglichen und muskulösen Körper.

Ich erzählte ihm dann, daß ich an Informationen über Heilpflanzen interessiert sei. Obwohl ich in Wirklichkeit fast nichts über Peyote wußte, ertappte ich mich dabei, wie ich so tat, als wüßte ich eine Menge. Ich deutete sogar an, daß er davon profitieren könnte. Während ich so drauflos redete, nickte er langsam und sah mich an, sagte aber nichts. Ich mied seine Augen, und es endete damit, daß wir in völligem Schweigen dastanden. Schließlich, es schien eine lange Zeit vergangen, stand Don Juan auf und sah aus dem Fenster. Sein Bus war gekommen. Er sagte auf Wiedersehen und verließ die Busstation.

Ich ärgerte mich über den Unsinn, den ich ihm erzählt hatte, und darüber, daß diese außergewöhnlichen Augen mich durchschaut hatten. Als mein Freund zurückkam, versuchte er mich darüber zu trösten, daß ich von Don Juan nichts erfahren hatte. Er erklärte mir, daß der alte Mann oft schweigsam oder verschlossen sei, aber

der störende Eindruck dieser ersten Begegnung war nicht leicht zu zerstreuen.
Ich bemühte mich sehr, herauszufinden, wo Don Juan lebte, und später besuchte ich ihn mehrere Male. Bei jedem Besuch versuchte ich das Gespräch auf Peyote zu bringen, aber ohne Erfolg. Wir wurden trotzdem sehr gute Freunde, und meine wissenschaftliche Untersuchung war vergessen oder wurde zumindest in andere Richtungen verdrängt, die von meiner ursprünglichen Absicht Welten entfernt waren.
Der Freund, der mich Don Juan vorgestellt hatte, erklärte mir später, daß der alte Mann kein Eingeborener Arizonas war, wo wir uns getroffen hatten, sondern Yaqui-Indianer aus Sonora in Mexiko.
Zuerst sah ich in Don Juan nur einen ziemlich merkwürdigen Mann, der sehr viel über Peyote wußte und ausgezeichnet Spanisch sprach. Aber die Leute, mit denen er lebte, glaubten, daß er eine Art »geheimes Wissen« habe, daß er ein *»brujo«* sei. Das spanische Wort *brujo* bedeutet etwa Medizinmann, Heiler, Hexer, Zauberer. Es bezeichnete im wesentlichen eine Person, die außergewöhnliche, meistens böse Kräfte besitzt.
Ich kannte Don Juan schon ein ganzes Jahr, bevor er mir sein Vertrauen schenkte. Eines Tages erklärte er mir, er besitze gewisse Kenntnisse von einem Lehrer, einem »Wohltäter«, wie er ihn nannte, der ihn durch eine Art Lehrzeit geführt habe. Don Juan hatte nun seinerseits mich zu seinem Schüler gewählt, aber er warnte mich vor einer tiefgreifenden Verpflichtung, die ich einzugehen hätte, und einem Training, das lang und schwierig sein würde.
Bei der Beschreibung seines Lehrers benutzte Don Juan das Wort *»diablero«*. Später lernte ich, daß *diablero* ein Ausdruck ist, der nur von den Sonora-Indianern benutzt wird. Er bezieht sich auf einen bösen Menschen, der schwarze Magie praktiziert und fähig ist, sich in ein Tier zu verwandeln – in einen Vogel, einen Hund, einen Coyoten oder in jedes andere Geschöpf. Bei einem meiner Besuche in Sonora machte ich eine merkwürdige Erfahrung, die zeigte, was die Indianer über *diableros* empfinden. Ich fuhr nachts mit zwei indianischen Freunden in einem Auto, als ich ein Tier, einem Hunde ähnlich, die Highway überqueren sah. Einer meiner Begleiter sagte, daß es kein Hund sei, sondern ein riesiger Coyote. Ich fuhr langsam an den Straßenrand hinüber, um das Tier richtig sehen zu können. Es stand noch einige Sekunden im Bereich der Scheinwerfer und rannte dann ins Untergehölz. Zweifellos war es ein Coyote, aber er war doppelt so groß wie gewöhnlich. Wir unterhielten uns aufgeregt, und meine Freunde stimmten darin überein, daß es ein sehr ungewöhnliches Tier war, und einer von ihnen deutete an, daß es ein *diablero* sein könnte. Ich beschloß, anhand einer Darstellung dieses Erlebnisses die Indianer dieses Ge-

biets über ihren Glauben an die Existenz von *diableros* zu befragen. Ich sprach mit vielen Leuten, erzählte ihnen die Geschichte und stellte ihnen Fragen. Die drei folgenden Gespräche deuten an, was sie dachten.

»Glaubst du, es war ein Coyote, Choy?« fragte ich einen jungen Mann, nachdem er die Geschichte gehört hatte.

»Wer weiß? Kein Zweifel, ein Hund. Zu groß für einen Coyoten.«

»Glaubst du, es könnte ein *diablero* gewesen sein?«

»Das ist doch Blödsinn. Solche Sachen gibts nicht.«

»Warum sagst du das, Choy?«

»Die Leute bilden sich so etwas ein. Ich wette, du hättest gesehen, daß es ein Hund war, wenn du das Tier gefangen hättest. Einmal hatte ich in einer anderen Stadt etwas zu tun, stand vor Sonnenaufgang auf und sattelte ein Pferd. Als ich losritt, stieß ich auf einen dunklen Schatten auf der Straße, der wie ein riesiges Tier aussah. Mein Pferd scheute und warf mich aus dem Sattel. Ich war auch ganz schön erschrocken, aber es stellte sich heraus, daß der Schatten eine Frau war, die in die Stadt ging.«

»Willst du damit sagen, Choy, daß du nicht an *diableros* glaubst?«

»Diableros! Was ist ein diablero? Sag mir, was ein diablero ist!«

»Ich weiß nicht, Choy. Manuel, der in jener Nacht mit mir fuhr, sagte, daß der Coyote ein *diablero* gewesen sein könnte. Vielleicht kannst du mir sagen, was ein diablero ist?«

»Ein *diablero*, sagen sie, ist ein *brujo*, der sich in jede Gestalt verwandelt, die er annehmen will. Aber jeder weiß, daß das reinster Blödsinn ist. Die alten Leute hier sind voller Geschichten über *diableros*. Unter uns Jüngeren gibt es das nicht.«

»Was glaubst du, war das für ein Tier, Dona Luz?« fragte ich eine Frau in mittleren Jahren.

»Nur Gott weiß das sicher, aber ich glaube nicht, daß es ein Coyote war. Es gibt Dinge, die Coyoten zu sein scheinen, es aber nicht sind. Rannte der Coyote oder fraß er?«

»Er stand die meiste Zeit still, aber als ich ihn zuerst sah, fraß er, glaube ich, etwas.«

»Bist du sicher, daß er nicht etwas in seinem Maul trug?«

»Vielleicht tat er's. Aber sag mir, würde das einen Unterschied machen?«

»Ja, das schon. Wenn er etwas im Maul trug, war er kein Coyote.«

»Was war es dann?«

»Es war ein Mann oder eine Frau.«

»Wie nennst du solche Leute, Dona Luz?«

Sie antwortete nicht. Ich fragte sie noch eine Weile, aber ohne Erfolg. Schließlich sagte sie, sie wüßte es nicht. Ich fragte sie, ob solche Leute *diableros* genannt würden, und sie antwortete, daß *»diablero«* einer der Namen sei, die man ihnen

»Kennst du irgendwelche *diableros*?« fragte ich.
»Ich kannte eine Frau«, antwortete sie. »Sie wurde getötet. Es passierte, als ich ein kleines Mädchen war. Die Frau, sagten sie, verwandelte sich gewöhnlich in eine Hündin. Und eines Nachts ging ein Hund in das Haus eines weißen Mannes, um Käse zu stehlen. Der weiße Mann tötete den Hund mit einem Gewehr, und in dem Moment, als der Hund im Haus des weißen Mannes starb, starb die Frau in ihrer eigenen Hütte. Ihre Verwandten versammelten sich und gingen zu dem weißen Mann und verlangten Wiedergutmachung. Der weiße Mann zahlte gutes Geld dafür, daß er sie getötet hatte.«
»Wie konnten sie Wiedergutmachung verlangen, wenn es nur ein Hund war, den er getötet hatte?«
»Sie sagten, daß der weiße Mann wußte, daß es kein Hund war, weil andere Leute dabei waren, und alle gesehen hatten, wie der Hund sich wie ein Mensch auf seinen Hinterbeinen aufrichtete und nach dem Käse langte, der auf einem unter dem Dach hängenden Brett lag. Die Leute hatten auf den Dieb gewartet, weil der Käse des weißen Mannes jede Nacht gestohlen worden war. Darum tötete der Mann den Dieb und wußte sehr gut, daß es kein Hund war.«
»Gibt es heute noch *diableros*, Dona Luz?«
»Solche Dinge sind sehr geheim. Sie sagen, daß es keine *diableros* mehr gibt, aber ich bezweifle es, weil ein Mitglied der Familie des *diablero* lernen muß, was der *diablero* weiß. *Diableros* haben ihre eigenen Gesetze, und eins davon ist, daß ein *diablero* seine Geheimnisse an einen aus seinem Stamm weitergeben muß.«

»Was glaubst du, war das Tier, Genaro?« fragte ich einen sehr alten Mann.
»Ein Hund von einer der Ranchos aus der Gegend. Was sonst?«
»Es könnte ein *diablero* gewesen sein!«
»Ein *diablero*? Du bist verrückt! Es gibt keine *diableros*.«
»Willst du sagen, daß es heute keine gibt oder daß es nie welche gegeben hat?«
»Ja, irgendwann gab es welche. Das ist allgemein bekannt. Jeder weiß es. Aber die Leute hatten Angst vor ihnen und ließen sie alle töten.«
»Wer tötete sie, Genaro?«
»Alle Leute des Stammes. Der letzte *diablero*, von dem ich wußte, war S—. Er tötete Dutzende, vielleicht sogar Hunderte von Leuten durch seine Zauberkraft. Wir konnten es nicht dulden, und die Leute kamen zusammen und überraschten ihn eines Nachts und verbrannten ihn lebend.«
»Wie lange liegt das zurück, Genaro?«
»Es war Neunzehnhundertzweiundvierzig.«
»Hast du es selbst gesehen?«

»Nein, aber die Leute sprechen noch davon. Sie sagen, daß keine Asche zurückblieb, obwohl der Scheiterhaufen aus frischem Holz war. Am Ende war eine riesige Fettlache übrig.«

Obwohl Don Juan seinen Wohltäter als *diablero* bezeichnete, erwähnte er weder den Ort, an dem er sein Wissen erworben hatte, noch nannte er den Namen seines Lehrers. Überhaupt gab Don Juan sehr wenig über sein persönliches Leben preis. Er sagte nur, daß er 1891 im Südwesten geboren war, daß er fast sein ganzes Leben in Mexiko verbracht hatte, daß seine Familie 1900 von der mexikanischen Regierung zusammen mit Tausenden anderer Sonora-Indianer nach Zentralmexiko ausgewiesen wurde und daß er bis 1940 in Zentral- und in Südmexiko gelebt hatte. Da Don Juan sehr viel gereist war, war sein Wissen vielleicht das Ergebnis vieler Einflüsse. Und obwohl er sich als einen Indianer aus Sonora betrachtete, war ich nicht sicher, ob der Kontext seines Wissens völlig in der Kultur der Sonora-Indianer zu suchen sei. Aber es ist hier nicht meine Absicht, seine genaue kulturelle Herkunft zu bestimmen.

Ich begann meine Lehrzeit bei Don Juan im Juni 1961. Vor dieser Zeit hatte ich ihn zu verschiedenen Gelegenheiten gesehen, aber immer als anthropologischer Beobachter. Während dieser frühen Gespräche machte ich heimlich Notizen. Später rekonstruierte ich aus dem Gedächtnis das gesamte Gespräch. Als ich jedoch als Lernender begann, wurde diese Art des Aufzeichnens sehr schwierig, denn unsere Gespräche berührten viele verschiedene Themen. Dann erlaubte mir Don Juan nach heftigem Widerstreben jedoch, alles, was gesagt wurde, offen aufzuzeichnen. Ich hätte auch gerne Photos und Tonbandaufnahmen gemacht, aber das wollte er mir nicht erlauben.

Arizona und dann Sonora waren die ersten Orte meiner Lehrzeit, denn Don Juan zog während meiner Unterweisung nach Mexiko. Ich richtete es so ein, daß ich ihn ab und zu für einige Tage sah. Meine Besuche waren häufiger und länger während der Sommermonate der Jahre 1961, 1962, 1963 und 1964. Zurückblickend glaube ich, daß diese Methode der Lehrzeitgestaltung den Erfolg der Unterweisung beeinträchtigte, da sie den Zeitpunkt meines vollen Einsatzes verzögerte, den ich dringend brauchte, um Zauberer zu werden. Von meinem persönlichen Standpunkt aus gesehen, nützte mir diese Methode jedoch, denn sie erlaubte mir etwas Abstand, und dies wiederum hielt mir den Sinn für kritische Überprüfung offen, was unmöglich gewesen wäre, wenn ich beständig, ohne Unterbrechung teilgenommen hätte. Im September 1965 brach ich die Lehrzeit freiwillig ab.

Einige Monate nach meinem Weggehen erwog ich zum ersten Mal die Idee, meine Arbeitsnotizen auf systematische Weise zu ordnen. Da die Ergebnisse, die ich gesammelt hatte, sehr umfangreich waren und vielseitige Informationen einschlossen, begann ich mit dem Versuch, ein Klassifikationssystem zu erstellen. Ich teilte die Ergebnisse in Sachgruppen verwandter Begriffe und Verfahren und ordnete die Sachgebiete in der Rangordnung ihrer subjektiven Bedeutung – d. h. nach dem Eindruck, den jedes von ihnen auf mich gemacht hatte. Auf diese Weise kam ich zu der folgenden Klassifikation: Gebrauch von halluzinogenen Pflanzen; Verfahren und Formeln in der Zauberei; Gewinn und Manipulation von Macht-Objekten; Gebrauch von Heilpflanzen; Lieder und Legenden.

Als ich über die Phänomene nachdachte, denen ich begegnet war, wurde mir bewußt, daß mein Versuch einer Klassifikation nichts als ein Verzeichnis von Kategorien ergeben hatte; jeder Versuch, mein Schema zu verbessern, konnte dadurch ein nur noch komplizierteres Verzeichnis ergeben. Das war nicht, was ich wollte. Während der Monate nach meiner Lösung aus der Lehrzeit mußte ich verstehen, was ich erfahren hatte, und erfahren hatte ich, mit Hilfe einer pragmatischen und experimentellen Methode, die Lehre eines kohärenten Systems von Anschauungen. Schon im allerersten Treffen, an dem ich teilgenommen hatte, war mir klargeworden, daß Don Juans Lehren einen inneren Zusammenhang besaßen. Als er sich einmal endgültig entschieden hatte, mir sein Wissen mitzuteilen, setzte er die Darstellung seiner Erklärungen schrittweise methodisch fort. Jene Ordnung zu entdecken und zu verstehen, stellte sich für mich als die schwierigste Aufgabe heraus.

Meine Unfähigkeit zu verstehen, läßt sich wohl auf die Tatsache zurückführen, daß ich nach vier Jahren der Lehre noch immer in den Anfängen war. Es war klar, daß Don Juans Wissen und seine Methode des Vermittelns die seines Lehrers waren; so mußten meine Schwierigkeiten im Verstehen seiner Lehren die gleichen sein, denen er begegnet war. Don Juan spielte in auffälligen Bemerkungen auf unsere Ähnlichkeit als Anfänger an, wenn er über seine Unfähigkeit sprach, seinen Lehrer während seiner eigenen Lehre zu verstehen. Solche Bemerkungen brachten mich zu der Annahme, daß für jeden Anfänger, Indianer oder Nicht-Indianer, das Wissen der Zauberei unverständlich gemacht wurde durch die fremdartigen Eigenschaften der erlebten Phänomene. Ich persönlich, als Westländer, fand diese Eigenschaften so bizarr, daß es mir praktisch unmöglich war, sie in Begriffen meines eigenen täglichen Lebens zu erklären, und ich war zu dem Schluß gezwungen, daß jeder Versuch, meine Arbeitsnotizen in meinen eigenen Begriffen zu klassifizieren, zwecklos sein würde.

So wurde mir klar, daß Don Juans Wissen in den Begriffen, in denen er es selbst verstand, untersucht werden mußte; nur in diesen Begriffen konnte es evident und überzeugend werden. In dem

Versuch jedoch, meine eigenen Ansichten mit denen Don Juans in Einklang zu bringen, erkannte ich, daß er dann, wenn er mir sein Wissen zu erklären suchte, Begriffe gebrauchte, die es für ihn »verständlich« machten. Der Versuch, sein Wissen so zu verstehen, wie er es verstand, brachte mich erneut in eine unhaltbare Lage, da mir jene Begriffe fremd waren. Darum war meine erste Aufgabe die Bestimmung seiner Begriffsordnung. Während ich in dieser Richtung arbeitete, bemerkte ich, daß Don Juan selbst besonderen Nachdruck auf ein bestimmtes Gebiet seiner Lehren gelegt hatte – insbesondere auf den Gebrauch von halluzinogenen Pflanzen. Auf der Grundlage dieser Erkenntnis veränderte ich mein eigenes Schema der Kategorien.

Don Juan benutzte, getrennt und zu verschiedenen Gelegenheiten, drei halluzinogene Pflanzen: Peyote *(Lophophora williamsii)*, Jimson weed *(Datura inoxia syn. D. metoloides)* und einen Pilz (möglicherweise *Psilocybe mexicana*). Noch vor ihrem Kontakt mit Europäern haben die Indianer die halluzinogenen Eigenschaften dieser drei Pflanzen gekannt. Dieser Eigenschaften halber war die Verwendung jener Pflanzen weithin verbreitet, zur Heilung, zur Hexerei und zur Erreichung eines Zustands der Ekstase. Im spezifischen Kontext seiner Lehren brachte Don Juan den Gebrauch von *Datura inoxia* und *Psilocybe mexicana* mit dem Erreichen von Macht in Zusammenhang, einer Macht, die er einen »Verbündeten« nannte. Den Gebrauch von *Lophophora williamsii* verband er mit dem Gewinn von Wissen oder der Kenntnis einer richtigen Lebensweise.

Für Don Juan bestand die Bedeutung der Pflanzen in ihrer Fähigkeit, im Menschen Zustände merkwürdiger Wahrnehmung hervorzurufen. Zu dem Zweck, sein Wissen zu enthüllen und zu bestätigen, führte er mich zu der Erfahrung einer Reihe jener Zustände. Ich habe sie »Zustände nichtalltäglicher Wirklichkeit« genannt, d. h. nichtalltägliche Wirklichkeit im Gegensatz zur alltäglichen Wirklichkeit des tagtäglichen Lebens. Diese Unterscheidung beruht auf der inhärenten Bedeutung der Zustände nichtalltäglicher Wirklichkeit. Im Kontext von Don Juans Wissen wurden sie als wirklich angesehen, obwohl ihre Wirklichkeit von alltäglicher Wirklichkeit unterschieden wurde.

Don Juan hielt die Zustände nichtalltäglicher Wirklichkeit für die einzige Form pragmatischen Lernens und die einzige Methode, Macht zu gewinnen. Er vermittelte den Eindruck, daß andere Teile seiner Lehren für die Erlangung von Macht nebensächlich waren. Dieser Standpunkt bestimmte Don Juans Haltung in allem, was nicht direkt mit den Zuständen nicht-alltäglicher Wirklichkeit verbunden war. Durch meine Arbeitsnotizen ziehen sich verstreute Hinweise auf Don Juans Ansichten. Zum Beispiel meinte er in einem Gespräch, daß einige Objekte in sich eine bestimmte Menge Macht enthielten. Obwohl er selbst keine Beziehungen zu

Macht-Objekten hatte, sagte er, daß sie oft von geringeren *brujos* als Hilfe benutzt würden. Ich fragte ihn oft nach solchen Objekten, aber er schien völlig uninteressiert, darüber zu sprechen. Als das Thema jedoch bei einer anderen Gelegenheit zur Sprache kam, stimmte er widerwillig zu, über sie zu sprechen.

»Es gibt bestimmte Objekte, die mit Macht ausgestattet sind«, sagte er. »Es gibt große Mengen derartiger Objekte, die mit Hilfe freundlicher Geister von mächtigen Männern benutzt werden. Diese Objekte sind Werkzeuge – keine gewöhnlichen Werkzeuge, sondern Werkzeuge des Todes. Und doch sind es nur Instrumente; sie haben keine Macht zu lehren. Genau gesagt, sie liegen im Bereich der Kriegs-Objekte, zum Streit bestimmt; sie sind zum Töten gemacht, zum Schleudern.«

»Welche Art von Objekten sind das, Don Juan?«

»Sie sind nicht wirklich Objekte; eher sind sie Arten der Macht.«

»Wie kann man diese Arten der Macht erlangen, Don Juan?«

»Das hängt von der Art des Objekts ab, das du willst.«

»Wieviele Arten gibt es?«

»Wie ich schon gesagt habe, es gibt deren viele. Jedes Ding kann ein Macht-Objekt sein.«

»Ja, welche sind dann am mächtigsten?«

»Die Macht eines Objektes hängt von seinem Besitzer, von dessen Wesen ab. Ein Macht-Objekt, das von einem geringeren *brujo* gehütet wird, ist kaum ernst zu nehmen; andererseits gibt ein starker, mächtiger *brujo* seine Stärke an seine Werkzeuge ab.«

»Welche Macht-Objekte sind am verbreitetsten? Welche werden von den meisten *brujos* bevorzugt?«

»Es gibt keine Bevorzugungen. Sie sind alle Macht-Objekte, alle genau gleich.«

»Hast du selbst welche, Don Juan?«

Er antwortete nicht; er sah mich nur an und lachte. Lange Zeit blieb er still, und ich dachte, meine Fragen ärgerten ihn.

»Es gibt Grenzen für diese Arten von Mächten«, fuhr er fort. »Aber ich bin sicher, so eine Ansicht ist dir unverständlich. Ich habe fast ein ganzes Leben gebraucht, um zu verstehen, daß ein Verbündeter aus sich selbst alle Geheimnisse dieser geringeren Mächte verraten kann und sie ziemlich kindisch erscheinen läßt. Als ich jung war, hatte ich einmal solche Werkzeuge.«

»Welche Macht-Objekte hattest du?«

»*Maíz-pinto*, Kristalle und Federn.«

»Was ist Maíz-pinto, Don Juan?«

»Es ist ein kleines Maiskorn, das einen schmalen Streifen roter Farbe in seiner Mitte hat.«

»Ist es ein einzelnes Korn?«

»Nein. Ein *brujo* besitzt achtundvierzig Körner.«

»Was bewirken die Körner, Don Juan?«

»Jedes von ihnen kann einen Menschen töten, indem es in seinen Körper eindringt.«
»Wie dringt ein Korn in einen menschlichen Körper ein?«
»Es ist ein Macht-Objekt, und seine Macht besteht unter anderem darin, in den Körper einzudringen.«
»Was bewirkt es, wenn es in den Körper eindringt?«
»Es versenkt sich in den Körper; es nistet sich in der Brust oder in den Gedärmen ein. Der Mann wird krank, und wenn der *brujo*, der ihn pflegt, nicht stärker ist als der Verzauberer, wird er innerhalb von drei Monaten nach Eindringen des Korns in seinen Körper sterben.«
»Gibt es einen Weg, ihn zu heilen?«
»Der einzige Weg ist, das Korn auszusaugen, aber sehr wenige *brujos* würden das wagen. Einem *brujo* könnte es vielleicht gelingen, ein Korn auszusaugen, aber wenn er selbst nicht mächtig genug ist, es abzuweisen, wird es in ihn eindringen und nun *ihn* töten.«
»Aber wie gelingt es einem Korn, in den Körper eines Menschen einzudringen?«
»Um das zu erklären, muß ich dir von der Mais-Zauberei erzählen, einer der mächtigsten Zauberkräfte, die ich kenne. Die Zauberkraft wird durch zwei Körner bewirkt. Eines davon wird in die frische Knospe einer gelben Blume gelegt. Dann wird die Blume an einen Ort gebracht, wo sie mit dem Opfer in Berührung kommen wird: die Straße, auf der es jeden Tag geht, oder jeder Ort, an dem es sich gewöhnlich aufhält. Sobald das Opfer auf das Korn tritt oder es auf irgendeine Weise berührt, setzt die Zauberei ein. Das Korn versenkt sich in den Körper.«
»Was passiert mit dem Korn, nachdem der Mann es berührt hat?«
»All seine Macht geht auf den Mann über, und das Korn ist frei. Es wird zu einem gewöhnlichen Korn. Es bleibt vielleicht an der Stelle der Zauberei, oder es wird vielleicht weggefegt; das ist ohne Bedeutung. Es ist besser, es in die Büsche zu fegen, wo ein Vogel es essen wird.«
»Kann ein Vogel es essen, bevor der Mann es berührt hat?«
»Nein. Ich versichere dir, so dumm ist kein Vogel. Die Vögel halten sich von ihm fern.«
Don Juan beschrieb dann ein sehr komplexes Verfahren zur Erlangung solcher Macht-Körner.
»Du mußt immer daran denken, daß Maíz-pinto nur ein Instrument ist und kein Verbündeter«, sagte er. »Wenn du einmal diesen Unterschied erkannt hast, wirst du keine Schwierigkeiten haben. Aber wenn du solche Werkzeuge als allmächtig betrachtest, bist du ein Narr.«
»Sind die Macht-Objekte so mächtig wie ein Verbündeter?« fragte ich.

Don Juan lachte spöttisch, bevor er antwortete. Offenbar kostete es ihn Mühe, Geduld zu bewahren.
»Maíz-pinto, Kristalle und Federn sind im Vergleich zu einem Verbündeten bloße Spielzeuge«, sagte er. »Diese Macht-Objekte sind nur notwendig, wenn ein Mann keinen Verbündeten hat. Es ist Zeitverschwendung, ihnen nachzujagen, insbesondere für dich. Du solltest versuchen, einen Verbündeten zu bekommen; wenn dir das gelingt, wirst du verstehen, was ich dir jetzt sage. Macht-Objekte sind wie ein Spiel für Kinder.«
»Versteh mich nicht falsch, Don Juan«, wandte ich ein. »Ich will einen Verbündeten haben, aber ich möchte auch alles wissen, was ich erfahren kann. Du selbst hast gesagt, daß Wissen Macht ist.«
»Nein«, sagte er eindringlich. »Macht beruht auf der Art des Wissens, das einer hat. Was bedeutet das Wissen von Dingen, die sinnlos sind?«

In Don Juans Anschauungsweise bedeutete der Gewinn eines Verbündeten ausschließlich die Ausnutzung der Zustände nicht-alltäglicher Wirklichkeit, die er durch den Gebrauch halluzinogener Pflanzen in mir hervorrief. Er glaubte, daß ich durch die Konzentration auf diese Zustände und das Auslassen anderer Aspekte des Wissens, das er mich lehrte, zu einer kohärenten Ansicht der Phänomene käme, die ich erfahren hatte.
Ich habe darum dieses Buch in zwei Abschnitte geteilt. Im ersten Abschnitt gebe ich Ausschnitte meiner Arbeitsnotizen wieder, die sich mit den Zuständen nicht-alltäglicher Wirklichkeiten befassen, die ich während meiner Lehre erlebte. Da ich meine Notizen der Kontinuität der Erzählung angepaßt habe, sind sie nicht immer in richtiger chronologischer Reihenfolge. Ich habe meine Beschreibung eines Zustandes nicht-alltäglicher Wirklichkeit immer erst einige Tage, nachdem ich diesen Zustand erlebt hatte, aufgeschrieben, um zu warten, bis ich ihn ruhig und objektiv betrachten konnte. Meine Gespräche mit Don Juan jedoch wurden niedergeschrieben, wie sie erfolgten, sofort nach jedem Zustand nicht-alltäglicher Wirklichkeit. Meine Berichte dieser Gespräche gehen darum manchmal der vollen Beschreibung einer Erfahrung voraus.
Meine Arbeitsnotizen zeigen die subjektive Version dessen, was ich während des Erfahrungsablaufs wahrnahm. Diese Version ist hier wiedergegeben, genauso wie ich sie Don Juan erzählte, der eine vollständige und wahre Erinnerung jedes Details und eine vollständige Wiedergabe jedes Erlebnisses verlangte. Während der Zeit, in der ich diese Erfahrungen aufschrieb, fügte ich nebensächliche Einzelheiten hinzu, in dem Versuch, die vollständige Szenerie jedes Zustands nicht-alltäglicher Wirklichkeit einzufangen. Ich wollte den emotionalen Effekt, den ich erfahren hatte, so vollständig wie möglich beschreiben.

Meine Arbeitsnotizen zeigen gleichfalls den Inhalt von Don Juans Anschauungssystem. Ich habe lange Seiten der Fragen und Antworten zwischen Don Juan und mir zusammengefaßt, um die Wiedergabe der Wiederholungen in unseren Gesprächen zu vermeiden. Doch möchte ich auch die allgemeine Atmosphäre unseres Austausches wiedergeben und habe nur die Dialoge gestrichen, die nicht zu meinem Verständnis seiner Art Wissen beitrugen. Die Informationen, die Don Juan mir über seine Art Wissen gab, waren immer sporadisch, und für jeden seiner Gedankensprünge brauchte ich Stunden der Überlegungen. Trotzdem gab es unzählige Gelegenheiten, bei denen er sein Wissen frei erläuterte.
Im zweiten Abschnitt dieses Buches befasse ich mich mit einer strukturellen Analyse, die ausschließlich auf den Notizen des ersten Abschnitts basiert. Durch meine Analyse versuche ich die folgenden Behauptungen zu erhärten: (1) Don Juan stellte seine Lehre als ein logisches Denkgebäude dar; (2) das System war nur sinnvoll, wenn es im Licht seiner strukturellen Einheiten betrachtet wurde; und (3) das System war dafür eingerichtet, einen Schüler zu einer Ebene der Konzeptualisation zu führen, welche die Ordnung der Phänomene erklärte, die er erfahren hatte.

Erster Teil: Die Lehren

1

Die Notizen meines ersten Treffens mit Don Juan datieren vom 23. Juni 1961. Es war der Zeitpunkt, an dem die Unterweisungen begannen. Ich hatte Don Juan zuvor mehrere Male nur in der Eigenschaft eines Beobachters gesehen. Bei jeder Gelegenheit hatte ich ihn gebeten, mich über Peyote zu unterrichten. Jedesmal ignorierte er meine Bitte, aber nie wies er das Thema vollständig ab, und ich sah sein Zögern als Möglichkeit an, daß er vielleicht nach weiterem guten Zureden über sein Wissen sprechen würde.
Bei diesem besonderen Treffen machte er mir klar, daß er meine Bitte erwägen würde, vorausgesetzt, daß ich mir über Sinn und Zweck meiner Bitte klar sei. Es war unmöglich für mich, eine solche Voraussetzung zu erfüllen, da ich ihn nur gebeten hatte, mich über Peyote zu unterrichten, um mit ihm ins Gespräch zu kommen. Ich dachte, daß ihn seine Vertrautheit mit dem Thema eher dazu bringen würde, offener und freier zu sprechen, um mir so einen Zugang zu seinem Wissen über die Eigenschaften der Pflanzen zu geben. Er hatte jedoch meine Bitte wörtlich gedeutet und interessierte sich für den Zweck meines Wunsches, über Peyote zu lernen.

Freitag, 23. Juni 1961

»Würdest du mich über Peyote unterrichten, Don Juan?«
»Warum willst du dich damit befassen?«
»Ich würde wirklich gerne Bescheid wissen. Ist nicht das Wissenwollen allein ein guter Grund?«
»Nein! Du mußt in deinem Herzen suchen und herausfinden, warum ein junger Mann wie du sich so einer Lernaufgabe unterziehen will.«
»Warum hast du dich selbst damit befaßt, Don Juan?«
»Warum fragst du das?«
»Vielleicht haben wir beide die gleichen Gründe.«
»Das bezweifle ich. Ich bin ein Indianer. Wir haben nicht die gleichen Wege.«
»Der einzige Grund, den ich habe, ist, daß ich lernen *will*, einfach um zu wissen. Du kannst es mir glauben, meine Absichten sind nicht schlecht.«
»Ich glaube dir. Ich habe dich gerochen.«
»Wie bitte?«
»Das bedeutet jetzt nichts. Ich kenne deine Absichten.«
»Meinst du, du hast mich durchschaut?«

»So kannst du es nennen.«
»Dann wirst du mich unterrichten?«
»Nein!«
»Ist das, weil ich kein Indianer bin?«
»Nein. Weil du dein Herz nicht kennst. Wichtig ist, daß du genau weißt, warum du dich darauf einlassen willst. Über ›Mescalito‹ zu lernen, ist eine sehr ernste Sache. Wenn du Indianer wärst, würde dein Verlangen allein ausreichen. Sehr wenige Indianer haben so ein Verlangen.«

Sonntag, 25. Juni 1961

Ich blieb am Freitag den ganzen Nachmittag bei Don Juan. Ich wollte um 7 Uhr abends gehen. Wir saßen auf der Veranda vor seinem Haus, und ich entschloß mich, ihn noch einmal wegen des Unterrichts zu fragen. Es war fast eine Routinefrage, und ich erwartete, daß er wieder ablehnen würde. Ich fragte ihn, ob es einen Weg gäbe, durch den er mein bloßes Verlangen zu lernen akzeptieren würde, so als sei ich ein Indianer. Er nahm sich viel Zeit für die Antwort. Ich war gezwungen zu bleiben, denn er schien sich um eine Entscheidung zu bemühen.
Schließlich sagte er, daß es einen Weg gäbe und ging dann dazu über, ein Problem darzustellen. Er machte mich darauf aufmerksam, daß ich sehr müde auf dem Boden saß und daß es richtiger wäre, eine »Stelle« (*sitio*) auf dem Boden zu finden, wo ich ohne Ermüdung sitzen könnte. Ich hatte mit den Knien vor meiner Brust gesessen und die Arme um die Schienbeine gekreuzt. Als er sagte, daß ich müde sei, merkte ich, daß mein Rücken schmerzte und daß ich ziemlich erschöpft war.
Ich wartete darauf, daß er erklärte, was er mit einer »Stelle« meinte, aber er machte keinen erkennbaren Versuch, diesen Punkt zu erläutern. Ich dachte, er meinte vielleicht, ich müßte meinen Platz wechseln, darum stand ich auf und setzte mich näher zu ihm. Er widersprach meiner Bewegung und betonte deutlich, daß eine Stelle ein Platz sei, an dem ein Mann sich einfach glücklich und stark fühlen könne. Er klopfte auf die Stelle, an der er selbst saß und sagte, diese sei seine eigene Stelle, und dann fügte er hinzu, daß er ein Rätsel aufgegeben hätte, das ich ganz allein, ohne jede weitere Erklärung lösen müßte.
Die Aufgabe, die er mir zu lösen gab, war gewiß ein Rätsel. Ich hatte keine Ahnung, womit ich beginnen sollte oder auch nur, was er im Sinne hatte. Mehrmals bat ich ihn um einen Anhaltspunkt oder einen Wink, wie ich vorzugehen hätte, um den Punkt herauszufinden, wo ich mich glücklich und stark fühlen würde. Ich ließ nicht nach und wandte ein, daß ich keine Vorstellung davon hätte, was er wirklich meinte, weil ich die Aufgabe nicht verstand. Er schlug vor, daß ich auf der Veranda solange herumgehen sollte, bis ich die Stelle gefunden hätte.

Ich stand auf und begann hin- und herzugehen. Ich kam mir albern vor und setzte mich vor ihn hin.
Er wurde sehr ärgerlich und warf mir vor, daß ich nicht zuhörte, daß ich vielleicht nicht lernen wollte. Nach einer Weile beruhigte er sich und erklärte mir, daß nicht jeder Platz zum Sitzen oder sonstigen Aufenthalt geeignet sei und daß es innerhalb der Verandabegrenzung eine einzigartige Stelle gäbe, eine Stelle, die am allerbesten für mich sei. Es war meine Aufgabe, sie von allen anderen Plätzen zu unterscheiden. Im Grunde mußte ich alle möglichen Stellen, die zugänglich waren, »empfinden«, bis ich ohne Zögern bestimmen konnte, welche die richtige war.
Ich wandte ein, daß die Anzahl der möglichen Stellen überwältigend wäre – obwohl die Veranda nicht allzu groß war (4 × 2,5 m) – und daß ich sehr lange brauchen würde, um sie alle auszuprobieren. Und da er die Größe der Stelle nicht angegeben hätte, könnte es unendliche Möglichkeiten geben. Meine Einwände waren nutzlos. Er stand auf und erklärte mir sehr ernsthaft, daß ich Tage brauchen könnte, um es herauszufinden, aber wenn ich das Problem nicht zu lösen vermochte, könnte ich genauso gut auch gehen, weil er mir dann nichts zu sagen hätte. Er betonte, daß er wisse, wo meine Stelle sei und daß ich ihn nicht belügen könne. Er sagte, nur auf diesem Wege könne er mein Verlangen, etwas über Mescalito zu lernen, als triftigen Grund akzeptieren. Nichts in seiner Welt sei ein Geschenk, fügte er hinzu; was immer es zu lernen gebe, sei auf dem schwierigen Weg zu lernen.
Er ging ums Haus herum in das Gebüsch, um zu urinieren. Durch die Hintertür kehrte er direkt in sein Haus zurück.
Ich dachte, die Aufgabe, die angebliche Stelle des Glücks zu finden, war seine eigne Art mich fortzuschicken, aber ich stand auf und begann hin- und herzugehen. Der Himmel war klar. Ich konnte alles auf und neben der Veranda sehen. Ich muß eine Stunde oder so hin- und hergegangen sein, aber nichts geschah, was mir das Auffinden der Stelle ermöglichte. Ich war müde vom Gehen und setzte mich hin; nach einigen Minuten setzte ich mich woanders hin und dann an eine andere Stelle, bis ich den ganzen Boden mehr oder weniger systematisch einbezogen hatte. Überlegt versuchte ich Unterschiede zwischen den Plätzen zu »empfinden«, aber mir fehlte der Maßstab zur Unterscheidung. Ich glaubte meine Zeit zu verschwenden, aber ich blieb. Ich dachte daran, daß ich einen langen Weg gekommen war, nur um Don Juan zu sehen, und daß ich wirklich nichts anderes zu tun hatte.
Ich legte mich auf den Rücken und hielt die Hände wie ein Kissen unter meinen Kopf. Dann drehte ich mich um und lag eine Weile auf dem Bauch. Ich wiederholte das Drehen auf dem ganzen Boden. Zum ersten Male glaubte ich zufällig auf ein vages Zeichen gestoßen zu sein. Ich fühlte mich wärmer, wenn ich auf dem Rücken lag.

Ich drehte mich wieder um, diesmal in die entgegengesetzte Richtung, und bezog die ganze Länge des Bodens mit ein, indem ich mit dem Gesicht nach unten auf allen Plätzen lag, wo ich mit dem Gesicht nach oben während des ersten Drehens gelegen hatte. Ich hatte je nach meiner Lage die gleichen warmen und kalten Empfindungen, aber zwischen den Stellen bestand kein Unterschied.
Dann hatte ich eine Idee, die mir großartig schien: Don Juans Stelle! Ich setzte mich dort hin und dann lag ich mit dem Gesicht nach unten und später auf meinem Rücken, aber die Stelle war genau wie alle anderen. Ich stand auf. Ich hatte genug. Ich wollte Don Juan auf Wiedersehen sagen, aber ich hatte Angst, ihn aufzuwecken. Ich sah auf meine Uhr. Es war zwei Uhr morgens. Ich hatte mich sechs Stunden lang gedreht.
In diesem Augenblick kam Don Juan heraus und ging um das Haus ins Gebüsch. Er kam zurück und stand an der Tür. Ich fühlte mich schrecklich entmutigt und wollte etwas Häßliches zu ihm sagen und weggehen. Aber ich merkte, daß es nicht seine Schuld war; daß ich mir selbst diesen ganzen Unsinn ausgesucht hatte; ich hatte mich wie ein Idiot die ganze Nacht auf dem Boden gerollt und konnte noch immer keinen Sinn in seinem Rätsel sehen.
Er lachte und sagte, daß es ihn nicht überrasche, weil ich nicht richtig vorgegangen war. Ich hätte meine Augen nicht gebraucht. Das stimmte, doch ich war sicher, daß er gesagt hatte, ich müßte den Unterschied empfinden. Ich wollte mit ihm darüber sprechen, aber er erwiderte, daß man mit den Augen empfinden kann, wenn die Augen nicht direkt in die Dinge sehen. Was mich anging, sagte er, so gab es für mich kein anderes Mittel, dieses Problem zu lösen, als alles zu gebrauchen, was ich hatte – meine Augen.
Er ging hinein. Ich war sicher, daß er mich beobachtet hatte. Ich dachte, daß er sonst nicht wissen könnte, daß ich meine Augen nicht gebraucht hatte.
Ich drehte mich wieder, weil es das bequemste Vorgehen war. Diesmal jedoch legte ich das Kinn auf die Hände und beobachtete jede Einzelheit.
Nach einer Weile veränderte sich das Dunkel um mich. Als ich mich auf den Punkt direkt vor mir konzentrierte, erleuchtete sich das ganze angrenzende Gebiet meines Gesichtsfeldes strahlend gleichmäßig grünlich gelb. Die Wirkung war erschreckend. Ich hielt meine Augen auf den Punkt vor mir gerichtet und begann seitlich auf meinem Bauch zu kriechen, jedesmal einen Fußbreit. Plötzlich, an einem Punkt fast in der Mitte des Bodens, nahm ich eine neue Veränderung der Farbigkeit wahr. An einer Stelle rechts von mir immer noch in der Peripherie meines Gesichtsfeldes wurde das grünliche Gelb intensiv violett. Ich konzentrierte

meine Aufmerksamkeit darauf. Das Violett verblaßte zu einer schwachen, aber immer noch leuchtenden Farbe, die gleichmäßig blieb, solange ich mich auf sie konzentrierte.
Ich markierte die Stelle mit meiner Jacke und rief Don Juan. Er kam auf die Veranda heraus. Ich war wirklich aufgeregt; ich hatte tatsächlich eine Veränderung der Farbigkeit gesehen. Er schien nicht beeindruckt, aber ich mußte mich auf die Stelle setzen und die Art meiner Empfindung mitteilen.
Ich setzte mich und legte mich dann auf den Rücken. Er stand neben mir und fragte wiederholt, wie ich mich fühlte; aber ich fühlte keinen Unterschied. Ungefähr zehn Minuten lang versuchte ich, einen Unterschied zu empfinden oder zu sehen, während Don Juan geduldig neben mir stand. Ich fühlte mich schrecklich. Ich hatte einen metallischen Geschmack im Mund. Plötzlich hatte ich Kopfschmerzen. Ich war nahe daran mich zu übergeben. Der Gedanke an meine sinnlosen Bemühungen irritierte mich fast bis zum Zorn. Ich stand auf.
Don Juan muß meine tiefe Frustration bemerkt haben. Er lachte nicht, sondern sagte sehr ernst, daß ich mit mir selbst unnachgiebig sein müßte, wenn ich lernen wollte. Es standen mir nur zwei Möglichkeiten offen, sagte er: entweder aufzugeben und nach Hause zu gehen und in diesem Fall nie zu lernen – oder das Rätsel zu lösen.
Er ging wieder hinein. Ich wollte augenblicklich verschwinden, aber ich war zu müde, um wegzufahren; außerdem war das Wahrnehmen der Farben so bestürzend gewesen, daß ich sicher war, irgendein Zeichen gesehen zu haben, und vielleicht waren andere Veränderungen zu entdecken. Jedenfalls war es zu spät, um fortzugehen. So setzte ich mich hin, streckte meine Beine aus und begann alles noch einmal von vorn.
Während dieser Runde bewegte ich mich schnell von Platz zu Platz an Don Juans Stelle vorbei zum anderen Ende des Bodens, und dann drehte ich mich, um den äußeren Rand mit einzubeziehen. Als ich die Mitte erreichte, bemerkte ich, daß eine weitere Veränderung der Farbigkeit eintrat, wieder am Rand meines Gesichtsfeldes. Das einfarbige Chartreuse, das ich in der ganzen Umgebung sah, verwandelte sich an einer Stelle rechts von mir in klares Kupfergrün. Für einen Augenblick blieb es so, und dann verwandelte es sich plötzlich in eine andere Farbigkeit, verschieden von der, die ich zuerst entdeckt hatte. Ich zog einen meiner Schuhe aus und markierte den Punkt und drehte mich weiter, bis ich den ganzen Boden in allen möglichen Richtungen einbezogen hatte. Es zeigte sich keine weitere Farbveränderung.
Ich ging an die Stelle zurück, die ich mit meinem Schuh markiert hatte, und sah sie genau an. Sie lag in südöstlicher Richtung ungefähr einen Meter neben der Stelle, auf der meine Jacke war. Daneben lag ein großer Stein. Ich legte mich ziemlich lange dort

hin und suchte nach Anhaltspunkten, betrachtete jede Einzelheit, aber ich merkte keinerlei Unterschied.
Ich entschloß mich, die andere Stelle auszuprobieren. Ich drehte mich schnell auf meinen Knien und wollte mich gerade auf meine Jacke legen, als mich eine seltsame Furcht ergriff. Es war mehr wie eine physische Empfindung von etwas, das auf meinen Magen drückte. Ich sprang auf und wich mit einem Satz zurück. Die Haare standen mir im Nacken zu Berge. Meine Beine waren leicht gebeugt, mein Körper war nach vorn gelehnt, und meine Arme standen steif von mir ab mit den zur Faust geballten Fingern. Ich bemerkte meine seltsame Haltung, und meine Furcht wurde größer.
Gegen meinen Willen ging ich zurück und setzte mich auf den Stein neben meinem Schuh. Von dem Stein ließ ich mich auf den Boden fallen. Ich versuchte herauszufinden, was geschehen war, was mir solche Furcht eingejagt hatte. Ich glaubte, daß es die Müdigkeit war, die ich empfand. Es war beinahe Tag. Ich kam mir dumm vor und verlegen. Und doch war es mir nicht möglich, zu erklären, was mich erschreckt hatte, noch hatte ich herausgefunden, was Don Juan wollte.
Ich entschloß mich, es ein letztes Mal zu versuchen. Ich stand auf und näherte mich langsam der Stelle mit meiner Jacke, und wieder fühlte ich seltsame Furcht. Dieses Mal versuchte ich angestrengt, mich unter Kontrolle zu halten. Ich setzte mich und dann kniete ich, um mich mit dem Gesicht nach unten hinzulegen, aber ich konnte es nicht, obwohl ich es wollte. Ich legte meine Hände vor mir auf den Boden. Mein Atem beschleunigte sich; mein Magen schmerzte. Ich erlebte ein deutliches Gefühl der Panik und kämpfte gegen das Fortlaufen. Ich glaubte, daß Don Juan mich vielleicht beobachtete. Langsam kroch ich zu der anderen Stelle zurück und stützte meinen Rücken gegen den Stein. Ich wollte eine Weile ausruhen, um Ordnung in meine Gedanken zu bringen, aber ich schlief ein.
Über meinem Kopf hörte ich Don Juan sprechen und lachen. Ich wachte auf.
»Du hast die Stelle gefunden«, sagte er.
Ich verstand ihn zuerst nicht, aber er versicherte mir nochmals, daß der Platz, an dem ich eingeschlafen war, die gesuchte Stelle war. Er fragte mich wieder, wie ich mich hier fühlte. Ich sagte ihm, daß ich wirklich keinen Unterschied empfände.
Er bat mich, die Empfindungen dieses Augenblicks mit denen zu vergleichen, die ich an anderen Stellen liegend gehabt hatte. Zum erstenmal fiel mir ein, daß ich unmöglich meine Furcht der vergangenen Nacht erklären konnte. Er verlangte beinahe herausfordernd von mir, mich an die andere Stelle zu setzen. Aus irgendeinem unerklärlichen Grund hatte ich vor der anderen Stelle wirklich Angst und setzte mich dort nicht hin. Er

behauptete, daß nur ein Narr den Unterschied nicht wahrnehmen könne.
Ich fragte ihn, ob jede der beiden Stellen einen besonderen Namen hatte. Er sagte, daß die gute Stelle *sitio* genannt werde und die schlechte der Feind; er sagte, diese beiden Stellen seien der Schlüssel zum Wohlbefinden eines Mannes; insbesondere für einen Menschen, der nach Wissen strebe. Die bloße Tatsache, auf der eigenen Stelle zu sitzen, erzeuge überlegene Stärke; andererseits könnte der Feind einen Mann schwächen und sogar seinen Tod verursachen. Er sagte, daß ich meine Kräfte, die ich in der Nacht verschwenderisch verbraucht, zurückgewonnen hätte, indem ich auf meiner Stelle geschlafen habe.
Er sagte auch, daß die Farben, die ich in Verbindung mit jeder besonderen Stelle gesehen hatte, die gleiche allgemeine Wirkung hätten, nämlich entweder Stärke zu geben oder sie zu vermindern.
Ich fragte ihn, ob es andere Stellen für mich gab, als die beiden, die ich gefunden hatte, und wie ich vorzugehen hätte, sie zu finden. Er sagte, daß viele Plätze in der Welt mit diesen beiden vergleichbar wären und daß man sie am besten durch das Aufspüren ihrer besonderen Farben finden könne.
Es war mir nicht klar, ob ich das Problem gelöst hatte oder nicht, und ich war in der Tat nicht einmal überzeugt, daß es ein Problem gegeben hatte; ich konnte das Gefühl nicht loswerden, daß die ganze Erfahrung erzwungen und willkürlich war. Ich war sicher, daß Don Juan mich die ganze Nacht beobachtet hatte und dann dazu überging, mich zu ermutigen, indem er das als die Stelle bezeichnete, die ich gesucht hatte, wo immer ich eingeschlafen war. Doch gelang es mir nicht, logische Vernunft in dieser Art Handlung zu sehen, und als er mich herausforderte, an der anderen Stelle zu sitzen, konnte ich es nicht. Da war ein merkwürdiger Riß zwischen meiner pragmatischen Erfahrung der Furcht vor der »anderen Stelle« und meinen rationalen Überlegungen zu dem ganzen Ereignis.
Don Juan, andererseits, war sehr sicher, daß ich es geschafft hatte und ließ mich meinem Erfolg entsprechend wissen, daß er mich über Peyote unterweisen würde.
»Du hast mich gebeten, dich über Mescalito zu unterrichten«, sagte er. »Ich wollte herausfinden, ob du genug Rückgrat hast, ihm von Angesicht zu Angesicht zu begegnen. Mit Mescalito ist nicht zu spaßen. Du mußt über deine Mittel bestimmen können. Jetzt weiß ich, daß allein dein Verlangen ein guter Grund ist, zu lernen.«
»Du wirst mich wirklich über Peyote unterrichten?«
»Ich nenne ihn lieber Mescalito. Mach es auch so.«
»Wann wirst du anfangen?«
»Es ist nicht ganz so einfach. Du mußt erst bereit sein.«
»Ich glaube, ich bin bereit.«

»Dies ist kein Scherz. Du mußt warten, bis es keinen Zweifel mehr gibt, und dann wirst du ihn treffen.«
»Muß ich mich vorbereiten?«
»Nein. Du mußt nur warten. Vielleicht gibst du die ganze Idee nach einer Weile auf. Du wirst leicht müde. Letzte Nacht warst du schon fast bereit aufzugeben, sobald es schwierig wurde. Mescalito verlangt eine sehr ernsthafte Absicht.«

2

Montag, 7. August 1961

Ich erreichte Don Juans Haus in Arizona ungefähr um sieben Uhr am Freitag abend. Fünf andere Indianer saßen mit ihm auf der Veranda seines Hauses. Ich begrüßte ihn, setzte mich und wartete darauf, daß sie etwas sagten. Nach einem höflichen Schweigen stand einer der Männer auf, kam zu mir herüber und sagte: »Buenas noches«. Ich stand auf und antwortete, »Buenas noches«. Dann standen alle anderen auf, kamen zu mir, und wir alle murmelten »Buenas noches« und gaben uns die Hand, indem wir uns entweder mit den Fingerspitzen berührten oder uns für einen Augenblick die Hand hielten und sie abrupt wieder losließen.
Wir setzten uns alle wieder. Sie schienen recht schüchtern zu sein – um Worte verlegen, obwohl sie alle spanisch sprachen. Es muß ungefähr halb acht gewesen sein, als sie plötzlich aufstanden und auf die Rückseite des Hauses zugingen. Lange hatte niemand ein Wort gesagt. Don Juan gab mir ein Zeichen mitzukommen, und wir alle stiegen in einen alten Lastwagen, der dort geparkt war. Ich saß zusammen mit Don Juan und zwei jüngeren Männern hinten. Es gab weder Kissen noch Bänke, und die metallene Ladefläche fühlte sich entsetzlich hart an, besonders als wir die Straße verließen und auf einen Sandweg abbogen. Don Juan flüsterte mir zu, daß wir zu dem Haus eines seiner Freunde führen, der sieben Mescalitos für mich hatte. Ich fragte ihn, »hast du denn selbst gar keine, Don Juan?«
»Doch, aber ich könnte sie dir nicht anbieten. Versteh bitte, jemand anders muß es tun.«
»Kannst du mir sagen warum?«
»Vielleicht bist du ›ihm‹ nicht angenehm, und ›er‹ mag dich nicht, dann wirst du nie die Zuneigung für ›ihn‹ haben, die man haben sollte; und unsere Freundschaft würde zerbrechen.«
»Warum sollte er mich nicht mögen? Ich habe ihm niemals etwas getan.«
»Man muß nicht etwas *tun*, um geliebt oder verachtet zu werden. Entweder er nimmt dich oder er stößt dich fort.«

»Aber wenn er mich nicht nimmt, gibt es dann etwas, was ich tun kann, damit er mich mag?«
Die anderen Männer schienen meine Frage mitgehört zu haben und lachten.
»Nein! Mir fällt nichts ein, was man tun kann«, sagte Don Juan. Er drehte sich halb von mir weg, und ich konnte nicht weiter mit ihm sprechen.
Wir mußten wenigstens eine Stunde gefahren sein, als wir vor einem kleinen Haus anhielten. Es war ziemlich dunkel, und nachdem der Fahrer die Scheinwerfer ausgeschaltet hatte, konnte ich nur noch den schwachen Umriß des Gebäudes erkennen. Eine junge Frau, ihrem Akzent nach Mexikanerin, schrie einem Hund etwas zu, damit er zu bellen aufhöre. Wir stiegen von dem Lastwagen und gingen ins Haus. Die Männer murmelten »Buenas noches«, als sie an ihr vorbeigingen. Sie antwortete ihnen und schrie weiter nach dem Hund.
Das Zimmer war groß und vollgestopft mit einer Fülle von Dingen. Das schwache Licht einer winzigen elektrischen Glühbirne ließ die Szene düster erscheinen. Eine ganze Menge Stühle mit abgebrochenen Beinen und durchgesessenen Bezügen standen gegen die Wände gelehnt. Drei Männer setzten sich auf eine Couch, die das größte einzelne Möbelstück in dem Zimmer war. Sie war sehr alt und hing bis auf den Fußboden durch; in dem schwachen Licht schien sie rot und schmutzig. Wir anderen setzten uns auf Stühle. Lange Zeit saßen wir schweigend. Einer der Männer stand plötzlich auf und ging in ein anderes Zimmer. Er war vielleicht um die fünfzig, dunkel, groß und kräftig. Einen Augenblick später kam er mit einer Kaffeebüchse zurück. Er nahm den Deckel ab und gab mir die Büchse; darin lagen sieben seltsam aussehende Stücke. Sie waren in Größe und Festigkeit verschieden. Einige davon waren fast rund, andere länglich. Sie fühlten sich wie das Innere von Walnüssen oder wie die Oberfläche von Kork an. Durch ihre bräunliche Farbe sahen sie wie harte, trockene Nußschalen aus. Ich betastete sie und rieb ziemlich lange ihre Oberflächen.
»Das ist zum Kauen (*esto se masca*)«, flüsterte Don Juan.
Ich hatte bis jetzt nicht gemerkt, daß er neben mir gesessen hatte. Ich sah die anderen Männer an, aber keiner sah mich an; sie sprachen leise miteinander. Dies war ein Augenblick völliger Unentschlossenheit und Angst. Ich hatte mich fast nicht mehr in der Gewalt.
»Ich muß auf die Toilette gehen«, sagte ich zu ihm. »Ich geh nach draußen und laufe etwas umher.«
Er gab mir die Kaffeebüchse, und ich legte die Peyote-*buttons* hinein. Als ich das Zimmer verließ, stand der Mann, der mir die Büchse gegeben hatte, auf, kam zu mir und sagte, daß er eine Toilettenschüssel im anderen Zimmer hätte.

Die Toilette stieß fast an die Tür. Direkt neben der Toilette stand ein großes Bett, das mehr als die Hälfte des Zimmers einnahm. Die Frau schlief darauf. Eine Weile stand ich bewegungslos an der Tür, dann ging ich in den Raum zurück, wo die anderen Männer waren.
Der Mann, dem das Haus gehörte, sagte zu mir auf Englisch: »Don Juan sagt, du bist aus Südamerika. Gibt es dort überhaupt Mescal?«
Ich sagte ihm, daß ich nicht einmal davon gehört hatte. Sie schienen an Südamerika interessiert zu sein, und wir sprachen eine Weile über die Indianer. Dann fragte mich einer der Männer, warum ich Peyote essen wolle. Ich sagte ihm, daß ich wissen wollte, was es damit auf sich hatte. Alle lachten leise.
Don Juan forderte mich sanft auf, »Kaue es, kaue es (*Masca, masca*).«
Meine Hände waren feucht, und mein Magen hatte sich zusammengezogen. Die Büchse mit den Peyote-*buttons* stand neben dem Stuhl auf dem Boden. Ich bückte mich, nahm wahllos eine und steckte sie in den Mund. Sie hatte einen schalen Geschmack. Ich biß sie in zwei Hälften und begann, auf einem der Stücke zu kauen. Ich spürte eine starke, scharfe Bitterkeit; mein Mund war augenblicklich betäubt. Die Bitterkeit verstärkte sich während des Kauens und erzeugte eine unglaubliche Menge Speichel. Mein Gaumen und das Innere meines Mundes fühlten sich an, als hätte ich salziges, trockenes Fleisch oder Fisch gegessen, das mich zu zwingen schien, noch mehr zu kauen. Nach einer Weile kaute ich das andere Stück, und mein Mund war so betäubt, daß ich die Bitterkeit nicht mehr spürte. Der Peyote-*button* war ein Bündel aus zerrissenen Stückchen, so wie der faserige Teil einer Orange oder wie Zuckerrohr, und ich wußte nicht, ob ich ihn schlucken oder ausspucken sollte. In diesem Augenblick stand der Besitzer des Hauses auf und lud alle ein, auf die Veranda hinauszugehen.
Wir gingen hinaus und saßen in der Dunkelheit. Es war sehr angenehm draußen, und der Gastgeber brachte eine Flasche Tequila.
Die Männer saßen in einer Reihe mit dem Rücken an der Wand. Ich saß am weitesten rechts von der Reihe. Don Juan, der neben mir saß, stellte die Büchse mit den Peyote-*buttons* zwischen meine Beine. Dann gab er mir die Flasche, die reihum ging, und sagte mir, daß ich etwas Tequila nehmen sollte, um die Bitterkeit wegzuspülen.
Ich spuckte die Stückchen des ersten *buttons* aus und nahm einen Schluck. Ich sollte nichts schlucken, sondern nur den Mund ausspülen, um die Speichelbildung zu stoppen. Es half nicht viel gegen die Speichelbildung, aber es verringerte jedenfalls die Bitterkeit etwas.
Don Juan gab mir ein Stück getrocknete Aprikose, oder vielleicht war es eine getrocknete Feige – ich konnte es im Dunkel

weder sehen noch schmecken – und forderte mich auf, es gut und langsam zu kauen. Ich hatte Schwierigkeiten, es zu schlucken; es schien den Hals nicht hinunterrutschen zu wollen.

Nach einer kleinen Pause ging wieder die Flasche herum. Don Juan gab mir ein Stück geröstetes, trockenes Fleisch. Ich sagte ihm, daß mir nicht nach essen sei.

»Das ist kein Essen«, sagte er entschieden.

Der Vorgang wurde sechsmal wiederholt. Ich erinnere mich, sechs Peyote-*buttons* gekaut zu haben, als die Unterhaltung sehr lebhaft wurde; obwohl ich nicht erkennen konnte, welche Sprache gesprochen wurde, war das Thema der Unterhaltung, an der alle teilnahmen, sehr interessant, und ich versuchte aufzupassen, um teilnehmen zu können. Aber als ich zu sprechen versuchte, merkte ich, daß ich nicht sprechen konnte; die Worte drehten sich ziellos in meinem Kopf.

Ich saß mit dem Rücken gegen die Wand gelehnt und hörte auf das, was die Männer sagten. Sie sprachen italienisch und wiederholten wieder und wieder einen Satz über die Dummheit der Haie. Ich hielt es für ein vernünftiges, zusammenhängendes Thema. Ich hatte Don Juan früher erzählt, daß der Colorado River in Arizona von den ersten Spaniern *»el rio de los tizones«* (der Fluß des verbrannten Holzes) genannt wurde; und irgendwer buchstabierte oder las *»tizones«* falsch, und der Fluß wurde »el rio de los tiburones« (der Fluß der Haie) genannt. Ich war sicher, daß sie über diese Geschichte redeten, doch fiel mir keinen Augenblick auf, daß keiner von ihnen italienisch sprechen konnte.

Ich empfand ein starkes Verlangen, mich zu übergeben, aber ich kann mich nicht erinnern, es wirklich getan zu haben. Ich fragte, ob jemand mir Wasser holen könne. Ich litt unerträglichen Durst.

Don Juan brachte mir einen großen Topf. Er stellte ihn neben die Wand auf den Boden. Er brachte auch eine kleine Tasse oder Büchse. Er tauchte sie in den Topf und gab sie mir und sagte, ich sollte nicht trinken und nur meinen Mund ausspülen. Das Wasser sah seltsam leuchtend aus, es glänzte wie dicker Lack. Ich wollte Don Juan danach fragen, und mühsam versuchte ich meine Gedanken in Englisch auszusprechen, aber dann fiel mir ein, daß er nicht englisch sprach. Ich erlebte einen sehr verwirrenden Augenblick und mir wurde bewußt, daß ich nicht sprechen konnte, obwohl ich einen klaren Gedanken gefaßt hatte. Ich wollte etwas über die seltsame Eigenschaft des Wassers sagen, aber was darauf folgte, war kein Sprechen, es war ein Gefühl meiner unausgesprochenen Gedanken, die in einer flüssigen Form aus meinem Mund kamen. Es war eine mühelose Empfindung des Erbrechens ohne das Zusammenziehen des Zwerchfells. Es war ein angenehmer Strom flüssiger Worte.

Ich trank. Und das Gefühl des Erbrechens verging. Inzwischen waren alle Geräusche verschwunden, und ich merkte, daß es mir

schwerfiel, meine Augen klar auf etwas zu richten. Ich suchte Don Juan, und als ich den Kopf drehte, merkte ich, daß sich mein Gesichtsfeld zu einem kreisförmigen Bereich vor meinen Augen verengt hatte. Dieses Gefühl war weder erschreckend noch unangenehm, sondern ganz das Gegenteil. Es war etwas Neuartiges; ich konnte buchstäblich den Boden kehren, indem ich auf eine Stelle sah und meinen Kopf dann langsam in irgendeine Richtung bewegte. Als ich zuerst auf die Veranda gekommen war, hatte ich bemerkt, daß bis auf das ferne Leuchten der Stadt alles dunkel war. Doch innerhalb des kreisförmigen Bereichs meines Sehvermögens war alles hell. Ich vergaß meine Beziehung zu Don Juan und den anderen Männern und gab mich selbst völlig der Untersuchung des Bodens mit meinem punktförmigen Sehen hin.
Ich sah die Verbindungskante zwischen Verandaboden und Wand. Ich drehte meinen Kopf langsam nach rechts, folgte der Wand und sah Don Juan gegen sie gelehnt. Ich bewegte meinen Kopf nach links, um mich auf das Wasser zu konzentrieren. Ich entdeckte den Boden des Topfes; ich hob meinen Kopf etwas und sah einen mittelgroßen, schwarzen Hund auf mich zukommen. Ich sah ihn auf das Wasser zukommen. Der Hund begann zu trinken. Ich hob die Hand, um ihn von meinem Wasser wegzujagen; ich konzentrierte meinen Nadelblick auf den Hund, um die Bewegung auszuführen, und plötzlich sah ich ihn durchsichtig werden. Das Wasser war eine leuchtende, zähe Flüssigkeit. Ich sah, wie es durch die Kehle des Hundes in seinen Körper floß. Ich sah, wie es gleichmäßig durch ihn hindurchlief und dann aus jedem einzelnen Haar herausschoß. Ich sah die schillernde Flüssigkeit die Länge des einzelnen Haares entlanglaufen, und dann sah ich, wie es aus den Haaren herausschoß in einer langen, weißen, seidenen Mähne.
In diesem Augenblick empfand ich heftige Krämpfe, und in einem Sekundenbruchteil formte sich ein Tunnel um mich, sehr niedrig und eng, fest und merkwürdig kalt. Bei der Berührung fühlte er sich wie eine Mauer aus starker Blechfolie an. Ich fand mich sitzend auf dem Tunnelboden. Ich versuchte aufzustehen, stieß mir aber den Kopf an der Metalldecke, und der Tunnel zog sich zusammen, bis er auf mich drückte. Ich erinnere mich, wie ich auf etwas zukriechen mußte, das wie ein runder Punkt am Tunnelende aussah. Als ich schließlich ankam, wenn ich überhaupt ankam, hatte ich den Hund, Don Juan und mich selbst völlig vergessen. Ich war erschöpft. Meine Kleider waren von einer kalten, klebrigen Flüssigkeit durchtränkt. Ich drehte mich hin und her, versuchte eine Lage zu finden, in der ich ausruhen konnte, eine Lage, in der mein Herz nicht so stark schlagen würde. In einer dieser Bewegungen sah ich wieder den Hund. Jede Erinnerung kam auf einmal zurück, und plötzlich waren meine Gedan-

ken ganz klar. Ich drehte mich suchend nach Don Juan um, aber ich konnte nichts und niemanden unterscheiden. Ich konnte nur sehen, wie der Hund zu leuchten begann; ein starkes Licht strahlte von seinem Körper aus. Ich sah wieder das Wasser durch ihn fließen, es erleuchtete ihn wie ein Freudenfeuer. Ich gelangte ans Wasser, senkte mein Gesicht in den Topf und trank mit ihm. Meine Hände waren vor mir auf dem Boden, und während ich trank, sah ich die Flüssigkeit durch meine Adern rinnen in roten, gelben und grünen Schattierungen. Ich trank mehr und mehr. Ich trank, bis ich in Flammen aufging; ich war ein einziges Glühen. Ich trank, bis die Flüssigkeit meinen Körper durch jede Pore verließ und wie Seidenfasern herausstand, und auch ich erhielt eine lange, strahlende, leuchtende Mähne. Ich sah den Hund an, und seine Mähne war wie meine. Ein unendliches Glück erfüllte meinen ganzen Körper, und wir rannten zusammen zu einer Art gelber Wärme, die von irgendeinem unendlichen Ort ausging. Und dort spielten wir. Wir spielten und tobten, bis ich seine Wünsche kannte und er meine. Wir wechselten uns ab, gestalteten uns wechselseitig wie in einer Art Puppentheater. Indem ich meine Zehen verdrehte, erreichte ich, daß er seine Beine bewegte, und jedesmal, wenn er mit dem Kopf nickte, spürte ich einen unwiderstehlichen Impuls aufzuspringen. Aber das Lustigste war, wenn er mich dazu brachte, mich mit dem Fuß am Kopf zu kratzen, während ich saß; er tat es, indem er mit seinen Ohren von Seite zu Seite schlug. Es war unerträglich und komisch. Diese Anmut und Ironie; diese Beherrschung, dachte ich. Die Euphorie, die mich ergriff, war unbeschreiblich. Ich lachte, bis ich kaum noch atmen konnte.

Ich hatte die klare Empfindung, meine Augen nicht öffnen zu können; ich sah durch ein Wasserbecken. Es war ein langer und schmerzvoller Zustand voller Furcht, nicht aufwachen zu können und doch wach zu sein. Dann wurde die Welt langsam klar und schärfer. Mein Gesichtsfeld wurde wieder sehr rund und weit, und damit verband sich ein ungewöhnlicher Bewußtseinsakt, mich umzudrehen und dieses wunderbare Wesen zu suchen. An diesem Punkt begegnete ich dem schwierigsten Übergangsstadium. Der Übergang zu meinem normalen Zustand hatte sich, fast ohne daß ich es gemerkt hatte, vollzogen: Ich war wach; meine Gedanken und Empfindungen waren eine natürliche Folge dieses Wachseins; und der Übergang war sanft und klar. Aber diese zweite Veränderung, das Erwachen zu ernstem, nüchternem Bewußtsein, war wirklich erschreckend. Ich hatte vergessen, daß ich ein Mensch war! Die Traurigkeit einer solch ungewohnten Situation war so stark, daß ich weinte.

Sonnabend, 5. August 1961

Später an diesem Morgen, nach dem Frühstück, fuhren der Besitzer des Hauses, Don Juan und ich zu Don Juans Haus zurück. Ich war sehr müde, konnte aber im Lastwagen nicht einschlafen. Erst nachdem der Mann wieder gegangen war, schlief ich auf der Veranda von Don Juans Haus ein.

Als ich erwachte, war es dunkel; Don Juan hatte eine Decke über mich gelegt. Ich suchte ihn, aber er war nicht im Haus. Später kam er mit einem Topf gebackener Bohnen und einem Stoß Tortillas zurück. Ich war schrecklich hungrig.

Als wir gegessen hatten und uns ausruhten, bat er mich, ihm alles zu erzählen, was mir in der letzten Nacht passiert war. Ich erzählte mein Erlebnis sehr ausführlich und so genau als möglich.

Als ich fertig war, nickte er und sagte: »Ich glaube, du bist gut. Ich kann dir jetzt nur schwer erklären wie und warum. Aber ich glaube, es ging alles gut für dich. Du siehst, manchmal ist er verspielt wie ein Kind, zu anderen Zeiten ist er schrecklich und furchterregend. Entweder scherzt er oder er ist todernst. Es ist unmöglich, vorher zu wissen, wie er zu einer anderen Person sein wird. Auch wenn man ihn gut kennt, weiß man es nur manchmal. Letzte Nacht hast du mit ihm gespielt. Du bist die einzige Person, die ich kenne, die eine solche Begegnung hatte.« »Worin unterscheidet sich mein Erlebnis von dem anderer?« »Du bist kein Indianer; es ist darum für mich nicht einfach herauszufinden, was was ist. Aber entweder akzeptiert er Leute, oder er verstößt sie, egal ob sie nun Indianer sind oder nicht. Das weiß ich. Ich habe viele gesehen. Ich weiß auch, daß er spaßt, daß er Leute zum Lachen bringt, aber nie habe ich ihn mit jemandem spielen sehen.«

»Kannst du mir jetzt sagen, Don Juan, wie schützt Peyote ...« Er ließ mich nicht ausreden. Energisch faßte er mich an der Schulter.

»Nenn ihn nie wieder auf diese Weise. Du hast noch nicht genug von ihm gesehen, um ihn zu kennen.«

»Wie schützt Mescalito die Leute?«

»Er rät ihnen. Er beantwortet, was immer du ihn fragst.«

»Dann ist Mescalito wirklich? Ich meine, er ist etwas, das du siehst?«

Er schien verwirrt durch meine Frage. Er sah mich irgendwie verblüfft an.

»Was ich sagen wollte ist, daß Mescalito ...«

»Ich hab gehört, was du gesagt hast. Hast du ihn letzte Nacht nicht gesehen?«

Ich wollte sagen, daß ich nur einen Hund sah, aber ich bemerkte seinen bestürzten Blick.

»Dann glaubst du, daß er das war, was ich letzte Nacht gesehen habe?«

Er sah mich verachtungsvoll an. Er kicherte, schüttelte den Kopf, als könne er es nicht glauben und sagte in einem sehr angriffslustigen Ton, »a poco crees que era tu – mamá (erzähl mir bloß nicht, du glaubst, es war deine Mama)?« Er machte eine Pause, bevor er »Mama« sagte, denn, was er sagen wollte, war »tu chingada madre«, eine Redensart, die als geringschätzige Anspielung auf die Mutter des anderen gebraucht wird. Das Wort »mamá« war so unangebracht, daß wir beide lange lachten.
Dann merkte ich, daß er eingeschlafen war und meine Frage nicht beantwortet hatte.

Sonntag, 6. August 1961

Ich fuhr Don Juan zu dem Haus, wo ich Peyote genommen hatte. Unterwegs erzählte er mir, daß der Mann, der »mir Mescalito angeboten hatte«, John hieß. Als wir zu dem Haus kamen, saß John mit zwei Männern auf seiner Veranda. Sie waren alle sehr heiter. Sie lachten und redeten ganz ungezwungen. Alle drei konnten perfekt Englisch. Ich sagte John, daß ich gekommen war, um ihm für seine Hilfe zu danken.
Ich wollte ihre Meinung zu meinem Verhalten während meines halluzinatorischen Erlebnisses erfahren und sagte ihnen, daß ich versucht hätte, mich an das, was ich letzte Nacht gemacht hatte, zu erinnern und daß ich es nicht konnte. Sie lachten und wollten ungern darüber sprechen. Sie schienen sich wegen Don Juan zurückzuhalten. Sie warfen ihm alle einen Blick zu, so als warteten sie auf ein bejahendes Zeichen, um anzufangen. Don Juan mußte ihnen eine Andeutung gemacht haben, obwohl ich nichts bemerkte, denn plötzlich begann John zu erzählen, was ich in dieser Nacht gemacht hatte.
Er sagte, er wußte, daß ich »angenommen« war, als er mich kotzen hörte. Er schätzte, daß ich dreißigmal gekotzt haben mußte. Don Juan verbesserte ihn und sagte, daß es nur zehnmal waren.
John fuhr fort: »Dann rückten wir alle näher an dich heran. Du warst starr und hattest Krämpfe. Sehr lange Zeit, während du auf dem Rücken lagst, bewegtest du den Mund, so als wolltest du sprechen. Dann fingst du an, deinen Kopf auf den Boden zu schlagen, und Don Juan setzte dir einen alten Hut auf den Kopf, und du hast aufgehört. Du hast stundenlang auf dem Boden liegend gezittert und gewimmert. Ich glaube, alle schliefen dann ein; aber während ich schlief, hörte ich dich keuchen und stöhnen. Dann hörte ich dich schreien und wachte auf. Ich sah dich schreiend in die Luft springen. Du hast dich aufs Wasser gestürzt, den Topf umgestoßen und begannst in der Pfütze zu schwimmen. Don Juan brachte dir mehr Wasser. Du hast friedlich vor dem Topf gesessen. Dann bist du aufgesprungen und hast alle Kleider ausgezogen. Du hast vor dem Wasser gekniet und es in großen Schlucken getrunken. Dann hast du einfach dagesessen und ins Weite gestarrt.

Wir glaubten, du würdest für immer dort bleiben. Fast alle schliefen, auch Don Juan, als du plötzlich wieder heulend aufsprangst und hinter dem Hund herranntest. Der Hund wurde ängstlich und heulte auch und rannte hinter das Haus. Dann wachten alle auf.
Wir standen alle auf. Du kamst, noch immer den Hund verfolgend, von der anderen Seite zurück. Der Hund rannte bellend und heulend vor dir her. Ich glaube, du mußt zwanzigmal in Kreisen und wie ein Hund bellend ums Haus gerannt sein. Ich hatte Angst, daß irgendwelche Leute neugierig werden könnten. Es gibt keine Nachbarn in der Nähe, aber dein Heulen war so laut, daß man es meilenweit hätte hören können.«
Dann sagte einer der jungen Männer: »Du hast den Hund eingeholt und ihn auf deinen Armen auf die Veranda getragen.« John erzählte weiter: »Dann fingst du an, mit dem Hund zu spielen. Du hast mit ihm getobt, und ihr habt euch gegenseitig gebissen und zusammen gespielt. Ich fand es sehr komisch. Gewöhnlich spielt mein Hund nicht. Aber diesmal ist der Hund mit dir herumgetollt.«
»Dann bist du zum Wasser gerannt, und der Hund hat mit dir getrunken«, sagte der junge Mann. »Du bist fünf- oder sechsmal mit dem Hund zum Wasser gerannt.«
»Wie lange ging das so?« fragte ich.
»Stunden«, sagte John. »Einmal haben wir euch beide aus den Augen verloren. Ich glaube, du mußt nach hinten gerannt sein. Wir hörten dich nur bellen und keuchen. Du hast dich so sehr wie ein Hund angehört, daß wir euch beide nicht unterscheiden konnten.«
»Vielleicht war es nur der Hund allein«, sagte ich.
Sie lachten und John sagte, »wer da gebellt hat, warst du, mein Lieber!«
»Was ist dann passiert?«
Die drei Männer sahen sich an, und es schien, als könnten sie sich nicht klar werden, was dann passiert war. Schließlich sprach der junge Mann, der noch nichts gesagt hatte.
»Er würgte«, sagte er und sah John an.
»Ja, richtig gewürgt hast du. Du fingst an, sehr merkwürdig zu weinen, und dann bist du auf den Boden gefallen. Wir dachten, du würdest dir auf die Zunge beißen; Don Juan öffnete deinen Mund und goß dir Wasser ins Gesicht. Dann begannst du zu zittern und wurdest erneut von Zuckungen befallen. Dann bliebst du lange Zeit reglos. Don Juan sagte, daß alles vorbei sei. Dann wurde es Morgen, wir haben dich mit einer Decke zugedeckt und dich auf der Veranda schlafen lassen.«
Hier sagte er nichts mehr und sah die anderen Männer an, die deutlich versuchten, nicht zu lachen. Er drehte sich nach Don Juan um und fragte ihn etwas. Don Juan lächelte und beantwortete

die Frage. John drehte sich zu mir um und sagte: »Wir haben dich hier auf der Veranda gelassen, weil wir Angst hatten, du würdest überall in den Zimmern umherpissen!«
Alle lachten sehr laut.
»Was war los mit mir?« fragte ich. »Habe ich . . .«
»Hast du?« machte mich John nach. »Wir wollten es nicht sagen, aber Don Juan sagt, daß wir es dir ruhig erzählen können. Du hast meinen Hund bepißt.«
»Was habe ich gemacht?«
»Du glaubst doch nicht, daß der Hund rannte, weil er Angst vor dir hatte, oder? Der Hund rannte, weil du ihn bepißt hast.« Alle lachten wieder. Ich versuchte, einen der jungen Männer zu fragen, aber sie lachten alle, und er verstand mich nicht.
John erzählte weiter: »Aber mein Hund stand dir nicht nach; er hat dich auch angepißt!«
Es war offenbar sehr komisch, denn alle, auch Don Juan, brüllten vor Lachen. Als sie sich beruhigt hatten, fragte ich sie ernsthaft: »Stimmt das wirklich? Ist das wirklich passiert?«
Immer noch lachend, antwortete John: »Ich schwöre es, mein Hund hat dich wirklich angepißt.«
Als wir zu Don Juans Haus zurückfuhren, fragte ich ihn: »Ist das alles wirklich passiert, Don Juan?«
»Ja«, sagte er, »aber sie wissen nicht, was du gesehen hast. Ihnen ist nicht klar, daß du mit ›ihm‹ gespielt hast. Aus diesem Grunde habe ich dich nicht gestört.«
»Aber ist diese Sache mit dem Hund wahr, daß wir uns gegenseitig angepißt haben?«
»Es war kein Hund! Wie oft muß ich dir das noch sagen? Das ist der einzige Weg, es zu verstehen. Es ist der einzige Weg! ›Er‹ war es, der mit dir gespielt hat.«
»Wußtest du, daß all dies passiert ist, bevor ich dir davon erzählt habe?«
Er zögerte einen Augenblick, bevor er antwortete.
»Nein, nachdem du mir davon erzählt hast, erinnerte ich mich an dein merkwürdiges Aussehen. Ich vermutete nur, daß alles mit dir in Ordnung war, weil du nicht erschrocken schienst.«
»Hat der Hund wirklich mit mir gespielt, so wie sie es sagen?«
»Verdammt! Es war kein Hund!«

Donnerstag, 19. August 1961

Ich erzählte Don Juan, was ich über mein Erlebnis dachte. Im Hinblick auf die Arbeit, die ich vorhatte, war es ein erschreckendes Ereignis. Ich sagte, daß mir an einer ähnlichen ›Begegnung‹ mit Mescalito nichts läge. Ich gab zu, daß alles, was mir passierte, mehr als interessant war, betonte aber, daß nichts davon mich wirklich dazu bringen könnte, es wieder zu suchen. Ich glaubte allen Ernstes, daß ich für diese Art Versuch nicht geeignet war. Peyote hatte in mir als Nachwirkung eine seltsame Art körperlichen Unbehagens verursacht. Es war eine unendliche Furcht oder Traurigkeit; eine Art Melancholie, die ich nicht genau erklären konnte. Und diese Art Zustand gefiel mir in keiner Weise. Don Juan lachte und sagte: »Du beginnst zu lernen.«

»Diese Art Lernen ist nichts für mich. Ich bin nicht dafür gemacht, Don Juan.«

»Du übertreibst ständig.«

»Das ist keine Übertreibung.«

»Doch. Der einzige Haken dabei ist, daß du nur die schlechten Seiten übertreibst.«

»Was mich betrifft, so gibt es keine guten Seiten. Ich weiß nur, daß es mir Angst macht.«

»Es ist kein Fehler, Angst zu haben. Wenn du ängstlich bist, siehst du die Dinge auf andere Weise.«

»Aber mir ist es egal, ob ich die Dinge auf andere Weise sehe, Don Juan. Ich glaube, ich lasse meine Finger vom Lernen über Mescalito. Ich komme nicht damit zurecht, Don Juan. Ich bin wirklich in einer schwierigen Situation.«

»Natürlich ist es schlimm – sogar für mich. Du bist nicht der einzige, der verwirrt ist.«

»Warum solltest du verwirrt sein, Don Juan?«

»Ich habe nachgedacht über das, was ich in jener Nacht gesehen habe. Mescalito hat wirklich mit dir gespielt. Das verwirrt mich, denn es war ein Zeichen (Omen).«

»Welche Art Zeichen, Don Juan?«

»Mescalito hat mich auf dich hingewiesen.«

»Wofür?«

»Neulich war es mir nicht klar, aber jetzt weiß ich es. Er zeigte dich mir als den ›erwählten Mann‹ (*escogido*). Mescalito hat dich mir gezeigt, und dadurch sagte er mir, du seist der erwählte Mann.«

»Meinst du, ich wurde unter anderen ausgewählt für eine Aufgabe oder so etwas?«

»Nein. Ich meine, Mescalito sagte mir, du könntest der Mann sein, nach dem ich suchte.«

»Wann hat er dir das gesagt, Don Juan?«

»Indem er mit dir spielte, sagte er es mir. Dies macht dich zu dem richtigen Mann für mich.«

»Was bedeutet es, der erwählte Mann zu sein?«

»Es gibt da einige Geheimnisse, die ich kenne. *Tengo secretos* (Ich habe Geheimnisse), die ich niemandem zeigen kann, außer meinem auserwählten Mann. Als ich dich in jener Nacht mit Mescalito spielen sah, wurde mir klar, daß du jener Mann bist. Aber du bist kein Indianer. Das ist recht verwirrend!«

»Aber was bedeutet das für mich, Don Juan? Was muß ich tun?«

»Ich habe mich entschlossen, und ich werde dich die Geheimnisse lehren, die ein Wissender hat.«
»Meinst du die Geheimnisse über Mescalito?«
»Ja, aber das sind nicht alle Geheimnisse, die ich kenne. Es gibt andere, unterschiedlicher Art, die ich jemandem weitergeben möchte. Ich selbst hatte einen Lehrer, meinen Wohltäter, und auch ich wurde sein auserwählter Mann, nachdem ich eine bestimmte Leistung vollbracht hatte. Er lehrte mich alles, was ich weiß.«
Ich fragte ihn wieder, was diese neue Rolle von mir verlangen würde; er sagte, es ginge einzig um das Lernen, Lernen in dem Sinne, wie ich es in zwei Zusammenkünften mit ihm erlebt hatte.
Die Situation hatte sich auf eine Art sehr merkwürdig entwickelt. Ich hatte mich entschlossen, ihm zu sagen, daß ich die Idee, über Peyote zu lernen, aufgeben wolle, und bevor ich es ihm wirklich klarmachen konnte, bot er sich an, mir sein Wissen zu geben. Ich wußte nicht, was er damit meinte, aber ich fühlte, daß diese plötzliche Wendung sehr ernst war. Ich wandte ein, für diese Aufgabe nicht geeignet zu sein, da sie ungewöhnlichen Mut erforderte, den ich nicht hatte. Ich sagte ihm, daß ich eher dazu neigte, über Handlungen zu sprechen, die andere vollbrachten. Ich wollte seine Ansichten und Meinungen über alles hören. Ich sagte ihm, daß ich glücklich wäre, wenn ich nur dasitzen und tagelang zuhören könnte. Für mich würde *das* Lernen bedeuten.
Er hörte zu, ohne mich zu unterbrechen. Ich redete sehr lange. Dann sagte er: »Das ist alles sehr einfach zu verstehen. Furcht ist der erste natürliche Feind, den ein Mann auf dem Weg zum Wissen überwinden muß. Übrigens bist du neugierig. Das gleicht es wieder aus. Und du wirst lernen, auch gegen deinen Willen, das ist die Regel.«
Ich widersprach noch eine Weile und versuchte, ihn davon abzubringen. Aber er schien überzeugt zu sein, daß ich nichts anderes tun könne, als zu lernen.
»Du denkst nicht in der richtigen Ordnung«, sagte er. »Mescalito hat wirklich mit dir gespielt. Dies allein solltest du bedenken. Warum beschäftigst du dich nicht damit, sondern mit deiner Furcht?«
»War es so ungewöhnlich?«
»Du bist die einzige Person, die ich je mit ihm spielen sah. Du bist diese Art Leben nicht gewohnt, darum gehen die Zeichen (Omen) an dir vorbei. Du bist zwar eine ernste Person, aber dein Ernst hängt an dem, was du tust, nicht an dem, was um dich herum passiert. Du beschäftigst dich zu sehr mit dir selbst. Das ist der Haken. Und das erzeugt eine schreckliche Müdigkeit.«
»Aber was kann man denn sonst tun, Don Juan?«
»Suche und sieh die Wunder um dich herum. Du wirst es müde

werden, dich nur selbst anzusehen, und diese Müdigkeit wird dich für alles andere blind und taub machen.«

»Du hast feste Ansichten, Don Juan, aber wie kann ich mich ändern?«

»Denk über das Wunder nach. Mescalito hat mit dir gespielt. Denk an nichts anderes: alles andere wird dir von allein klar werden.«

Sonntag, 20. August 1961

Letzte Nacht begann Don Juan mich in das Reich seines Wissens zu führen. Wir saßen im Dunkel vor seinem Haus. Plötzlich, nach langem Schweigen, begann er zu reden. Er sagte, er würde mich mit den gleichen Worten unterrichten, die sein eigener Wohltäter am ersten Tag gebraucht hatte, als er ihn zum Schüler nahm. Don Juan hatte offensichtlich die Worte auswendig gelernt, denn er wiederholte sie mehrere Male, um sicher zu sein, daß mir nichts entging.

»Ein Mann macht sich auf zum Wissen, wie er sich zum Krieg aufmacht, hellwach, voller Furcht und Achtung und absoluter Zuversicht. Wer sich auf andere Weise zum Wissen oder zum Krieg aufmacht, begeht einen Fehler, und wer immer ihn macht, wird seine Schritte ewig bereuen.«

Ich fragte ihn, warum dies so sei, und er sagte, daß ein Mann, der diese vier Voraussetzungen erfüllt hat, für keinen Fehler verantwortlich gemacht werden könne; unter diesen Bedingungen geht er in seinen Handlungen nicht mit der Ungeschicklichkeit eines Tölpels vor. Wenn ein solcher Mensch versagt oder eine Niederlage erleidet, wird er nur eine Schlacht verloren haben, und darüber wird es keine klägliche Reue geben.

Dann sagte er, er wolle mich in genau der gleichen Weise über einen »Verbündeten« unterrichten, in der es ihn sein eigener Wohltäter gelehrt hatte. Er legte sehr starke Betonung auf die Worte »in genau der gleichen Weise« und wiederholte diese Wendung mehrere Male.

Ein »Verbündeter«, sagte er, ist eine Macht, die ein Mann in sein Leben einbeziehen kann, damit sie ihm hilft, ihm rät und ihm die nötige Kraft zu großen und kleinen, richtigen oder verkehrten Taten gibt. Dieser Verbündete ist notwendig, um das Leben eines Mannes zu erhöhen, seine Handlungen zu lenken und sein Wissen zu fördern. Ein Verbündeter ist wirklich eine unentbehrliche Hilfe zum Wissen. Don Juan sagte dies mit großer Überzeugung und mit Nachdruck. Er schien seine Worte vorsichtig zu wählen. Er wiederholte den folgenden Satz viermal:

»Ein Verbündeter wird dich lehren, Dinge zu sehen und zu verstehen, die dir ein Mensch unmöglich klarmachen könnte.«

»Ist ein Verbündeter so etwas wie ein beschützender Geist?«

»Er ist weder ein Beschützer, noch ein Geist. Er ist eine Hilfe.«

»Ist Mescalito dein Verbündeter?«
»Nein! Mescalito ist eine andere Art Macht. Eine einzigartige Macht! Ein Beschützer, ein Lehrer.«
»Worin unterscheidet sich Mescalito von einem Verbündeten?«
»Er kann nicht so gezähmt und genutzt werden, wie ein Verbündeter gezähmt und genutzt wird. Mescalito ist nicht in uns. Wer immer vor ihm steht, egal ob diese Person ein *brujo* oder Farmjunge ist – er wählt viele verschiedene Formen, um sich zu zeigen.«
Don Juan sprach mit großer Leidenschaft von Mescalito als dem Lehrer einer richtigen Lebensweise. Ich fragte ihn, wie Mescalito die richtige Lebensweise lehre, und Don Juan antwortete, daß Mescalito *zeige*, wie man zu leben habe.
»Wie zeigt er es?« fragte ich.
»Er zeigt es auf vielerlei Art. Manchmal zeigt er es auf seiner Hand oder auf dem Felsen oder den Bäumen oder einfach vor dir.«
»Ist es wie ein Bild vor dir?«
»Nein. Es ist eine Lehre vor dir.«
»Spricht Mescalito zu der Person?«
»Ja. Aber nicht in Worten.«
»Wie spricht er dann?«
»Er spricht mit jedem anders.«
Ich fühlte, daß meine Fragen ihm lästig wurden. Ich fragte nichts mehr. Er erklärte weiter, daß es keine Schritte gäbe, um Mescalito kennenzulernen; darum könne niemand über ihn lehren außer Mescalito selbst. Diese Eigenschaft machte ihn zu einer einzigartigen Macht; er war für jeden ein anderer.
Andererseits, sagte Don Juan, verlange der Gewinn eines Verbündeten die genaueste Lehre und das Befolgen der Stufen oder Schritte ohne eine einzige Abweichung. Es gibt viele solcher verbündeter Mächte in dieser Welt, sagte er, aber ich kenne nur zwei von ihnen. Und er würde mich zu ihnen und zu ihren Geheimnissen führen, aber es wäre mir überlassen, *einen* von ihnen zu wählen, denn ich könnte nur einen haben. Der Verbündete seines Wohltäters war in der *yerba del diablo* (Teufelskraut) enthalten, sagte er, aber er selbst mochte ihn nicht, obwohl sein Wohltäter ihn seine Geheimnisse gelehrt hatte. Sein eigener Verbündeter war in *humito* (kleiner Rauch) enthalten, sagte er, aber er sprach nicht über das Wesen des Rauches.
Ich fragte ihn danach. Er blieb still. Nach einer langen Pause fragte ich ihn:
»Welche Art Macht ist dein Verbündeter?«
»Er ist eine Hilfe. Das habe ich dir schon gesagt.«
»Wie hilft er?«
»Ein Verbündeter ist eine Macht, die einen Mann über seine eigenen Grenzen hinaustragen kann. Auf diese Weise kann ein Verbündeter Dinge zeigen, wie es kein Mensch kann.«

»Aber auch Mescalito trägt einen über seine eigenen Grenzen hinaus. Wird er dadurch nicht zum Verbündeten?«
»Nein. Mescalito führt dich von dir selbst fort, um dich zu lehren. Ein Verbündeter führt dich fort, um dir Macht zu geben.«
Ich bat ihn, mir diesen Punkt ausführlicher zu erklären oder den unterschiedlichen Effekt beider zu beschreiben. Er sah mich lange an und lachte. Er sagte, daß das Lernen durch Gespräche nicht nur unnütz, sondern eine Dummheit sei, weil das Lernen die schwierigste Aufgabe sei, der sich ein Mann zuwenden könne. Er bat mich, an die Zeit zu denken, als ich meine Stelle zu finden versuchte und sie ohne jegliche Arbeit finden wollte, weil ich erwartet hatte, alle Informationen von ihm zu bekommen. Hätte er sie mir gegeben, sagte er, hätte ich nie gelernt. Aber zu wissen, wie schwierig es war, meine Stelle zu finden und vor allem zu wissen, daß es sie gab, würde mir ein einzigartiges Selbstvertrauen geben. Er sagte, daß mir nichts körperlichen Schaden zufügen könne, solange ich mit meiner »guten Stelle« verwurzelt blieb, denn ich konnte sicher sein, daß alles an dieser besonderen Stelle zu meinem Besten war. Ich hatte die Macht, alles, was für mich unheilvoll sein könnte, von mir zu stoßen. Wenn er sie mir jedoch verraten hätte, wäre ich ohne das nötige Vertrauen geblieben, sie als wahres Wissen anzusehen. So war Wissen tatsächlich Macht.
Don Juan sagte dann, daß ein Mann jedesmal, wenn er sich dem Lernen widme, so hart arbeiten müßte, wie ich es tat, um die Stelle zu finden, und daß die Grenzen seines Lernens durch seine eigene Natur bestimmt würden. Darum hielt er es für sinnlos, über Wissen zu sprechen. Er sagte, daß bestimmte Arten von Wissen zu mächtig für meine Kräfte seien, und über sie zu sprechen, würde mir nur Schaden zufügen. Offensichtlich wollte er nichts weiter dazu sagen. Er stand auf und ging auf sein Haus zu. Ich sagte ihm, daß ich der Situation nicht gewachsen sei. Es war alles nicht so, wie ich es mir vorgestellt oder wie ich es gewollt hätte.
Er sagte, daß die Ängste natürlich seien; daß wir sie alle erlebten und nichts dagegen tun könnten. Andererseits sei es schrecklicher, an einen Mann ohne Verbündeten oder ohne Wissen zu denken, unabhängig davon, wie erschreckend das Lernen sei.

3

In den mehr als zwei Jahren, die zwischen dem Zeitpunkt lagen, an dem Don Juan sich entschloß, mich über verbündete Mächte zu unterrichten, und dem Zeitpunkt, an dem er glaubte, mich darauf vorbereitet zu haben, über sie in pragmatischer, aktiver

Form zu lernen, erklärte er allmählich die allgemeine Charakteristika der zwei in Frage kommenden Verbündeten. Er bereitete mich vor auf die unausbleiblichen Folgen der Gespräche, auf die Festigung seiner Lehren, auf die Zustände nicht-alltäglicher Wirklichkeit. Anfangs sprach er über die verbündeten Mächte nur sehr beiläufig. Die ersten Hinweise in meinen Notizen finden sich verstreut zwischen anderen Gesprächsthemen.

Mittwoch, 23. August 1961

»Die *yerba del diablo* (*Jimson weed*) war der Verbündete meines Wohltäters. Sie hätte auch meiner sein können, aber ich mochte sie nicht.«

»Warum mochtest du sie nicht, Don Juan?«

»Sie hat entschieden einen Nachteil.«

»Ist sie anderen verbündeten Mächten unterlegen?«

»Nein. Versteh mich nicht falsch. Sie ist so mächtig wie der beste Verbündete, aber sie hat etwas, das ich persönlich nicht mag.«

»Kannst du mir sagen, was es ist?«

»Sie verdirbt Männer. Sie gibt ihnen, ohne ihre Herzen zu stärken, zu früh einen Geschmack von Macht. Sie macht herrschsüchtig und unberechenbar. Sie macht sie auf der Höhe ihrer großen Macht weich.«

»Gibt es keinen Weg, das zu vermeiden?«

»Es gibt einen Weg, es zu überwinden, aber keinen, es zu vermeiden. Wer immer der Verbündete des Krauts wird, muß diesen Preis zahlen.«

»Wie kann man diese Wirkung überwinden, Don Juan?«

»Die *yerba* hat vier Köpfe: die Wurzel, den Stiel mit Blättern, die Blüten und die Samen. Jeder von ihnen ist verschieden, und wer ihr Verbündeter wird, muß sie in dieser Reihenfolge erlernen. Der wichtigste Kopf ist in den Wurzeln. Die Macht des Teufelskrauts wird durch die Wurzel errungen. Stiel und Blätter sind der Kopf, der Krankheiten heilt; richtig benutzt ist dieser Kopf ein Geschenk für die Menschheit. Der dritte Kopf ist in den Blüten, und man nimmt ihn, um Leute verrückt oder abhängig zu machen oder um sie zu töten. Der Mann, dessen Verbündeter das Kraut ist, nimmt aus diesem Grund niemals die Blüten, ebensowenig Stiel und Blätter ein, außer in Fällen eigener Krankheit; aber die Wurzeln und Samen werden eingenommen; besonders die Samen; sie sind der vierte Kopf des Teufelskrauts und der mächtigste der vier.

Mein Wohltäter sagte gewöhnlich, die Samen seien der »besonnene Kopf« – der einzige Teil, der das Herz eines Mannes stärken könne. Die *yerba* ist hart zu ihren Schützlingen, sagte er oft, denn sie ist darauf aus, sie bald zu töten, noch bevor sie zu den Geheimnissen des »besonnenen Kopfes« vordringen. Es wird jedoch von Männern erzählt, die hinter die Geheimnisse des besonnenen Kop-

fes gekommen sind. Welch eine Herausforderung für einen Wissenden!«
»Hat dein Wohltäter solche Geheimnisse entdeckt?«
»Nein.«
»Bist du jemandem begegnet, der sie entdeckte?«
»Nein. Aber sie lebten zu einer Zeit, als dieses Wissen wichtig war.«
»Kennst du jemanden, der solchen Männern begegnet ist?«
»Nein, ich kenne niemanden.«
»Hat dein Wohltäter jemanden gekannt?«
»Er ja.«
»Warum ist er nicht zu den Geheimnissen des besonnenen Kopfes vorgedrungen?«
»Die *yerba* zu einem Verbündeten zu zähmen, ist eine der schwierigsten Aufgaben, die ich kenne. Sie wurde zum Beispiel niemals eins mit mir, vielleicht weil ich sie nicht mochte.«
»Kannst du sie noch als Verbündete gebrauchen, obwohl du sie nicht magst?«
»Ich kann; trotzdem ziehe ich vor, es nicht zu tun. Vielleicht wird es für dich anders sein.«
»Warum wird sie Teufelskraut genannt?«
Don Juan machte eine gleichgültige Geste, zuckte mit den Schultern und blieb einige Zeit still. Schließlich sagte er, daß »Teufelskraut« ihr vorläufiger Name (*su nombre de leche*) sei. Er sagte auch, daß es andere Namen für das Teufelskraut gäbe, die aber nicht benutzt werden sollten, weil das Nennen eines Namens eine ernste Sache sei, besonders wenn man lerne, eine verbündete Macht zu zähmen. Ich fragte ihn, warum das Nennen eines Namens eine so ernste Sache sei. Er sagte, Namen seien Hilferufen vorbehalten, sie seien für Augenblicke großer Anstrengung und Not, und er versicherte mir, daß solche Augenblicke früher oder später im Leben dessen eintreten, der Wissen sucht.

Sonntag, 3. September 1961

Heute im Laufe des Nachmittags holte sich Don Juan zwei *Datura*-Pflanzen vom Feld.
Ziemlich unerwartet brachte er das Thema Teufelskraut in unser Gespräch und bat mich, ihn zu den Hügeln zu begleiten und eine Pflanze zu suchen.
Wir fuhren in die nahen Berge. Ich holte eine Schaufel aus dem Kofferraum, und wir gingen in einen der Canyons. Wir gingen ziemlich lange, schlugen uns durch das Gebüsch, das dicht in dem weichen, sandigen Boden wuchs. Er blieb neben einer kleinen Pflanze stehen, mit dunkelgrünen Blättern und großen, weißlichen, glockenförmigen Blüten.
»Diese hier«, sagte er.
Er begann sofort zu graben. Ich versuchte ihm zu helfen, aber

er lehnte mit entschiedenem Kopfschütteln ab und grub weiter an einem runden Loch um die Pflanze: es war ein kegelförmiges Loch, tief an den äußeren Rändern und in der Kreismitte hügelförmig ansteigend. Als er zu graben aufhörte, kniete er dicht an dem Stiel, entfernte mit seinen Fingern die weiche Erde von ihm und legte etwa zehn Zentimeter einer großen, knolligen, gegabelten Wurzel frei, deren Dicke sich deutlich von der des vergleichsweise zarten Stiels abhob.

Don Juan sah mich an und sagte, die Pflanze sei »männlich«, weil die Wurzel sich genau da gabelte, wo sie in den Stiel überging. Dann stand er auf, ging weg und suchte irgend etwas.

»Wonach suchst du, Don Juan?«

»Ich will einen Stock finden.«

Ich begann umherzusehen, aber er hielt mich auf.

»Du nicht! Du setzt dich.« Er zeigte auf einige Felsbrocken sechs Meter von uns.

»Ich werde ihn finden.«

Nach einer Weile kam er mit einem langen, trockenen Ast zurück. Er benutzte den Stock zum Graben und löste an den zwei auseinanderstehenden Gabeln der Wurzel vorsichtig die Erde. Er legte sie bis auf eine Tiefe von 60 Zentimeter frei. Als er tiefer grub, wurde der Boden so fest, daß es praktisch unmöglich wurde, ihn mit dem Stock zu lösen.

Er hörte auf und setzte sich, um Atem zu holen. Ich setzte mich neben ihn. Lange Zeit redeten wir nicht.

»Warum gräbst du sie nicht mit der Schaufel aus?« fragte ich.

»Sie könnte die Pflanze treffen und sie verletzen. Ich mußte einen Stock holen, der hierher gehört, so daß die Verletzung, wenn ich die Pflanze getroffen hätte, nicht ganz so schlimm gewesen wäre wie eine solche von einer Schaufel oder einem fremden Ding.«

»Was für eine Art Stock hast du geholt?«

»Jeder trockene Ast des Paloverde-Baums ist gut. Wenn es keine trockenen Äste gibt, mußt du einen grünen schneiden.«

»Kannst du auch die Äste irgendeines anderen Baumes verwenden?«

»Ich sagte dir doch, nur Paloverde und keinen anderen.«

»Warum ist das so, Don Juan?«

»Weil die *yerba* sehr wenig Freunde hat, und Paloverde ist der einzige Baum hier, der sich mit ihr verträgt – dem einzigen Wesen, das nach ihm greift oder sich an ihm festrankt (*lo unico que prende*). Falls du die Wurzel mit einer Schaufel beschädigst, wird sie nicht für dich wachsen, wenn du sie wieder einsetzt, aber wenn du sie mit einem Stock verletzt, ist es möglich, daß die Pflanze es nicht einmal spürt.«

»Was wirst du jetzt mit der Wurzel machen?«

»Ich werde sie abschneiden. Du mußt mich jetzt allein lassen. Geh und such eine andere Pflanze und warte, bis ich dich rufe.«

»Willst du nicht, daß ich dir helfe?«
»Du könntest mir helfen, aber nur, wenn ich dich bitte!«
Ich ging fort und begann eine andere Pflanze zu suchen, um das starke Verlangen zu unterdrücken, heimlich zuzusehen. Nach einer Weile kam er zu mir.
»Laß uns jetzt die weibliche Pflanze suchen«, sagte er.
»Wie unterscheidest du sie?«
»Die weibliche Pflanze ist höher und wächst über dem Boden so, daß sie wirklich wie ein kleiner Baum aussieht. Die männliche Pflanze ist massig und verbreitet sich dicht über dem Boden und sieht mehr wie ein dichter Strauch aus. Wenn wir die weibliche Pflanze ausgraben, wirst du sehen, daß sie eine einzige Wurzel hat, die ziemlich tief hinunterreicht, bevor sie sich gabelt. Bei der männlichen Pflanze dagegen beginnt die Gabelung der Wurzel am Stiel.«
Wir durchsuchten zusammen das *Datura*-Gebiet. Dann zeigte er auf eine Pflanze und sagte: »Das ist eine weibliche Pflanze.« Und er begann, sie wie die andere auszugraben. Als er die Wurzel freigelegt hatte, konnte ich sehen, daß sie so war, wie er sie beschrieben hatte. Ich ging wieder fort, als er so weit war, sie abzuschneiden.
Als wir zu seinem Haus kamen, öffnete er das Bündel, in das er die *Datura*-Pflanzen gelegt hatte. Er nahm die größere, längere Pflanze zuerst und wusch sie in einer großen Metallschüssel. Sehr vorsichtig rieb er den Sand von Wurzel, Stiel und Blättern. Nach dieser gründlichen Reinigung machte er mit einem kurzen, gezahnten Messer einen leichten Schnitt um die Gabelung und trennte den Stiel von der Wurzel, indem er sie auseinanderbrach. Er nahm den Stiel, trennte alles davon ab und legte die Blätter, die Blüten und die stacheligen Samenkapseln auf einzelne Haufen. Er warf alles weg, was trocken oder von Würmern verdorben war und behielt nur die unversehrten Teile. Er band Schnüre um die zwei Teile der Wurzeln, brach sie auseinander, nachdem er einen leichten Schnitt an der Gabelung gemacht hatte, und erhielt zwei Wurzelteile gleicher Größe.
Dann nahm er ein Stück grobe Leinwand und legte die zwei zusammengebundenen Wurzelstücke hinein; darüber legte er die ordentlich gebündelten Blätter, dann die Blüten, die Samenkapseln und den Stiel. Er faltete die Leinwand zusammen und verknotete sie.
Mit der anderen, der weiblichen Pflanze, machte er genau dasselbe, nur daß er die Wurzel nicht auseinanderschnitt, sondern sie wie ein umgekehrtes Y ganz ließ. Dann legte er alle Teile in ein anderes Bündel aus Tuch. Als er fertig war, war es schon dunkel.

Mittwoch, 6. September 1961

Heute, spät am Nachmittag sprachen wir wieder über das Teufelskraut.

»Ich glaube, wir sollten wieder mit diesem Kraut anfangen«, sagte Don Juan plötzlich.
Nach einem höflichen Schweigen fragte ich ihn: »Was wirst du mit den Pflanzen tun?«
»Die Pflanzen, die ich ausgegraben und geschnitten habe, gehören zu mir«, sagte er. »Es ist, als seien sie ich selbst; mit ihnen werde ich dir das Zähmen des Teufelskrauts zeigen.«
»Wie wirst du das machen?«
»Das Teufelskraut ist in verschiedene Teile (*partes*) geteilt. Jeder der Teile ist verschieden; jeder Teil hat seinen eigenen Zweck und seine eigene Aufgabe.«
Er öffnete seine linke Hand und maß am Boden von der Daumenspitze bis zur Spitze seines vierten Fingers.
»Dies ist mein Teil. Du wirst deinen mit deiner eigenen Hand ausmessen. Um das Teufelskraut zu beherrschen, mußt du mit dem ersten Teil der Wurzel beginnen. Aber da ich dich zu ihr gebracht habe, mußt du den ersten Teil der Wurzel *meiner* Pflanze nehmen. Ich habe ihn für dich ausgemessen, darum ist es wirklich *mein* Teil, den du am Anfang nehmen mußt.« Er ging ins Haus und brachte eines der Bündel heraus. Er setzte sich und öffnete es. Ich sah, daß es die männliche Pflanze war. Ich sah auch, daß es nur ein Wurzelstück war. Er nahm das Stück, das von den ursprünglich zwei Stücken übriggeblieben war und hielt es mir vors Gesicht.
»Dies ist dein erster Teil«, sagte er. »Ich gebe ihn dir. Ich habe ihn selbst für dich geschnitten. Ich habe ihn als meinen eigenen abgemessen; jetzt gebe ich ihn dir.«
Für einen Augenblick kam mir der Gedanke, daß ich ihn wie eine Mohrrübe kauen müßte, aber er legte ihn in einen kleinen weißen Baumwollbeutel.
Er ging hinter das Haus. Er saß dort mit gekreuzten Beinen auf dem Boden und mit einem runden *mano* begann er die Wurzel in dem Beutel zu zerstoßen. Er verarbeitete sie auf einem flachen Stein, den er als Mörser benutzte. Von Zeit zu Zeit wusch er die zwei Steine und fing das Wasser in einer kleinen, flachen, ausgehöhlten Holzschüssel auf.
Während er schlug, sang er ein unverständliches Lied, sehr sanft und monoton. Als er die Wurzel zu einem weichen Brei in dem Beutel zerstoßen hatte, legte er ihn in die Holzschüssel. Wieder legte er den Mörserstein und den Stößel in die Schüssel, füllte sie mit Wasser und trug sie dann zu einer Art viereckigem Schweinetrog, der am hinteren Zaun stand.
Er sagte, die Wurzel müsse die ganze Nacht weichen und draußen bleiben, um die Nachtluft (*el sereno*) einzufangen. »Wenn morgen ein sonniger, heißer Tag ist, so wird das ein sehr gutes Omen sein.«

Sonntag, 10. September 1961

Donnerstag, der 7. September, war ein sehr klarer und heißer Tag. Don Juan schien sich sehr über das gute Omen zu freuen und wiederholte mehrmals, daß das Teufelskraut mich wahrscheinlich mochte. Die Wurzel hatte die ganze Nacht geweicht, und gegen 10 Uhr morgens gingen wir hinter das Haus, er nahm die Schüssel aus dem Trog, stellte sie auf den Boden und setzte sich neben sie. Er nahm den Beutel und rieb ihn auf dem Schüsselboden. Er hielt ihn ein paar Zentimeter über dem Wasser und preßte seinen Inhalt, dann ließ er den Beutel ins Wasser fallen. Er wiederholte den gleichen Ablauf noch dreimal, dann entfernte er den Beutel, warf ihn in den Trog und ließ die Schüssel in der heißen Sonne. Zwei Stunden später kamen wir zurück. Er brachte einen mittelgroßen Kessel mit kochendem, gelblichem Wasser. Er kippte die Schüssel sehr vorsichtig, schüttete etwas Wasser ab und behielt die dicke Ablagerung zurück, die sich auf dem Boden angesammelt hatte. Dann schüttete er kochendes Wasser darüber und ließ die Schüssel wieder in der Sonne stehen.

Dieses Verfahren wurde in Abständen von mehr als einer Stunde dreimal wiederholt. Schließlich schüttete er das meiste Wasser aus der Schüssel ab und stellte sie angekippt in die späte Nachmittagssonne.

Als wir Stunden später zurückkamen, war es dunkel. Auf dem Boden der Schüssel war eine Schicht klebriger Masse. Sie glich einer Schicht halbgekochter Stärke, weißlich oder hellgrau. Es war vielleicht ein Teelöffel voll. Er nahm die Schüssel ins Haus, und während er Wasser zum Kochen aufsetzte, las ich die Schmutzteilchen heraus, die der Wind hereingeweht hatte. Er lachte mich aus.

»Das bißchen Schmutz wird niemandem schaden.«

Als das Wasser kochte, schüttete er ungefähr eine Tasse voll in die Schüssel. Es war das gleiche gelbliche Wasser wie vorher. Er löste die Masse auf, und es bildete sich eine milchige Substanz.

»Was ist das für Wasser, Don Juan?«

»Wasser von Früchten und Blüten aus dem Canyon.«

Dann leerte er die Flüssigkeit in einen alten Tonkrug, der wie ein Blumentopf aussah. Sie war noch immer sehr heiß, so blies er, um sie abzukühlen. Er nahm einen Schluck und gab mir den Krug.

»Trink jetzt«, sagte er.

Ich nahm ihn mechanisch, und ohne nachzudenken trank ich all das Wasser. Es schmeckte irgendwie bitter, wenn auch kaum spürbar. Auffallend war nur der scharfe Geruch des Wassers. Es roch wie Kakerlaken.

Fast augenblicklich begann ich zu schwitzen. Mir wurde sehr warm, und Blut schoß mir in die Ohren. Ich sah einen roten Punkt vor meinen Augen, und meine Bauchmuskeln begannen

sich in schmerzhaften Krämpfen zusammenzuziehen. Nach einer Weile wurde mir kalt, und obwohl ich keine Schmerzen mehr fühlte, war ich buchstäblich in Schweiß gebadet.
Don Juan fragte mich, ob es um mich schwarz sei, oder ob ich schwarze Punkte vor meinen Augen sähe. Ich sagte ihm, daß ich alles in Rot sah.
Meine Zähne klapperten, denn Wellen unkontrollierbarer Nervosität überkamen mich, die von der Mitte meiner Brust auszustrahlen schienen.
Dann fragte er mich, ob ich Angst hätte. Seine Fragen schienen für mich ohne Bedeutung. Ich sagte ihm, daß ich natürlich Angst hatte, aber er fragte mich wieder, ob ich vor ihr Angst hätte. Ich verstand nicht, was er meinte und sagte ja. Er lachte und sagte, daß ich nicht wirklich Angst hätte. Er fragte, ob ich noch Rot sähe. Alles, was ich sah, war ein riesiger Fleck.
Nach einer Weile fühlte ich mich besser. Allmählich verschwanden die nervösen Anfälle; sie wichen nur einer schmerzenden, angenehmen Müdigkeit und einem tiefen Verlangen nach Schlaf. Ich konnte die Augen nicht offenhalten, obwohl ich Don Juans Stimme noch hören konnte. Ich schlief ein, aber die Empfindung, in tiefes Rot getaucht zu sein, hielt die ganze Nacht an. Ich hatte sogar Träume in Rot.
Ich wachte ungefähr um drei Uhr am Sonnabend Nachmittag auf. Ich hatte fast zwei Tage geschlafen. Ich hatte schwache Kopf- und Magenschmerzen und sehr starke wiederkehrende Schmerzen in den Därmen. Davon abgesehen war alles wie ein normales Aufwachen. Ich fand Don Juan, der vor seinem Haus saß und vor sich hindöste. Er lächelte mich an.
»Alles ging gut in dieser Nacht«, sagte er. »Du hast Rot gesehen, und das ist das einzig Wichtige.«
»Was wäre passiert, wenn ich nicht Rot gesehen hätte?«
»Du hättest Schwarz gesehen, und das ist ein schlechtes Zeichen.«
»Warum ist das schlecht?«
»Wenn ein Mann Schwarz sieht, bedeutet das, daß er nicht für Teufelskraut gemacht ist, und er erbricht sein Inneres grün und schwarz.«
»Würde er sterben?«
»Ich glaube nicht, daß jemand daran sterben würde, aber er würde lange Zeit krank sein.«
»Was passiert denen, die Rot sehen?«
»Sie erbrechen nicht, und die Wurzel erzeugt eine angenehme Wirkung, das bedeutet, daß sie stark und von leidenschaftlicher Natur sind – etwas, das dem Kraut gefällt. Das ist die Art ihrer Verlockung. Schlimm ist nur daran, daß sie zu Sklaven des Teufelskrautes werden als Preis für die Macht, die sie ihnen gibt. Aber das sind Dinge, über die wir keine Kontrolle haben. Der Mensch lebt nur, um zu lernen. Und wenn er lernt, dann nur, weil dies

sein Los ist, zum Guten oder zum Schlechten.«

»Was soll ich als nächstes tun, Don Juan?«

»Als nächstes mußt du einen Setzling (*brote*) pflanzen, den ich an der anderen Hälfte des ersten Wurzelteils abgeschnitten habe. Eine Hälfte hast du in dieser Nacht genommen, und jetzt muß die andere Hälfte in den Boden gesteckt werden. Sie muß wachsen und Samen tragen, bevor du dich an die wirkliche Aufgabe machen kannst, die Pflanze zu zähmen.«

»Wie werde ich sie zähmen?«

»Das Teufelskraut wird durch die *Wurzel* gezähmt. Schritt für Schritt muß du die Geheimnisse jedes Teils der Wurzel lernen. Du mußt sie einnehmen, um die Geheimnisse zu lernen und die Macht zu gewinnen.«

»Werden die verschiedenen Teile genauso zubereitet, wie du es mit dem ersten gemacht hast?«

»Nein, jeder Teil ist verschieden.«

»Was für besondere Wirkungen hat jeder Teil?«

»Ich sagte schon, daß jeder eine andere Form der Macht lehrt. Was du in der Nacht genommen hast, ist gar nichts. Das kann jeder tun. Aber nur der *brujo* kann die geheimeren Teile einnehmen. Ich kann dir nicht sagen, was sie bewirken, weil ich nicht weiß, ob sie dich nehmen wird. Wir müssen warten.«

»Wann wirst du es mir dann sagen?«

»Sobald deine Pflanze gewachsen ist und Samen trägt.«

»Wenn jeder den ersten Teil nehmen kann, wozu wird er dann gebraucht?«

»In verdünntem Zustand ist er für alle Dinge der Männlichkeit, für alte Leute, die ihre Energie verloren haben, oder für junge Leute, die Abenteuer suchen, oder sogar für Frauen, die sich nach Leidenschaft sehnen.«

»Du hast gesagt, die Wurzel wird nur zur Macht gebraucht, aber ich sehe, daß sie außer für die Macht auch für andere Dinge gebraucht wird. Hab ich recht?«

Er sah mich lange mit starrem Blick an, der mich verlegen machte. Ich merkte, daß meine Frage ihn zornig machte, aber ich verstand nicht warum.

»Das Kraut wird nur zur Macht gebraucht«, sagte er schließlich trocken und ernst.

»Der Mann, der seine Energie auffrischen will, die jungen Leute, die Müdigkeit und Hunger ertragen wollen, der Mann, der einen anderen Mann töten will, eine Frau, die Leidenschaft sucht – sie alle suchen Macht. Und das Kraut wird sie ihnen geben! Glaubst du, du magst sie?« fragte er nach einer Pause.

»Ich empfinde eine seltsame Kraft«, sagte ich, und das stimmte. Ich hatte sie beim Erwachen gespürt und sehr stark empfunden. Es war eine sehr merkwürdige Empfindung von Unbehagen oder

Frustration; mein ganzer Körper bewegte sich und streckte sich mit ungewöhnlicher Leichtigkeit und Kraft. Meine Arme und Beine juckten. Meine Schultern schienen sich auszudehnen; meine Rücken- und Nackenmuskeln gaben mir ein Gefühl, als müßte ich gegen Bäume anrennen. Ich glaubte, ich könnte gegen eine Wand stoßen und sie einreißen.

Wir sprachen nicht mehr. Eine Weile saßen wir auf der Veranda. Ich bemerkte, daß Don Juan einschlief; er nickte einige Male ein, dann streckte er einfach die Beine von sich, legte sich auf den Boden mit den Händen unter dem Kopf und schlief ein. Ich stand auf und ging hinter das Haus, wo ich meine überschüssige Kraft beim Aufräumen der Trümmer verbrauchte; ich erinnerte mich, daß er mich gebeten hatte, ihm beim Aufräumen hinter dem Haus zu helfen.

Später, als er aufwachte und nach hinten kam, war ich entspannter.

Wir setzten uns, um zu essen, und während des Essens fragte er mich dreimal, wie ich mich fühlte. Weil er das selten tat, fragte ich schließlich: »Warum machst du dir Gedanken darüber, wie es mir geht, Don Juan? Erwartest du, daß das Trinken des Saftes eine schlechte Wirkung haben könnte?«

Er lachte. Ich fand, er verhielt sich wie ein Lausbub, der etwas angestellt hat und von Zeit zu Zeit herauszubekommen sucht, was daraus geworden ist. Immer noch lachend sagte er:

»Du siehst nicht krank aus. Vor einer Weile warst du sogar heftig zu mir.«

»Das stimmt nicht, Don Juan«, widersprach ich. »Ich erinnere mich nicht, je heftig mit dir geredet zu haben.« Ich meinte es ernst, weil ich mich nicht erinnerte, daß ich mich je über ihn geärgert hatte.

»Du hast sie ja verteidigt«, sagte er.

»Wen verteidigt?«

»Du hast die *yerba* verteidigt. Du hast dich schon wie ein Liebhaber angehört.«

Ich wollte noch heftiger widersprechen, aber ich hielt mich zurück.

»Ich habe wirklich nicht gemerkt, daß ich sie verteidigt habe.«

»Natürlich hast du das nicht. Du erinnerst dich ja nicht mal, was du gesagt hast, oder?«

»Ich muß gestehen, daß ich keine Ahnung habe.«

»Siehst du, so ist die *yerba del diablo*. Sie überfällt dich heimlich wie eine Frau. Du merkst es nicht einmal. Dir geht es nur darum, daß sie dir ein angenehmes und starkes Gefühl gibt: die Muskeln schwellen vor Kraft, die Fäuste zucken, die Fußsohlen brennen darauf, jemanden umzurennen. Wenn ein Mann sie kennt, wird er voll sehnsüchtigen Verlangens. Mein Wohltäter sagte oft, daß die *yerba* Männer hält, die Macht wollen, und jene abweist, die

nicht mit ihr umgehen können. Aber damals war Macht viel häufiger; es wurde gieriger nach ihr verlangt. Mein Wohltäter war ein mächtiger Mann, und nach dem, was er mir erzählt hat, war sein Wohltäter wiederum noch leidenschaftlicher hinter der Macht her. Aber in jenen Tagen gab es gute Gründe, mächtig zu sein.«
»Glaubst du, daß die Macht heute sinnlos ist?«
»Jetzt ist Macht für dich gut. Du bist jung. Du bist kein Indianer. Vielleicht wäre das Teufelskraut bei dir in guten Händen. Dir scheint es gefallen zu haben. Es hat dich stark gemacht. Ich habe das selbst empfunden. Und doch hat es mir nicht gefallen.«
»Kannst du mir sagen warum, Don Juan?«
»Mir gefällt ihre Macht nicht! Sie ist unbrauchbar geworden. In anderen Zeiten, Zeiten wie jenen, von denen mir mein Wohltäter erzählt hat, gab es Gründe, die Macht zu suchen. Die Menschen vollbrachten erstaunliche Taten, wurden wegen ihrer Stärke bewundert und wegen ihres Wissens gefürchtet und geachtet. Mein Wohltäter erzählte mir Geschichten von wirklich erstaunlichen Taten, die vor langer, langer Zeit vollbracht wurden. Aber heute suchen wir Indianer diese Macht nicht länger. Heute benutzen die Indianer das Kraut, um sich einzureiben. Sie gebrauchen die Blätter und Blüten zu anderen Zwecken; sie sagen sogar, daß es ihre Geschwüre heilt. Aber sie suchen nicht seine Macht, die wie ein Magnet wirkt, die desto stärker und gefährlicher ist, je tiefer die Wurzel in den Boden reicht. Wenn man vier Meter tief hinunterstößt, und das sollen einige Leute getan haben, findet man den Ort ständiger Macht – endloser Macht. Sehr wenige Menschen haben das in der Vergangenheit getan, aber niemand hat es heute getan. Ich sage dir, die Macht des Teufelskrauts wird nicht länger von uns Indianern gebraucht. Ich glaube, wir haben nach und nach das Interesse verloren, und heute bedeutet Macht nichts mehr. Ich selbst suche sie nicht, und doch gab es eine Zeit, als ich in deinem Alter war, da sehnte auch ich mich nach ihr. Ich fühlte mich so, wie du dich heute fühlst, nur fünfhundertmal stärker. Ich tötete einen Mann mit einem einzigen Schlag meines Armes. Ich konnte Felsen umwerfen, riesige Felsen, die keine zwanzig Männer bewegt hätten. Einmal sprang ich so hoch, daß ich die oberen Blätter der höchsten Bäume abschlug. Aber es war alles vergeblich! Ich erschreckte damit nur die Indianer. Die anderen, die nichts darüber wußten, glaubten es nicht. Sie sahen entweder einen verrückten Indianer oder irgend etwas, das sich in den Baumwipfeln bewegte.«
Wir waren lange Zeit still. Es drängte mich, etwas zu sagen.
»Es war anders«, fuhr er fort, »als es Leute in der Welt gab, Leute, die wußten, daß ein Mann ein Puma werden konnte oder ein Vogel, oder daß ein Mann einfach fliegen konnte. Ich brauche das Teufelskraut nicht mehr. Wozu auch? Um die Indianer zu erschrecken? (*Para que? Para asustar a los indios?*).«

Und ich sah ihn traurig, und ein tiefes Mitgefühl ergriff mich. Ich wollte etwas zu ihm sagen, einfach nur irgend etwas sagen.
»Vielleicht ist dies das Schicksal aller Männer, die Wissen suchen, Don Juan.«
»Vielleicht«, sagte er leise.

Donnerstag, 23. November 1961

Ich konnte Don Juan nicht auf der Veranda sehen, als ich ankam. Es kam mir merkwürdig vor. Ich rief laut nach ihm, und seine Schwiegertochter kam aus dem Haus.
»Er ist drinnen«, sagte sie.
Ich erfuhr, daß er sich vor einigen Wochen den Knöchel verstaucht hatte. Er hatte sich seinen eigenen, starren Verband aus Stoffresten gemacht, die er in einen Brei aus Kaktus und Knochenmehl getaucht hatte. Der Streifen, eng um seinen Knöchel gewickelt, war zu einem leichten, schön geformten Verband getrocknet. Er hatte die Härte von Gips, war aber nicht so klobig wie ein Gipsverband.
»Wie ist es passiert?« fragte ich.
Seine Schwiegertochter, eine Mexikanerin aus Yukatan, die ihn pflegte, antwortete mir.
»Es war ein Unfall! Er fiel und hat sich fast den Fuß gebrochen!«
Don Juan lachte und antwortete erst, als die Frau aus dem Haus war.
»Unfall, mein Gott! Ich habe einen Feind in der Nähe. Eine Frau: ›La Catalina!‹ Sie stieß mich in einem Augenblick der Schwäche, und ich fiel.«
»Warum hat sie das getan?«
»Sie wollte mich umbringen, darum.«
»War sie hier bei dir?«
»Ja!«
»Warum hast du sie reingelassen?«
»Ich habe sie nicht reingelassen. Sie ist reingeflogen.«
»Wie bitte?«
»Sie ist eine Amsel (*chanate*) und kann das gut. Sie überraschte mich. Sie versucht schon lange, mich fertigzumachen. Diesmal war sie nah dran.«
»Hast du gesagt, sie ist eine Amsel? Ich meine, ist sie ein *Vogel*?«
»Da bist du schon wieder mit deinen Fragen. Sie ist eine Amsel! Genauso bin ich eine Krähe. Bin ich ein Mann oder ein Vogel? Ich bin ein Mann, der weiß, wie man zum Vogel wird. Aber um auf ›La Catalina‹ zurückzukommen – sie ist eine verfluchte Hexe! Ihre Absicht, mich umzubringen, ist so stark, daß man kaum gegen sie ankommt. Die Amsel kam genau bis in mein Haus, und ich konnte sie nicht aufhalten.«
»Kannst du ein Vogel werden, Don Juan?«
»Ja! Aber das ist etwas, wovon wir später reden werden.«

»Warum will sie dich umbringen?«
»Oh, es gibt einen alten Streit zwischen uns. Er ließ sich nicht beilegen, und jetzt sieht es so aus, als müßte ich sie fertigmachen, bevor sie mich erledigt.«
»Wirst du es mit Zauberei machen?« fragte ich erwartungsvoll.
»Sei nicht albern, mit Zauberei ist ihr nicht beizukommen. Ich habe andere Pläne! Ich werde sie dir eines Tages mitteilen.«
»Kann dein Verbündeter dich vor ihr schützen?«
»Nein! Der kleine Rauch sagt mir nur, was ich tun soll. Dann muß ich mich selbst beschützen.«
»Wie ist's mit Mescalito? Kann er dich vor ihr beschützen?«
»Nein! Mescalito ist ein Lehrer, keine Macht, die persönlichen Zwecken dient.«
»Wie ist's mit dem Teufelskraut?«
»Ich sagte dir schon, daß ich mich selbst beschützen muß, indem ich den Anweisungen des Rauchs, meinem Verbündeten, folge. Und soweit ich weiß, kann der Rauch alles tun. Wenn du über einen unsicheren Punkt Klarheit haben willst, der Rauch wird's dir sagen. Und er wird dir nicht nur Auskunft geben, sondern dir auch sagen, wie du vorgehen mußt. Er ist der beste Verbündete, den ein Mann haben kann.«
»Ist der Rauch für jeden der bestmögliche Verbündete?«
»Er ist nicht für jeden der gleiche. Viele fürchten ihn und würden ihn weder anrühren noch ihm nahekommen. Der Rauch ist wie alles andere auch; er wurde nicht für uns alle gemacht.«
»Welche Art Rauch ist es, Don Juan?«
»Der Rauch der Wahrsager!«
In seiner Stimme war eine spürbare Ehrfurcht – ein Verhalten, das ich nie zuvor an ihm bemerkt hatte.
»Ich werde dir zunächst genau erzählen, was mein Wohltäter mir sagte, als er begann, mich darin zu unterrichten. Obwohl ich damals, so wie du jetzt, unmöglich verstanden haben konnte. ›Das Teufelskraut ist für jene, die nach Macht verlangen. Der Rauch ist für die, die beobachten und sehen wollen.‹ Und ich glaube, der Rauch ist unvergleichlich. Wenn ein Mann einmal sein Reich betritt, kann er über jede andere Macht verfügen. Es ist herrlich! Natürlich, das dauert ein Leben lang. Es dauert allein Jahre, um mit den zwei wesentlichen Teilen vertraut zu werden: der Pfeife und der Rauchmixtur. Die Pfeife wurde mir von meinem Wohltäter gegeben, und nach so vielen Jahren des Umgangs mit ihr gehört sie mir. Sie ist in meine Hände gewachsen. Sie in deine Hände zu geben, zum Beispiel, wird eine richtige Aufgabe für mich sein und eine große Erfüllung für dich – wenn es uns gelingt! Die Pfeife wird die Anstrengungen spüren, von anderen Händen gebraucht zu werden, und wenn einer von uns einen Fehler macht, gibt es keine Möglichkeit zu verhindern, daß die Pfeife aus eigener Kraft zerspringt oder unseren Händen entgleitet,

um zu zersplittern, auch wenn sie auf einen Strohhaufen fällt. Wenn dies je passieren sollte, würde es das Ende von uns beiden bedeuten. Besonders von mir. Der Rauch würde sich auf unglaubliche Weise gegen mich wenden.«

»Wie könnte er sich gegen dich wenden, wenn er dein Verbündeter ist?«

Meine Frage schien seine Gedanken zu unterbrechen. Lange Zeit sagte er nichts.

»Die Schwierigkeit der Zutaten«, fuhr er plötzlich fort, »macht die Rauchmixtur zu einer der gefährlichsten Substanzen, die ich kenne. Niemand kann sie zubereiten, ohne angeleitet zu werden. Sie ist für jeden ein tödliches Gift, außer für den, dessen Verbündeter der Rauch ist! Pfeife und Mixtur sollten mit äußerster Sorgfalt behandelt werden. Und der Mann, der zu lernen versucht, muß sich selber durch ein hartes, stilles Leben vorbereiten. Seine Auswirkungen sind so furchtbar, daß nur ein sehr starker Mann den kleinsten Zug vertragen kann. Alles ist am Anfang recht erschreckend und verwirrend, aber jeder weitere Zug macht die Dinge klarer. Und plötzlich öffnet sich die Welt neu! Unvorstellbar! Wenn dies eintritt, ist der Rauch zum Verbündeten geworden und wird jede Frage lösen, indem er die Tür zu unvorstellbaren Welten öffnet.

Dies ist der größte Besitz des Rauches, sein größtes Geschenk. Und er erreicht seine Wirkung ohne den geringsten Schmerz. Für mich ist der Rauch ein wahrer Verbündeter!«

Wir saßen wie gewöhnlich vor seinem Haus, wo der Sandboden immer sauber und fest ist; aber er stand plötzlich auf und ging ins Haus. Nach kurzer Zeit kam er mit einem schmalen Bündel zurück und setzte sich wieder.

»Das ist meine Pfeife«, sagte er.

Er beugte sich zu mir und zeigte mir eine Pfeife, die er einem Beutel aus grünem Stoff entnahm. Sie war ungefähr zwanzig bis fünfundzwanzig Zentimeter lang. Das Mundstück war aus rötlichem Holz; es war einfach, ohne Verzierung. Der Kopf schien auch aus Holz zu sein, aber im Vergleich zu dem dünnen Mundstück wirkte er eher klobig. Er hatte eine glatte Oberfläche und war dunkelgrau, fast anthrazit.

Er hielt die Pfeife vor meinem Gesicht empor. Ich glaubte, er würde sie mir geben. Ich streckte die Hand aus, um sie zu nehmen, aber er zog sie schnell zurück.

»Diese Pfeife wurde mir von meinem Wohltäter gegeben«, sagte er. »Ich wiederum werde sie an dich weitergeben. Aber erst mußt du mit ihr vertraut werden. Jedesmal wenn du zu mir kommst, werde ich sie dir geben. Zuerst berühre sie nur. Halte sie nur einmal zuerst, bis ihr euch aneinander gewöhnt. Dann stecke sie in deine Tasche oder vielleicht unter das Hemd. Und nimm sie schließlich in den Mund. All das soll langsam, sehr vorsichtig nach und nach geschehen. Wenn das Bündnis einmal da ist (*la amistad esta hecha*), wirst du sie rauchen. Wenn du meinen Rat befolgst und nichts überstürzt, könnte der Rauch auch dein bevorzugter Verbündeter werden.«

Er gab mir die Pfeife, aber ohne sie loszulassen. Ich streckte meinen rechten Arm danach aus.

»Mit beiden Händen«, sagte er.

Ich berührte die Pfeife für einen kurzen Augenblick mit beiden Händen. Er reichte sie mir nicht so weit herüber, daß ich sie ergreifen konnte, sondern nur gerade so weit, daß ich sie berühren konnte. Dann nahm er sie zurück.

»Der erste Schritt ist, die Pfeife gerne zu haben. Das braucht Zeit!«

»Kann die Pfeife mich ablehnen?«

»Nein. Die Pfeife kann dich nicht abweisen, aber du mußt lernen, sie gerne zu haben, damit dann, wenn es für dich Zeit ist, sie zu rauchen, die Pfeife dir helfen kann, nicht ängstlich zu sein.«

»Was rauchst du, Don Juan?«

»Das hier!«

Er öffnete seinen Kragen und zeigte einen kleinen Beutel, den er wie ein Medaillon unter seinem Hemd trug. Er holte ihn heraus, band ihn auf und schüttete sehr vorsichtig etwas von dem Inhalt auf seine Handfläche.

Soweit ich es sagen kann, sah die Mixtur wie fein geriebene Teeblätter aus; in ihrer Farbe variierte sie von Dunkelbraun bis Hellgrün mit einigen leuchtendgelben Flecken.

Er schüttete die Mixtur in den Beutel, verschnürte ihn mit einem Lederband und steckte ihn wieder unter sein Hemd.

»Was für eine Art Mixtur ist das?«

»Es sind sehr viele Dinge darin. Alle Zutaten zu bekommen ist eine schwierige Aufgabe. Man muß weit reisen. Die kleinen Pilze (*los honguitos*), die für die Zubereitung der Mixtur gebraucht werden, wachsen nur zu bestimmten Zeiten des Jahres und nur an bestimmten Orten.

»Hast du verschiedene Mixturen für jede Art Hilfe, die du brauchst?«

»Nein! Es gibt nur einen Rauch, und kein anderer ist so wie er.«

Er deutete auf den Beutel an seiner Brust und hob die Pfeife auf, die zwischen seinen Beinen lag.

»Diese beiden sind eins. Einer kommt nicht ohne den anderen aus. Diese Pfeife und das Geheimnis der Mixtur gehörten meinem Wohltäter. Sie wurden ihm auf die gleiche Weise übergeben, in der sie mein Wohltäter mir gab. Obwohl die Mixtur schwierig zuzubereiten ist, läßt sie sich erneuern. Ihr Geheimnis liegt in den Zutaten und in der Art, in der sie behandelt und gemixt werden. Andererseits ist die Pfeife eine Angelegenheit des ganzen Lebens. Sie muß mit unendlicher Sorgfalt behandelt werden. Sie ist hart

und stark, aber sie darf nie getroffen oder umhergeworfen werden. Sie muß mit trockenen Händen gehalten werden, nie wenn die Hände feucht sind, und sie darf nur gebraucht werden, wenn man allein ist. Und niemand, absolut niemand, darf es je sehen, es sei denn, du willst sie jemandem geben. Das hat mich mein Wohltäter gelehrt, und auf diese Weise bin ich mein ganzes Leben lang mit der Pfeife umgegangen.«
»Was würde passieren, wenn du die Pfeife verlierst oder sie zerbrichst?«
Er schüttelte sehr langsam den Kopf und sah mich an.
»Ich würde sterben!«
»Sind alle Pfeifen der Zauberer so wie deine?«
»Nicht alle haben Pfeifen wie die meine. Aber ich kenne einige Männer mit solchen Pfeifen.«
»Kannst du selbst eine Pfeife wie diese machen, Don Juan?« wollte ich wissen. »Angenommen du hättest sie nicht, wie könntest du mir eine geben, wenn du es wolltest?«
»Wenn ich die Pfeife nicht hätte, könnte ich dir keine andere geben und würde dies auch nicht wollen. Ich würde dir statt dessen etwas anderes geben.«
Er schien sich irgendwie über mich zu ärgern. Er steckte die Pfeife sehr sorgfältig in den Beutel, der mit weichem Stoff gefüttert sein mußte, da die Pfeife, die genau hineinpaßte, sehr leicht hineinglitt. Er ging ins Haus, um seine Pfeife wegzulegen.
»Bist du mir böse, Don Juan?« fragte ich, als er wiederkam. Er schien über meine Frage erstaunt.
»Nein! Ich bin niemals irgend jemandem böse! Kein Mensch kann etwas tun, das wichtig genug wäre, mich dazu zu bringen. Du ärgerst dich über die Leute, wenn du fühlst, daß sie etwas Wichtiges tun. Ich empfinde aber nicht mehr so.«

Dienstag, 26. Dezember 1961

Die bestimmte Zeit, den »Setzling« wieder einzupflanzen – Don Juan nannte die Wurzel so – war noch nicht festgesetzt, obwohl das der nächste Schritt zum Zähmen der Pflanzen-Macht sein sollte.
Ich kam am Sonnabend, dem 23. Dezember, früh am Nachmittag zu Don Juans Haus. Wir saßen wie gewöhnlich eine Zeit schweigend. Der Tag war warm und bewölkt. Es war Monate her, seit er mir den ersten Teil gegeben hatte.
»Es ist Zeit, das Kraut der Erde wiederzugeben«, sagte er plötzlich. »Aber zuerst muß ich einen Schutz für dich vorbereiten. Du wirst ihn bei dir haben und ihn hüten, und nur du sollst ihn sehen. Da ich ihn dir zubereite, werde ich ihn auch sehen. Das ist nicht gut, weil ich, wie ich dir sagte, das Teufelskraut nicht mag. Wir sind nicht eins. Aber meine Erinnerung wird nicht lange leben; ich bin zu alt. Du mußt es jedoch vor den Augen anderer verber-

gen, denn so lange sie sich erinnern, es gesehen zu haben, wird die Macht des Schutzes verletzt.«

Er ging in sein Zimmer und zog drei Sackbündel unter einer alten Strohmatratze hervor. Er kam auf die Veranda zurück und setzte sich.

Nach langem Schweigen öffnete er ein Bündel. Es war die weibliche *Datura*, die wir zusammen geholt hatten; alle Blätter, Blüten und Samenkapseln, die er aufeinandergeschichtet hatte, waren getrocknet. Er nahm das lange Wurzelstück, das wie ein Y geformt war, und band das Bündel wieder zusammen.

Die Wurzel war getrocknet und geschrumpft, und die Äste der Gabel hatten sich weiter geöffnet und waren noch verdrehter. Er legte die Wurzel auf seinen Schoß, öffnete seinen Lederbeutel und zog sein Messer heraus. Er hielt die trockene Wurzel vor meinen Augen hoch. »Dieser Teil ist für den Kopf«, sagte er und machte den ersten Schnitt in den Schwanz des Y, das, umgekehrt, einem Mann mit gespreizten Beinen ähnelte.

»Dies ist für das Herz«, sagte er und schnitt nahe der Gabelung in das Y hinein. Danach schnitt er die Wurzelspitzen ab und ließ ungefähr sieben Zentimeter Holz an jedem Ast des Y. Dann schnitzte er langsam und geduldig die Form eines Mannes.

Die Wurzel war trocken und faserig. Um sie zu bearbeiten, machte Don Juan zwei Einschnitte und löste die Fasern zwischen ihnen bis zur Tiefe des Einschnitts ab. Er schabte das Holz, als er zu den feinen Arbeiten an Armen und Händen kam. Das Endresultat war die schmale Figur eines Mannes mit über der Brust anliegenden Armen und gefalteten Händen.

Don Juan stand auf und ging zu einer blauen Agave, die vor dem Haus neben der Veranda wuchs. Er faßte den harten Dorn eines der mittleren, weichen Blätter, bog ihn und drehte ihn drei- oder viermal. Die kreisende Bewegung hatte ihn aus dem Blatt gelöst; er hing lose. Don Juan biß darauf oder hielt ihn vielmehr zwischen den Zähnen und riß ihn heraus. Der Dorn kam mit einem Büschel zwei Fuß langer, fadenartiger Fasern aus dem Fruchtfleisch, die wie ein weißer Schwanz an dem Dorn hingen.

Während Don Juan den Dorn weiter zwischen den Zähnen hielt, drehte er die Fasern zwischen seinen Handflächen zu einem Faden zusammen, mit dem er die Beine der Figur zusammenband. Er drehte den unteren Teil der Figur um die Schnur, bis diese ganz aufgebraucht war; dann zog er sehr geschickt den Dorn wie eine Ahle durch den vorderen Teil des ganzen Körpers unter die gefalteten Arme, bis die scharfe Spitze hervorstand, als würde sie von den Händen der Figur gehalten. Er zog wieder sanft mit den Zähnen daran und holte den Dorn fast ganz heraus. Er sah wie ein langer Speer aus, der vor der Brust der Figur hervorstand. Ohne die Figur weiter anzusehen, legte sie Don Juan in seinen

Lederbeutel. Er schien von der Anstrengung müde zu sein. Er legte sich auf den Boden und schlief ein.
Es war bereits dunkel, als er aufwachte. Wir aßen die Lebensmittel, die ich ihm mitgebracht hatte, und saßen noch eine Weile auf der Veranda. Dann ging Don Juan mit den drei Sacktuchbündeln hinter das Haus. Er brach Zweige und trockene Äste ab und machte ein Feuer. Wir saßen gemütlich davor, und er öffnete alle drei Bündel. Außer dem Bündel mit den trockenen Teilen der weiblichen Pflanze hatte er die Reste der männlichen Pflanze in einem anderen Beutel, und dann hatte er noch einen dritten, bauschigen, der grüne, frischgeschnittene *Datura*-Stücke enthielt.
Don Juan ging zu dem Schweinetrog und kam mit einem Steinmörser zurück; dieser war sehr tief und glich eher einem Topf, dessen Boden am Rand leicht abgerundet ist. Er machte ein flaches Loch und setzte den Mörser fest auf den Boden. Er legte mehrere trokkene Zweige ins Feuer, dann nahm er die zwei Bündel mit den trockenen Stücken der männlichen und weiblichen Pflanze und leerte sie zusammen in den Mörser. Er schüttelte das Sacktuch, um sicher zu sein, daß alle Reste in den Mörser gefallen waren. Aus dem dritten Bündel nahm er zwei frische Stücke der *Datura*-Wurzel.
»Ich werde sie nur für dich zubereiten«, sagte er.
»Was für eine Zubereitung ist das, Don Juan?«
»Eines der Stücke stammt von der männlichen Pflanze, das andere von der weiblichen Pflanze. Nur zu dieser Gelegenheit sollten die zwei Pflanzen zusammengetan werden. Die Stücke kommen aus einem Meter Tiefe.«
Er zerstieß sie in dem Mörser mit gleichmäßigen Schlägen des Stößels. Während er arbeitete, sang er mit leiser Stimme, die sich wie ein unrhythmisches, monotones Summen anhörte. Die Worte konnte ich nicht verstehen. Er war in seine Aufgabe versunken. Als die Wurzeln völlig zerstoßen waren, nahm er aus dem Bündel einige *Datura*-Blätter. Sie waren sauber und frischgeschnitten. Alle waren ganz, ohne Wurmlöcher und Einschnitte. Er ließ sie nacheinander in den Mörser fallen. Er nahm eine Handvoll *Datura*-Blüten und ließ sie genauso vorsichtig in den Mörser fallen. Er nahm von allen vierzehn Stück. Dann holte er ein Bündel grüner Samenkapseln, an denen noch die Stacheln waren und die sich noch nicht geöffnet hatten. Ich konnte sie nicht zählen, da er sie alle auf einmal in den Mörser fallen ließ, aber ich vermute, daß es auch vierzehn waren. Dann tat er drei *Datura*-Stiele ohne Blätter dazu. Sie waren dunkelrot und sauber und schienen nach ihren vielen Verästelungen zu urteilen von hohen Pflanzen zu sein.
Nachdem all diese Dinge in den Mörser gelegt worden waren, zerstieß er sie mit denselben gleichmäßigen Bewegungen zu einem

Brei. In einem bestimmten Moment drehte er den Mörser um und schöpfte die Mixtur mit der Hand in einen alten Topf. Er streckte mir seine Hand entgegen, und ich glaubte, ich sollte sie ihm abtrocknen. Statt dessen nahm er meine linke Hand und bog mit einer sehr schnellen Bewegung Mittel- und Ringfinger, soweit er konnte, auseinander. Dann stach er mich mit der Spitze seines Messers direkt zwischen die beiden Finger und riß an der Haut des Ringfingers. Er machte es so geschickt und so schnell, daß meine Hand bereits einen tiefen Schnitt hatte und heftig blutete, als ich sie zurückriß. Er ergriff meine Hand noch einmal, hielt sie über den Topf und drückte mehr Blut heraus.

Mein Arm wurde gefühllos. Ich war in einem Schockzustand – merkwürdig kalt und steif, mit einem bedrückenden Gefühl in Brust und Ohren. Ich merkte, daß ich von meinem Sitz rutschte. Mir wurde schlecht. Er ließ meine Hand los und rührte den Inhalt des Topfes. Als ich mich von dem Schock erholte, war ich wirklich böse auf ihn. Es dauerte ziemlich lange, bis ich mich wieder gefaßt hatte.

Er legte drei Steine um das Feuer und stellte den Topf darauf. All den Zutaten fügte er etwas hinzu, das ich für eine große Menge Tischlerleim hielt, und einen Topf Wasser. Dann ließ er alles kochen. *Datura*-Pflanzen haben einen sehr merkwürdigen Geruch. In Verbindung mit dem Leim, der einen starken Geruch entwickelte, als er zu kochen begann, bildeten sich so stechende Dämpfe, daß ich gegen das Erbrechen ankämpfen mußte. Die Mixtur kochte lange, während wir reglos davor saßen. Manchmal, wenn der Wind die Dämpfe in meine Richtung trug, hüllte der Gestank mich ein, und ich hielt die Luft an, um ihn nicht einzuatmen.

Don Juan öffnete seinen Lederbeutel und nahm die Figur heraus; er gab sie mir behutsam mit den Worten, ich solle sie, ohne mich zu verbrennen, in den Topf legen. Ich ließ sie vorsichtig in den kochenden Brei gleiten. Er nahm sein Messer heraus, und für einen Augenblick dachte ich, er würde mich wieder verletzen; statt dessen tauchte er die Figur mit der Messerspitze ganz in den Brei.

Er beobachtete den kochenden Brei noch eine Weile und begann dann, den Mörser zu reinigen. Ich half ihm. Als wir fertig waren, legte er Mörser und Stößel an den Zaun. Wir gingen ins Haus, und der Topf blieb die ganze Nacht auf den Steinen.

Im Morgengrauen des nächsten Tages mußte ich die Figur aus dem Leim nehmen und sie in östliche Richtung an das Dach hängen, damit sie in der Sonne trocknen konnte. Mittags war sie steif wie Draht. Die Hitze hatte den Leim versiegelt, und die grüne Farbe der Blätter hatte sich damit verbunden. Die Figur hatte eine glänzende, unheimliche Oberfläche.

Don Juan bat mich, die Figur herabzunehmen. Dann gab er mir

einen Lederbeutel, den er aus einer alten Wildlederjacke gemacht hatte, die ich ihm vor längerer Zeit mitgebracht hatte. Der Beutel sah wie sein eigener aus. Er unterschied sich nur durch sein weiches, braunes Leder.
»Leg dein ›Bildnis‹ in den Beutel und verschließe ihn«, sagte er. Er sah mich nicht an und drehte sich absichtlich weg. Als ich die Figur in den Beutel gelegt hatte, gab er mir ein Tragenetz und bat mich, den Tontopf in das Netz zu legen.
Er ging zu meinem Auto, nahm mir das Netz aus den Händen und befestigte es am Deckel des geöffneten Handschuhfachs. »Komm mit«, sagte er.
Ich folgte ihm. Wir gingen um das Haus und beschrieben im Uhrzeigersinn einen vollständigen Kreis. Er hielt an der Veranda und umkreiste das Haus wieder, diesmal in entgegengesetzter Richtung und dann wieder zur Veranda zurück. Er stand eine Weile reglos und setzte sich dann.
Ich war so beeinflußt, daß ich in allem, was er tat, eine Bedeutung sah. Ich fragte mich, was das Umkreisen des Hauses bedeutete, als er sagte: »Heh! ich habe vergessen, wo ich ihn hingetan habe.« Ich fragte ihn, was er suchte. Er sagte, er hätte vergessen, wo er den Setzling gelassen hatte, den ich einpflanzen sollte. Wir gingen noch einmal ums Haus, bevor ihm einfiel, wo er war. Er zeigte mir einen kleinen Glaskrug auf einem Brett, das unter dem Dach an die Wand genagelt war. In dem Krug war die andere Hälfte des ersten Teils der *Datura*-Wurzel. An der Spitze des Setzlings zeigten sich die ersten Blätter. In dem Krug war etwas Wasser, aber keine Erde.
»Warum hat er keine Erde?« fragte ich.
»Die Erde ist nicht immer gleich, und die *yerba* darf nur die Erde kennen, in der sie leben und wachsen wird. Und jetzt ist es Zeit, sie der Erde zurückzugeben, bevor die Würmer sie verletzen.«
»Können wir sie hier in der Nähe einpflanzen?« fragte ich.
»Nein! Nein! Nicht hier. Sie muß an einen Ort zurück, der dir gefällt.«
»Aber wo kann ich einen Ort finden, der mir gefällt?«
»Das weiß ich nicht. Du kannst sie wieder einpflanzen, wo immer du willst. Aber sie muß versorgt und gepflegt werden, denn sie muß leben, damit du die Macht haben wirst, die du brauchst. Wenn sie stirbt, bedeutet es, daß sie dich nicht will, und du darfst sie nicht länger stören. Das bedeutet, daß du keine Macht über sie haben wirst. Darum mußt du sie versorgen und pflegen, damit sie wachsen wird. Du darfst sie aber nicht verwöhnen.«
»Warum nicht?«
»Wenn sie nicht wachsen will, ist es sinnlos, sie zu verführen. Andererseits aber mußt du beweisen, daß sie dir etwas bedeutet. Halte die Würmer fern und gib ihr Wasser, wenn du sie besuchst.

Bis sie Samen trägt, mußt du es regelmäßig tun. Wenn die ersten Samen keimen, werden wir sicher sein, daß sie dich will.«
»Aber Don Juan, ich kann die Pflanze unmöglich so versorgen, wie du es willst.«
»Wenn du ihre Macht willst, mußt du es tun! Es gibt keinen anderen Weg!«
»Kannst du für sie sorgen, wenn ich nicht hier bin, Don Juan?«
»Nein! Ich nicht! Das kann ich nicht. Jeder muß seinen eigenen Setzling erhalten. Ich hatte meinen eigenen. Jetzt mußt du deinen haben. Und erst wenn sie Samen trägt, wie ich dir schon sagte, kannst du annehmen, auf das Lernen vorbereitet zu sein.«
»Wo glaubst du, soll ich sie wieder einpflanzen?«
»Das mußt du allein entscheiden! Und niemand darf den Ort wissen, nicht einmal ich! Nur so muß das Wiedereinpflanzen vor sich gehen. Niemand, aber auch niemand, darf wissen, wo deine Pflanze ist. Wenn ein Fremder dir folgt oder dich sieht, nimm den Trieb und lauf zu einem anderen Platz. Er könnte dir durch die Beeinflussung des Triebes unvorstellbares Leid zufügen. Er könnte dich lähmen oder dich töten. Darum darf nicht einmal ich wissen, wo deine Pflanze ist.«
Er gab mir den kleinen Krug mit dem Trieb.
»Nimm ihn jetzt.«
Ich nahm ihn. Dann zerrte er mich fast zu meinem Auto.
»Jetzt mußt du gehen. Geh und suche die Stelle, wo du den Trieb einpflanzen willst. Grabe neben einer Wasserstelle in weicher Erde ein tiefes Loch. Vergiß nicht, daß sie nahe einer Wasserstelle sein muß, um zu wachsen. Grabe das Loch nur mit deinen Händen, auch wenn sie bluten. Setze den Trieb in die Mitte des Lochs und mache einen kleinen Wall (*pilón*) darum. Dann tränke ihn mit Wasser. Wenn das Wasser einsickert, fülle das Loch mit weicher Erde. Suche zwei Schritte von dem Trieb eine Stelle in dieser Richtung (er zeigte nach Südosten). Grabe dort mit deinen Händen ein anderes tiefes Loch und wirf alles, was in dem Topf ist, hinein. Dann zerschlage diesen Topf und vergrabe ihn irgendwo tief und weit von der Stelle des Triebes. Wenn du den Topf vergraben hast, gehe zu dem Trieb zurück und gib ihm noch einmal Wasser. Dann nimm dein Bildnis heraus, halte es zwischen den Fingern, wo die Wunde ist, und auf der Stelle, wo du den Leim vergraben hast, berühre den Trieb sanft mit der scharfen Nadel. Gehe viermal um den Trieb herum und berühre ihn jedesmal von derselben Stelle aus.«
»Muß ich in einer bestimmten Richtung um die Wurzel herumgehen?«
»Jede Richtung ist gut. Aber du darfst nie vergessen, in welcher Richtung du den Leim vergraben hast und in welcher Richtung du um den Trieb gegangen bist. Berühre den Trieb jedesmal leicht mit der Spitze, nur beim letzten Mal mußt du ihn tief ein-

stechen. Aber tue es vorsichtig; knie dich hin, damit deine Hand sicherer ist, denn du darfst die Spitze nicht im Trieb abbrechen. Wenn du sie abbrichst, bist du erledigt. Die Wurzel wird nutzlos für dich sein.«

»Muß ich irgendwelche Worte sagen, wenn ich um den Trieb gehe?«

»Nein, das werde ich für dich tun.«

Sonnabend, 27. Januar 1962

Gleich nachdem ich an diesem Morgen zu seinem Haus gekommen war, sagte mir Don Juan, er würde mir das Zubereiten der Rauchmixtur zeigen. Wir gingen zu den Hügeln und ziemlich tief in einen der Canyons. Er blieb neben einem hohlen, schlanken Busch stehen, dessen Farbe sich deutlich von der übrigen Vegetation abhob. Das Untergehölz um den Busch hatte eine gelbliche Farbe, aber der Busch war leuchtendgrün.

»Von diesem kleinen Baum mußt du Blätter und Blüten nehmen«, sagte er. »Die richtige Zeit, sie zu pflücken, ist der Allerseelentag (*el día de las ánimas*).

Er nahm sein Messer und schlug das Ende eines dünnen Astes ab. Er wiederholte diesen Vorgang, bis er eine Handvoll Astspitzen hatte. Dann setzte er sich auf die Erde.

»Sieh her«, sagte er. »Ich habe alle Äste über der Gabelung abgeschnitten, die aus zwei oder mehr Blättern und dem Stamm bestehen. Siehst du das? Sie sind alle gleich. Ich habe nur die Spitzen der Äste genommen, deren Blätter grün und zart sind. Jetzt müssen wir uns einen schattigen Platz suchen.«

Wir gingen so lange, bis er gefunden zu haben schien, was er suchte. Er nahm eine lange Schnur aus seiner Tasche und knotete sie um den Stamm und die unteren Äste zweier Büsche, und es entstand eine Art Wäscheleine, an der er die Astspitzen umgekehrt aufhing. Er hing sie ordentlich auf die Schnur; sie hingen an der Gabel zwischen Blättern und Stamm und sahen aus wie eine lange Reihe grüner Reiter.

»Man muß aufpassen, daß die Blätter im Schatten trocknen«, sagte er. »Der Ort muß abgelegen und schwierig zu erreichen sein. So sind die Blätter geschützt. Sie müssen an einem Ort zum Trocknen gelassen werden, wo es fast unmöglich ist, sie zu entdecken. Wenn sie trocken sind, müssen sie in ein Bündel gelegt und verschlossen werden.«

Er nahm die Blätter von der Schnur und warf sie in die nahen Büsche. Offensichtlich hatte er nur vorgehabt, mir den Vorgang zu zeigen.

Wir gingen weiter, und er pflückte drei verschiedene Blüten und sagte, sie gehörten zur Mixtur und müßten zur gleichen Zeit gepflückt werden. Aber die Blumen müßten in verschiedene Tontöpfe gelegt und im Dunkeln getrocknet werden; auf jeden Topf

müßte ein Deckel gelegt werden, damit die Blumen in den Behältern zu schimmeln begännen. Er sagte, die Blätter und Blüten hätten die Wirkung, die Rauchmixtur zu versüßen.
Wir kamen aus dem Canyon und gingen auf das Flußbett zu. Nach einem langen Umweg kehrten wir zu seinem Haus zurück. Spät am Abend saßen wir in seinem Zimmer, in dem wir uns selten aufhielten. Er erzählte mir von dem letzten Bestandteil der Mixtur, den Pilzen.
»Das wirkliche Geheimnis der Mixtur liegt in den Pilzen«, sagte er. »Sie sind die Zutat, die am schwierigsten zu sammeln ist. Der Weg zu dem Ort, wo sie wachsen, ist lang und gefährlich, und die richtige Auswahl zu treffen ist noch gefährlicher. Sie wachsen unter anderen Pilzarten, die nutzlos sind; die die guten Pilze verderben, wenn man sie zusammen trocknet. Man braucht lange, um die guten Pilze so gut zu kennen, daß man keinen Fehler macht. Schwerer Schaden würde durch den Gebrauch der falschen Arten entstehen – Schaden für den Mann und die Pfeife. Ich kannte Männer, die durch schlechten Rauch tot umgefallen sind. Sobald die Pilze gepflückt sind, werden sie in eine Kalebasse gelegt und man kann sie nicht mehr überprüfen. Du weißt, sie müssen in kleine Stücke gerissen werden, damit sie durch den schmalen Hals der Kalebasse passen.«
»Wie kann man einen Fehler vermeiden?«
»Indem man vorsichtig ist und auszuwählen versteht. Ich sagte schon, daß es schwierig ist. Nicht jeder kann den Rauch zähmen; die meisten Leute versuchen es nicht einmal.«
»Wie lange läßt du die Pilze in der Kalebasse?«
»Für ein Jahr. Alle anderen Zutaten werden ebenfalls für ein Jahr verschlossen. Dann werden von allen gleiche Teile abgemessen und getrennt zu einem sehr feinen Pulver zermahlen. Die kleinen Pilze brauchen nicht zermahlen zu werden, weil sie von allein zu sehr feinem Staub zerfallen; man muß nur die größeren Stücke zerstoßen. Auf vier Teile Pilze kommt ein Teil all der anderen Zutaten. Dann werden sie alle vermischt und in einen Beutel getan, so wie ich ihn habe.« Er zeigte auf den kleinen Beutel unter seinem Hemd.
»Dann werden alle Zutaten erneut gesammelt, und nachdem sie zum Trocknen aufgehoben sind, kannst du die Mixtur rauchen, die du gerade zubereitet hast. Du wirst im nächsten Jahr rauchen. Und im Jahr darauf wird die Mixtur ganz dir gehören, denn du wirst sie selbst gesammelt haben. Wenn du das erste Mal rauchst, werde ich die Pfeife für dich anzünden. Du wirst die ganze Mixtur des Pfeifenkopfes rauchen und abwarten. Der Rauch wird kommen. Du wirst ihn fühlen. Er wird dich freimachen, alles zu sehen, was du sehen willst. Genau gesagt ist er ein unvergleichlicher Verbündeter. Aber wer immer ihn sucht, muß einen Vorsatz haben und einen unangreifbaren Willen. Er braucht beides,

denn er muß Vorsatz und Willen zur Rückkehr haben, oder der Rauch wird ihn nicht zurückkehren lassen. Zweitens muß er Vorsatz und Willen haben, sich an alles zu erinnern, was der Rauch ihn sehen ließ, sonst wird es nichts weiter sein als ein Nebelfleck in seinem Gehirn.«

Sonnabend, 8. April 1962

In unseren Gesprächen gebrauchte Don Juan ständig den Begriff »Wissender«, aber nie erklärte er, was er damit meinte. Ich fragte ihn danach.

»Ein Wissender ist ein Mann, der ehrlich die Mühen des Lernens auf sich genommen hat«, sagte er. »Ein Mann, der ohne Überstürzung oder Zögern die Geheimnisse von Macht und Wissen gelöst hat, so weit er es konnte.«

»Kann jeder ein Wissender sein?«

»Nein, nicht jeder.«

»Was muß denn ein Mann tun, um ein Wissender zu werden?«

»Er muß seine vier natürlichen Feinde herausfordern und besiegen.«

»Wird er ein Wissender sein, wenn er diese vier Feinde besiegt hat?«

»Ja. Ein Mann kann sich nur Wissender nennen, wenn er fähig ist, alle vier Feinde zu besiegen.«

»Kann denn jeder, der diese Feinde schlägt, ein Wissender sein?«

»Jeder, der sie besiegt hat, wird ein Wissender.«

»Aber gibt es nicht irgendwelche besonderen Bedingungen, die ein Mann erfüllen muß, bevor er mit diesen Feinden kämpft?«

»Nein. Jeder kann versuchen, ein Wissender zu werden; sehr wenigen gelingt es wirklich, aber das ist nur natürlich. Die Feinde, die ein Mann, der ein Wissender werden will, auf dem Weg des Lernens trifft, sind wirklich schrecklich; die meisten Männer unterliegen ihnen.«

»Was für Feinde sind das, Don Juan?«

Er wollte nicht über die Feinde sprechen. Er sagte, es würde lange dauern, bis dieses Thema mir verständlich würde. Ich versuchte weiter, etwas zu erfahren und fragte ihn, ob er glaube, ich könne ein Wissender werden. Er sagte, daß niemand dies sicher voraussagen könnte. Aber ich bestand darauf – ich wollte wissen, ob es irgendwelche Hinweise gäbe, durch die man entscheiden könne, ob ich eine Chance hätte, ein Wissender zu werden oder nicht. Er sagte, das würde von meinem Kampf gegen die vier Feinde abhängen – ob ich sie besiegen könnte oder ob sie mich besiegen würden – aber es wäre unmöglich, den Ausgang dieses Kampfes vorauszusagen.

Ich fragte ihn, ob er durch Hexerei oder Weissagung den Ausgang des Kampfes sehen könne. Er sagte entschieden, daß das Ergebnis des Kampfes auf keine Weise vorauszusehen sei, denn

ein Wissender zu sein, sei nur eine vorübergehende Sache. Als ich ihn bat, mir das zu erklären, antwortete er:
»Ein Wissender zu sein ist nichts von Dauer. Man ist niemals ein Wissender, nicht wirklich. Man wird vielmehr für einen kurzen Augenblick ein Wissender nach dem Sieg über die vier natürlichen Feinde.«
»Du mußt mir sagen, Don Juan, was für Feinde es sind.«
Er antwortete nicht. Ich drängte weiter, aber er ging nicht darauf ein und redete über etwas anderes.

Sonntag, 15. April 1962

Kurz bevor ich wegfahren wollte, entschloß ich mich, ihn noch einmal nach den Feinden eines Wissenden zu fragen. Ich erklärte ihm, daß ich für einige Zeit nicht wiederkommen könnte, und daß es gut sein würde, das aufzuschreiben, was er zu sagen hätte, denn ich könnte darüber nachdenken, während ich fort war. Er zögerte eine Weile, aber dann begann er zu sprechen.
»Wenn ein Mann anfängt zu lernen, ist er sich über seine Ziele nicht klar. Sein Vorsatz ist schlecht; seine Absicht ist vage. Er hofft auf Belohnungen, die niemals eintreffen werden, denn er weiß nichts von den Härten des Lernens.
Er beginnt langsam zu lernen – zuerst Schritt für Schritt, dann in großen Sprüngen. Und bald sind seine Gedanken durcheinander. Was er lernt, ist nicht, was er sich ausgemalt hat, und so beginnt er sich zu ängstigen. Lernen ist niemals, was man erwartet. Jeder Schritt des Lernens ist eine neue Aufgabe, und das Erleben der Furcht nimmt erbarmungslos und unnachgiebig zu. Sein Vorsatz wird ein Schlachtfeld.
Und so ist er über den ersten seiner natürlichen Feinde gestolpert: die Furcht! Ein schrecklicher Feind – tückisch und schwierig zu überwinden. Er bleibt an jeder Wegbiegung verborgen, lauernd, wartend. Und wenn der Mann, ersckreckt durch ihre Anwesenheit, fortläuft, wird sein Feind seine Suche beendet haben.«
»Was geschieht mit dem Mann, wenn er aus Furcht fortläuft?«
»Nichts geschieht ihm, nur wird er niemals lernen. Er wird niemals ein Wissender werden. Er wird vielleicht ein Angeber oder ein harmloser, ängstlicher Mann; auf jeden Fall wird er ein geschlagener Mann sein. Sein erster Feind wird seinem Verlangen ein Ende gesetzt haben.«
»Und wie kann er die Furcht überwinden?«
»Die Antwort ist sehr einfach. Er darf nicht fortlaufen. Er muß seine Furcht besiegen, er muß ihr trotzen und den nächsten Schritt des Lernens gehen und den nächsten und den nächsten. Er muß nur aus Furcht bestehen, und doch darf er nicht aufhören. Das ist die Regel! Und ein Moment wird kommen, wo sein erster Feind zurückweicht. Der Mann beginnt, sich seiner selbst sicher zu sein.

Sein Vorsatz wird stärker. Lernen ist nicht länger eine erschrekkende Aufgabe.
Wenn dieser glückliche Augenblick kommt, kann der Mann ohne Zögern sagen, daß er seinen ersten natürlichen Feind besiegt hat.«
»Geschieht es plötzlich, Don Juan, oder allmählich?«
»Es geschicht allmählich, doch wird die Furcht plötzlich und schnell überwunden.«
»Aber wird ein Mann sich nicht wieder fürchten, wenn ihm etwas Neues geschieht?«
»Nein. Wenn ein Mann einmal die Furcht überwunden hat, ist er für den Rest seines Lebens frei von ihr, weil er statt der Furcht Klarheit gewonnen hat – eine Klarheit der Gedanken, die die Furcht auslöscht. Aber dann kennt ein Mann seine Wünsche: er weiß sie zu befriedigen. Er kann die neuen Schritte des Lernens voraussehen, und alles ist von deutlicher Klarheit umgeben. Der Mann fühlt, daß nichts verborgen ist. Und so hat er seinen zweiten Feind getroffen: die Klarheit! Diese Klarheit der Gedanken, die so schwierig zu erlangen ist, vertreibt die Furcht, aber sie macht auch blind.
Sie zwingt den Mann, sich niemals selbst anzuzweifeln. Sie gibt ihm die Sicherheit, alles zu tun, was ihm gefällt, denn er sieht klar in alle Dinge. Und er ist mutig, denn er ist sicher, und er schreckt vor nichts zurück, weil er sich eben sicher ist. Aber all das ist ein Fehler: es ist wie etwas Unvollständiges. Wenn der Mann dieser vorgetäuschten Macht nachgibt, ist er von seinem zweiten Feind besiegt worden, und er wird mit dem Lernen spielen. Er wird eilen, wenn er geduldig sein sollte, oder er wird geduldig sein, wenn er eilen sollte. Und er wird mit dem Lernen spielen, bis er endet, unfähig, noch irgend etwas zu lernen.«
»Was wird aus dem Mann, der so besiegt wird, Don Juan? Stirbt er deswegen?«
»Nein, er stirbt nicht. Sein zweiter Feind hat ihn nur kaltgestellt bei seinem Versuch, ein Wissender zu werden; statt dessen könnte aus ihm ein gleichgültiger Kämpfer oder Clown werden. Aber die Klarheit, für die er so teuer bezahlt hat, wird sich nie wieder in Dunkel und Angst verwandeln. Er wird klar sehen, so lange er lebt, aber er wird nichts mehr lernen oder nach irgend etwas suchen.«
»Was muß er tun, um nicht besiegt zu werden?«
»Er muß tun, was er mit der Furcht getan hat: er muß seiner Klarheit trotzen und nur mit ihr sehen und geduldig warten und vorsichtig erwägen, bevor er neue Schritte tut; er muß vor allem denken, daß seine Klarheit fast ein Fehler ist. Und ein Augenblick wird kommen, da er verstehen wird, daß seine Klarheit nur ein Punkt vor seinen Augen war. Und so wird er seinen zweiten Feind besiegt haben, und er wird in eine Lage kommen, in der ihm nichts mehr schaden kann. Das wird sein Fehler sein. Es wird

nicht nur ein Punkt vor seinen Augen sein. Es wird wahre Macht sein.
Zu diesem Zeitpunkt wird er wissen, daß die Macht, die er so lange gesucht hat, endlich die seine ist. Er kann mit ihr machen, was immer ihm einfällt. Er beherrscht seinen Verbündeten. Sein Wunsch ist das Gesetz. Er sieht alles, was um ihn ist. Aber er hat auch seinen dritten Feind getroffen: die Macht!
Macht ist der stärkste aller Feinde. Und natürlich ist es das Einfachste, nachzugeben; schließlich ist der Mann wirklich unbesiegbar. Er befiehlt; er beginnt berechnete Risiken einzugehen und macht schließlich Gesetze, denn er ist der Herrscher.
Ein Mann auf dieser Stufe bemerkt kaum, wie der dritte Feind ihn einkreist. Und plötzlich wird er, ohne es zu erkennen, gewiß seinen Kampf verloren haben. Sein Feind wird ihn zu einem grausamen, unberechenbaren Menschen gemacht haben.«
»Wird er seine Macht verlieren?«
»Nein, er wird nie seine Klarheit oder seine Macht verlieren.«
»Was wird ihn dann von einem Wissenden unterscheiden?«
»Ein Mann, der von der Macht besiegt ist, stirbt, ohne wirklich gewußt zu haben, wie mit ihr umzugehen ist. Macht ist nur eine Last über seinem Schicksal. Solch ein Mann hat keine Gewalt über sich selbst und kann nicht entscheiden, wann oder wie er seine Macht anwenden soll.«
»Ist die Niederlage durch einen dieser Feinde eine endgültige Niederlage?«
»Natürlich ist sie endgültig. Wenn einer dieser Feinde einen Mann einmal zu Fall bringt, gibt es nichts, was er tun kann.«
»Ist es zum Beispiel möglich, daß der Mann, der von der Macht besiegt wurde, seinen Fehler einsieht und auf seinem Weg umkehrt?«
»Nein. Wenn ein Mann einmal nachgibt, ist er erledigt.«
»Aber was geschieht, wenn er nur vorübergehend von der Macht geblendet wird und sie dann zurückweist?«
»Das bedeutet, daß sein Kampf noch weitergeht. Das bedeutet, daß er noch immer versucht, ein Wissender zu werden. Ein Mann ist nur dann besiegt, wenn er es nicht länger versucht und sich selbst aufgibt.«
»Aber ist es dann nicht möglich, Don Juan, daß ein Mann sich vielleicht jahrelang der Furcht ergibt, aber sie schließlich besiegt?«
»Gewiß nicht. Wenn er sich der Furcht ergibt, wird er sie niemals besiegen, weil er das Lernen scheuen und es nie wieder versuchen wird. Aber wenn er inmitten seiner Furcht jahrelang zu lernen versucht, wird er sie eventuell besiegen, weil er sich ihr niemals wirklich ergeben hat.«
»Wie kann er seinen dritten Feind besiegen, Don Juan?«
»Er muß ihn vorsätzlich herausfordern. Er muß einsehen, daß die

Macht, die er scheinbar gewonnen hat, niemals wirklich sein ist. Er muß sich zu jeder Zeit selbst beherrschen und alles, was er gelernt hat, vorsichtig und ehrlich gebrauchen. Wenn er sieht, daß Klarheit und Macht ohne Selbstbeherrschung schlimmer als Fehler sind, wird er einen Punkt erreichen, wo sich ihm alles fügt. Dann wird er wissen, wann und wie er seine Macht gebraucht. Und so wird er seinen dritten Feind besiegt haben. Der Mann wird am Ende seiner Reise des Lernens sein, und fast unversehens wird er dem letzten seiner Feinde begegnen: dem Alter! Dieser Feind ist der grausamste von allen, er ist der, den er nicht völlig schlagen, sondern nur bekämpfen kann.
Das ist die Zeit, da ein Mann keine Furcht mehr kennt, keine ungeduldige Klarheit der Gedanken – das ist eine Zeit, da er seine ganze Macht beherrscht, aber es ist auch die Zeit, da er ein unüberwindliches Verlangen nach Ruhe hat. Wenn er seinem Verlangen, auszuruhen und zu vergessen völlig nachgibt, wenn er sich selbst in Müdigkeit wiegt, wird er seine letzte Runde verloren haben, und sein Feind wird ihn zu einem schwachen, alten Geschöpf niederstrecken. Sein Verlangen, sich zurückzuziehen wird all seine Klarheit, seine Macht und sein Wissen unterdrücken.
Aber wenn der Mann seine Müdigkeit abschüttelt und sein Schicksal zu Ende lebt, kann er ein Wissender genannt werden, wenn auch nur für den kurzen Augenblick, da es ihm gelingt, seinen letzten unbesiegbaren Feind abzuschütteln. Dieser Augenblick der Klarheit, der Macht und des Wissens ist genug.«

4

Don Juan sprach selten offen über Mescalito. Jedesmal, wenn ich ihn danach fragte, wich er mir aus, aber immer sagte er genug, um einen Eindruck von Mescalito zu geben, einen Eindruck, der immer ein menschliches Wesen spiegelte. Mescalito war ein männliches Wesen, nicht nur wegen der zwingenden grammatischen Regel, die dem Wort den männlichen Artikel gibt, sondern auch wegen seiner beständigen Eigenschaften, Beschützer und Lehrer zu sein. Don Juan bestätigte diese Charakteristika in verschiedenen Formen, jedesmal wenn wir darüber sprachen.

Sonntag, 24. Dezember 1961

»Die *yerba del diablo* hat niemals jemanden beschützt. Sie ist nur da, um Macht zu geben. Mescalito dagegen ist sanft wie ein Baby.«
»Aber du hast gesagt, Mescalito sei manchmal erschreckend.«
»Natürlich ist er erschreckend, aber wenn du ihn einmal kennst, ist er sanft und gütig.«
»Wie zeigt er seine Güte?«

»Er ist ein Beschützer und Lehrer.«
»Wie beschützt er?«
»Du kannst ihn immer bei dir behalten, und er wird aufpassen, daß dir nichts Böses passiert.«
»Wie kannst du ihn immer bei dir behalten?«
»In einem kleinen Beutel, der mit einer Schnur unter deinem Arm oder dem Hals befestigt ist.«
»Hast du ihn bei dir?«
»Nein, aber ich habe einen Verbündeten. Doch andere Leute haben ihn bei sich.«
»Was lehrt er?«
»Er zeigt die Dinge und sagt dir, was sie sind (*enzeña las cosas y te dice lo que son*)!«
»Wie?«
»Du mußt es selbst sehen.«

Dienstag, 30. Januar 1962

»Was siehst du, wenn Mescalito dich mitnimmt, Don Juan?«
»Diese Dinge sind nichts für so ein Gespräch. Ich kann dir das nicht sagen.«
»Würde dir etwas Schlimmes passieren, wenn du es sagen würdest?«
»Mescalito ist ein Beschützer, ein sanfter, gütiger Beschützer; aber das bedeutet nicht, daß du dich über ihn lustig machen kannst. Da er ein gütiger Beschützer ist, kann er auch für die, die er nicht mag, der Schrecken selbst sein.«
»Ich will mich nicht über ihn lustig machen. Ich möchte nur wissen, was er andere Leute tun oder sehen läßt. Ich habe dir alles beschrieben, was Mescalito mich sehen ließ, Don Juan.«
»Mit dir ist es anders, vielleicht, weil du seine Wege nicht kennst. Seine Wege müssen dir gezeigt werden, so wie man einem Kind das Gehen zeigt.«
»Wie lange muß ich noch lernen?«
»Bis er selbst anfängt, dir verständlich zu sein.«
»Und dann?«
»Dann wirst du von allein verstehen. Du wirst mir nichts mehr erzählen müssen.«
»Kannst du mir wenigstens sagen, wohin Mescalito dich führt?«
»Darüber kann ich nicht sprechen.«
»Ich möchte nur wissen, ob es eine andere Welt gibt, in die er die Leute führt.«
»Ja, es gibt eine.«
»Ist es der Himmel?« (Das spanische Wort für Himmel ist *cielo*, aber das bedeutet auch Firmament.
»Er führt dich durch das Firmament (*cielo*).«
»Ich meine, ist es der Himmel (*cielo*), wo Gott ist?«
»Jetzt wirst du albern. Ich weiß nicht, wo Gott ist.«

»Ist Mescalito Gott – der einzige Gott? Oder ist er einer der Götter?«
»Er ist nur ein Beschützer und ein Lehrer. Er ist eine Macht.«
»Ist er eine Macht in uns selbst?«
»Nein. Mescalito hat nichts mit uns selbst zu tun. Er ist außerhalb von uns.«
»Dann muß jeder, der Mescalito nimmt, ihn in der gleichen Form sehen.«
»Nein, überhaupt nicht. Er ist nicht für jeden dasselbe.«

Donnerstag, 12. April 1962

»Warum erzählst du mir nicht mehr über Mescalito, Don Juan?«
»Es gibt nichts mehr zu erzählen.«
»Es muß Tausende von Dingen geben, die ich wissen sollte, bevor ich ihn wiedertreffe.«
»Nein. Vielleicht gibt es für dich nichts, was du wissen mußt. Wie ich dir schon gesagt habe, er ist nicht für jeden dasselbe.«
»Ich weiß, aber ich möchte immer noch wissen, wie andere über ihn denken.«
»Die Meinung derjenigen, die sich damit abgeben, über ihn zu sprechen, ist nicht viel wert. Du wirst sehen. Du wirst wahrscheinlich bis zu einem bestimmten Punkt über ihn sprechen, und von da an wirst du nie wieder etwas über ihn sagen.«
»Kannst du mir von deinen eigenen ersten Erlebnissen erzählen?«
»Wozu?«
»Dann werde ich wissen, wie ich mit Mescalito umgehen kann.«
»Du weißt schon mehr als ich. Du hast tatsächlich mit ihm gespielt. Eines Tages wirst du sehen, wie gütig der Beschützer zu dir war. Ich bin sicher, daß er dir dies erste Mal viele, viele Dinge gesagt hat, aber du warst blind und taub.«

Sonnabend, 14. April 1962

»Nimmt Mescalito jede Gestalt an, wenn er sich zeigt?«
»Ja, jede Gestalt.«
»Welches sind denn die gewöhnlichsten Formen, die du kennst?«
»Es gibt keine gewöhnlichen Formen.«
»Meinst du, Don Juan, daß er in jeder Gestalt erscheint, auch denen, die ihn gut kennen?«
»Nein. Er erscheint denen in jeder Gestalt, die ihn nur ein wenig kennen, aber für jene, die ihn gut kennen, ist er immer derselbe.«
»Auf welche Art ist er derselbe?«
»Er erscheint ihnen manchmal als Mensch, so wie wir, oder als ein Licht. Nur als ein Licht.«
»Verändert Mescalito jemals seine gleichbleibende Gestalt für diejenigen, die ihn gut kennen?«
»Davon weiß ich nichts.«

Freitag, 6. Juli 1962

Don Juan und ich brachen am späten Sonnabendnachmittag des 23. Juni zu einer Fahrt auf. Er sagte, wir würden in den Gegenden von Chihuahua nach *honguitos* (Pilzen) suchen. Er sagte, es würde eine lange, schwierige Fahrt sein. Er hatte recht. Wir kamen am Mittwoch, dem 27. Juni, um 10 Uhr abends in einer kleinen Minenstadt im nördlichen Chihuahua an. Das Auto hatten wir am Ortsrand stehen lassen, und von dort gingen wir zum Haus seiner Freunde, einem Tarahumara-Indianer und seiner Frau. Dort schliefen wir.

Am nächsten Morgen weckte uns der Mann ungefähr um fünf. Er brachte uns Haferbrei und Bohnen. Er setzte sich zu uns und sprach, während wir aßen, mit Don Juan, aber er sagte nichts über unsere Fahrt.

Nach dem Frühstück füllte der Mann meine Feldflasche mit Wasser und legte zwei süße Brötchen in meinen Rucksack. Don Juan gab mir die Feldflasche, befestigte den Rucksack mit einer Schnur über seinen Schultern, dankte dem Mann für seine Freundlichkeit, und zu mir gewandt sagte er: »Es ist Zeit zu gehen.« Wir gingen ungefähr eine Meile auf der Landstraße. Dann kürzten wir durch die Felder ab, und in zwei Stunden waren wir am Fuß der Hügel südlich der Stadt. Wir erstiegen die leichten Hänge in südwestlicher Richtung. Als wir die steileren Hänge erreichten, änderte Don Juan die Richtung, und wir folgten einem hohen Tal nach Osten. Trotz seines vorgeschrittenen Alters legte Don Juan ein so unglaubliches Tempo vor, daß ich mittags schon völlig erschöpft war. Wir setzten uns, und er öffnete den Brotbeutel. »Du kannst alles essen, wenn du willst«, sagte er.

»Und du?«

»Ich bin nicht hungrig, und später brauchen wir das Essen nicht mehr.«

Ich war sehr müde und hungrig und nahm sein Angebot an. Ich glaubte, dies sei eine gute Zeit, über den Zweck unserer Fahrt zu sprechen und fragte ganz beiläufig: »Glaubst du, daß wir lange hierbleiben werden?«

»Wir sind hier, um etwas Mescalito zu sammeln. Wir werden bis morgen bleiben.«

»Wo ist Mescalito?«

»Hier überall.«

Viele herrliche Kakteenarten wuchsen überall in der Gegend, aber ich konnte keinen Peyote unter ihnen entdecken.

Wir begannen erneut zu klettern und kamen etwa um drei Uhr zu einem langen, schmalen Tal mit steilen Abhängen. Ich war seltsam erregt bei dem Gedanken, Peyote zu finden, den ich nie in seiner natürlichen Umgebung gesehen hatte. Wir gingen in das Tal, und nach ungefähr einhundertzwanzig Metern entdeckte ich plötzlich drei unverkennbare Peyotepflanzen. Sie wuchsen links vom Pfad einige Zentimeter über dem Boden vor mir. Sie sahen wie runde, grüne Rosen aus. Ich rannte auf sie zu und zeigte sie Don Juan.

Er beachtete mich nicht, drehte mir absichtlich den Rücken zu und ging weiter. Ich wußte, daß ich etwas Falsches getan hatte, und für den Rest des Nachmittags gingen wir schweigend, langsam der flachen Talsohle folgend, auf der kleine, scharfkantige Steine lagen. Wir bewegten uns zwischen Kakteen, scheuchten Scharen von Eidechsen auf und manchmal einen einsamen Vogel. Und ich ging an vielen Peyotepflanzen vorbei, ohne ein Wort zu sagen. Um sechs Uhr waren wir am Fuß des Gebirges angekommen, wo das Tal endete. Wir stiegen zu einem Grat. Don Juan ließ seinen Rucksack fallen und setzte sich.

Ich war wieder hungrig, aber wir hatten nichts übrig; ich schlug vor, den Mescalito zu pflücken und zur Stadt zurückzukehren.

Er sah mich ärgerlich an und schnalzte mit den Lippen. Er sagte, wir würden die Nacht hier verbringen.

Wir saßen still. Links von uns war eine Felswand und rechts war das Tal, das wir gerade durchquert hatten. Es reichte ziemlich weit in die Ferne und schien breiter und nicht so flach, wie ich gedacht hatte. Von hier aus war es voller Hügel und Vorsprünge. »Morgen werden wir zurückgehen«, sagte Don Juan, ohne mich anzusehen und zeigte auf das Tal. »Wir werden einen Rückweg finden und ihn auf dem Weg durch die Felder pflücken. Das heißt, wir werden ihn nur pflücken, wenn er auf unserem Weg ist. *Er* wird uns finden und nicht umgekehrt. *Er* wird uns finden – wenn er es will.«

Don Juan lehnte sich mit dem Rücken gegen die Felswand, drehte seinen Kopf auf die Seite und sprach weiter, so als ob außer mir noch jemand da sei. »Noch etwas. Nur *ich* kann ihn pflücken. Du wirst vielleicht den Beutel tragen oder vor mir hergehen – das weiß ich noch nicht, aber morgen wirst du nicht so wie heute auf ihn zeigen!«

»Es tut mir leid, Don Juan.«

»Es ist schon gut. Du wußtest es ja nicht.«

»Hat dein Wohltäter dir all das über Mescalito beigebracht?«

»Nein! Niemand hat es mir beigebracht. Es war der Beschützer selbst, der mein Lehrer war.«

»Dann ist Mescalito wie eine Person, mit der du sprechen kannst?«

»Nein, das ist er nicht.«

»Wie lehrt er dann?«

Eine Weile sagte er nichts.

»Erinnerst du dich daran, als du mit ihm gespielt hast? Du hast doch verstanden, was er meinte, nicht wahr?«

»Ja!«

»So lehrt er. Damals wußtest du es nicht, aber wenn du auf ihn achtgegeben hättest, hätte er mit dir gesprochen.«

»Wann?«
»Als du ihn das erste Mal gesehen hast.«
Er schien sehr ärgerlich über meine Fragen. Ich sagte ihm, daß ich all das fragen müßte, weil ich alles, was möglich war, herausfinden wollte.
»Aber frag *mich* nicht!« Er lächelte böse. »Frag *ihn.* Wenn du ihn das nächste Mal siehst, frag ihn alles, was du wissen willst.«
»Dann *ist* Mescalito wie eine Person, mit der man sprechen kann ...«
Er ließ mich nicht ausreden. Er drehte sich um, hob die Feldflasche auf, kletterte von dem Felsvorsprung und verschwand hinter dem Felsen. Ich wollte nicht allein sein, und obwohl er mich nicht gebeten hatte mitzugehen, folgte ich ihm. Wir gingen ungefähr zweihundert Meter zu einem kleinen Bach. Er wusch sich Hände und Gesicht und füllte die Flasche. Er spülte mit dem Wasser seinen Mund, aber er trank nichts. Ich schöpfte mit den Händen etwas Wasser und trank, aber er hielt mich zurück und sagte, es sei unnötig zu trinken.
Er gab mir die Feldflasche und begann zu dem Felsvorsprung zurückzugehen. Als wir dort ankamen, setzten wir uns wieder mit dem Rücken zur Felswand und sahen auf das Tal. Ich fragte ihn, ob wir ein Feuer machen könnten. Er reagierte darauf, als sei es unvorstellbar, so etwas zu fragen. Er sagte, daß wir für diese Nacht Mescalitos Gäste seien und daß er uns warm halten würde.
Es war bereits dunkel. Don Juan zog zwei dünne Baumwolldecken aus seinem Rucksack, warf mir eine in den Schoß, setzte sich mit gekreuzten Beinen und hängte sich die Decke über die Schulter. Unter uns war das dunkle Tal, und die Ränder verschwanden im Abendnebel.
Don Juan saß reglos dem Peyotefeld zugewandt. Ein gleichmäßiger Wind blies mir ins Gesicht.
»Die Dämmerung ist die Trennung zwischen den Welten«, sagte er leise, ohne mich anzusehen.
Ich fragte nicht, was er damit meinte. Meine Augen wurden müde. Plötzlich fühlte ich mich erregt; ich hatte ein merkwürdiges, überwältigendes Verlangen zu weinen!
Ich legte mich auf den Bauch; der Felsboden war hart und unbequem, und ich mußte mich alle paar Minuten wieder umdrehen. Schließlich setzte ich mich auf, kreuzte die Beine und legte die Decke über die Schultern. Zu meinem Erstaunen war diese Stellung äußerst bequem, und ich schlief ein.
Als ich aufwachte, hörte ich Don Juan zu mir sprechen. Es war sehr dunkel. Ich konnte ihn kaum sehen. Ich verstand nicht, was er sagte, aber ich folgte ihm, als er von dem Felsvorsprung herunterkletterte. Wir bewegten uns vorsichtig, oder jedenfalls ich bewegte mich wegen der Dunkelheit vorsichtig. Am Fuß der Felswand blieben wir stehen. Don Juan setzte sich und gab mir

ein Zeichen, mich links neben ihn zu setzen. Er öffnete sein Hemd und nahm einen Lederbeutel heraus, den er aufband und vor sich auf den Boden legte. Er enthielt einige getrocknete Peyote-*buttons*.

Nach langer Zeit nahm er einen der *buttons* auf. Er hielt ihn in seiner rechten Hand und rieb ihn mehrmals zwischen Daumen und Zeigefinger, während er leise sang. Plötzlich stieß er einen ungeheuren Schrei aus.

»Ahiiiii!«

Es war gespenstisch, unerwartet. Er erschreckte mich. Verschwommen sah ich, wie er den Peyote-*button* in seinen Mund nahm und zu kauen begann. Einen Augenblick später nahm er den ganzen Beutel, beugte sich zu mir und flüsterte mir zu, daß ich den Sack nehmen, einen Mescalito aussuchen, den Sack wieder vor uns legen und es ihm gleichtun sollte.

Ich nahm einen Peyote-*button* heraus und rieb ihn, wie er es getan hatte. Er sang die ganze Zeit und wiegte sich hin und her. Ich versuchte mehrere Male, den *button* in den Mund zu nehmen, aber ich war zu verwirrt, um zu schreien. Dann kam wie in einem Traum ein unglaublicher Schrei aus mir: Ahiiii! Einen Augenblick glaubte ich, es sei jemand anders. Wieder fühlte ich die Wirkung eines nervösen Schocks in meinem Magen. Ich fiel nach hinten. Mir wurde schwindlig. Ich nahm den Peyote-*button* in den Mund und kaute ihn. Nach einer Weile nahm Don Juan einen anderen aus dem Beutel. Ich war erleichtert, als ich sah, daß er ihn nach kurzem Gesang in den Mund nahm. Er gab mir den Beutel, und nachdem ich einen *button* genommen hatte, legte ich ihn wieder vor uns hin. Dieser Zyklus wiederholte sich fünf Mal, bevor ich Durst spürte. Ich nahm die Feldflasche, um zu trinken, aber Don Juan sagte mir, ich solle nur meinen Mund auswaschen und nichts trinken, sonst müßte ich mich übergeben. Ich spülte meinen Mund wiederholt mit Wasser. In einem bestimmten Augenblick war das Trinken eine schreckliche Versuchung, und ich schluckte etwas Wasser. Augenblicklich zog sich mein Magen zusammen. Ich erwartete ein schmerzloses und leichtes Fließen von Flüssigkeit aus meinem Mund, so wie bei meinem ersten Peyote-Erlebnis, aber zu meinem Erstaunen hatte ich nur das Gefühl des Erbrechens. Es dauerte jedoch nicht lange.

Don Juan nahm einen neuen *button*, gab mir den Beutel, und der Zyklus wurde erneuert und wiederholt, bis ich vierzehn *buttons* gekaut hatte. Dann waren all meine ersten Empfindungen von Durst, Kälte und Unbehagen verschwunden. Statt dessen verspürte ich ein unbekanntes Gefühl von Wärme und Erregung. Ich nahm die Flasche, um meinen Mund zu erfrischen, aber sie war leer.

»Können wir zum Bach gehen, Don Juan?«

Der Klang meiner Stimme drang nicht heraus, sondern traf auf den Gaumen, sprang in meine Kehle zurück und hallte zwischen Gaumen und Kehle wider. Das Echo war sanft und melodisch, es schien Flügel zu haben, die in meiner Kehle schlugen. Ihre Berührung besänftigte mich. Ich folgte ihren Schwingungen, bis es verschwunden war.

Ich wiederholte die Frage. Meine Stimme klang, als spräche ich in einem Gewölbe.

Don Juan antwortete nicht. Ich stand auf und drehte mich in die Richtung des Baches. Ich sah ihn an, um zu erfahren, ob er mitkäme, aber er schien aufmerksam auf etwas zu lauschen.

Mit einem eindringlichen Zeichen der Hand bedeutete er mir, still zu sein. »Abuhtol (?) ist schon hier!« sagte er.

Ich hatte dieses Wort noch nie zuvor gehört, und ich überlegte, ob ich danach fragen sollte, als ich ein Geräusch bemerkte, das wie ein Summen in meinen Ohren war. Das Geräusch wurde ständig lauter, bis es wie die Vibration einer gewaltigen Rassel war. Es blieb einen kurzen Augenblick und nahm allmählich ab, bis alles wieder still war. Ich zitterte so stark, daß ich kaum stehen konnte, und doch waren meine Gedanken klar. Einige Minuten davor war mir schwindelig gewesen, doch war dieses Gefühl ganz einem Zustand äußerster Klarheit gewichen. Das Geräusch erinnerte mich an einen Science-Fiction-Film, in dem eine riesige Biene mit ihren Flügeln schlagend aus einer atomaren Strahlungszone kommt. Ich lachte über den Gedanken. Ich sah Don Juan in seine entspannte Haltung zurückfallen. Und plötzlich näherte sich mir das Bild der riesigen Biene wieder. Es war wirklicher als gewöhnliche Gedanken. Ich sah es allein, umgeben von außergewöhnlicher Klarheit. Alles andere war aus meinen Gedanken gedrängt. Dieser Zustand geistiger Klarheit, der ohne Beispiel in meinem Leben war, erzeugte einen neuen Augenblick der Angst.

Ich begann zu schwitzen. Ich beugte mich zu Don Juan, um ihm zu sagen, daß ich Angst hatte. Sein Gesicht war nur einige Zentimeter von meinem entfernt. Er sah mich an, aber seine Augen waren die Augen einer Biene. Sie sahen wie runde Gläser aus, die ihr eigenes Licht in der Dunkelheit hatten. Seine Lippen waren vorgeschoben und machten ein plapperndes Geräusch: »Pehtupeh-tu-pet-tuh.« Ich sprang zurück und wäre fast an die Felswand gestoßen. Scheinbar endlos lange spürte ich unerträgliche Furcht. Ich schluchzte und wimmerte. Der Schweiß war auf meiner Haut gefroren, und ich fühlte eine quälende Steifheit. Dann hörte ich Don Juans Stimme: »Steh auf! Beweg dich! Steh auf!«

Das Bild verschwand, und ich konnte wieder sein vertrautes Gesicht sehen. »Ich hole etwas Wasser«, sagte ich nach einem neuen, endlosen Augenblick. Meine Stimme schlug um. Ich konnte die Worte kaum aussprechen. Don Juan nickte. Während ich wegging, merkte ich, daß meine Furcht genauso schnell und geheimnisvoll verschwand, wie sie gekommen war.

Als ich dem Bach näherkam, merkte ich, daß ich jedes Ding auf dem Weg sehen konnte. Ich dachte daran, daß ich Don Juan grade deutlich gesehen hatte, während ich vorher kaum die Umrisse seines Körpers erkennen konnte. Ich blieb stehen und sah in die Ferne, und ich konnte sogar über das ganze Tal hinwegsehen. Einige Felsen auf der anderen Seite waren deutlich erkennbar. Ich glaubte, es sei früher Morgen, aber mir fiel ein, daß ich vielleicht die Zeitorientierung verloren hatte. Ich sah auf meine Uhr. Es war zehn vor Zwölf! Ich prüfte die Uhr, um zu sehen, ob sie ging. Es konnte nicht Mittag sein; also mußte es Mitternacht sein! Ich wollte schnell zum Wasser und dann zu den Felsen zurück, aber ich sah Don Juan herunterkommen und wartete auf ihn. Ich sagte ihm, daß ich durch das Dunkel sehen konnte.
Er starrte mich lange an, ohne ein Wort zu sagen; falls er etwas gesagt hatte, hörte ich ihn vielleicht nicht, denn ich konzentrierte mich auf meine neue, einzigartige Fähigkeit, durch das Dunkel zu sehen. Ich konnte die kleinsten Kiesel im Sand erkennen. Für Augenblicke war alles so klar, daß es früh am Morgen oder Dämmerung zu sein schien. Dann wurde es dunkel; dann wurde es wieder hell. Bald bemerkte ich, daß die Helligkeit der Diastole meines Herzens entsprach und die Dunkelheit seiner Systole. Die Welt veränderte sich von hell zu dunkel und wieder zu hell mit jedem Schlag meines Herzens.
Ich war in diese Entdeckung vertieft, als das gleiche merkwürdige Geräusch, das ich zuvor gehört hatte, wieder hörbar wurde. Meine Muskeln verkrampften sich.
»Anuhctal (so verstand ich das Wort diesmal) ist hier«, sagte Don Juan. Das Brüllen kam mir so donnernd, so überwältigend vor, daß alles andere nicht zählte. Als es verklungen war, entdeckte ich plötzlich, daß das Wasser zugenommen hatte. Der Bach, der grade vor einer Minute nur fußbreit gewesen war, dehnte sich zu einem gewaltigen See aus. Licht, das aus der Höhe über ihm zu kommen schien, berührte die Oberfläche so, als schiene es durch dichtes Laubwerk. Von Zeit zu Zeit glitzerte das Wasser golden und schwarz für eine Sekunde. Dann blieb es dunkel, lichtlos, kaum sichtbar und doch seltsam gegenwärtig.
Ich weiß nicht mehr, wie lange ich dort einfach nur zusehend am Ufer des schwarzen Sees kauerte. Das Gebrüll mußte langsam verklungen sein, denn was mich zurückriß (in die Wirklichkeit?), war wieder ein schreckliches Summen. Ich drehte mich nach Don Juan um. Ich sah ihn hinaufklettern und hinter dem Felsvorsprung verschwinden. Doch das Gefühl, allein zu sein störte mich überhaupt nicht. Ich kauerte dort in einem Zustand von Hingabe und völligem Vertrauen. Wieder wurde das Gebrüll hörbar; es war eindringlich wie das Geräusch eines hohen Windes. Ich hörte ihm so aufmerksam wie möglich zu und konnte eine bestimmte

Melodie erkennen. Es war eine Verbindung hoher Töne wie menschliche Stimmen, die von einer tiefen Baßtrommel begleitet wurden. Ich richtete meine ganze Aufmerksamkeit auf die Melodie, und wieder bemerkte ich, daß die Systole und Diastole meines Herzens mit dem Klang der Baßtrommel und der musikalischen Figur übereinstimmten.

Ich stand auf, und die Melodie verstummte. Ich versuchte, auf meinen Herzschlag zu hören, aber ich spürte ihn nicht. Ich kauerte mich wieder hin, weil ich glaubte, daß vielleicht meine Körperhaltung die Klänge bewirkt oder verursacht hatte! Aber nichts geschah! Nicht ein Klang! Nicht einmal von meinem Herzen! Ich glaubte genug zu haben, aber als ich aufstand, um zu gehen, fühlte ich einen Erdstoß. Der Boden unter meinen Füßen zitterte, ich verlor das Gleichgewicht. Ich fiel nach hinten und blieb auf dem Rücken liegen, während die Erde bebte. Ich versuchte, mich an einem Felsen oder einer Pflanze zu halten, aber etwas unter mir rutschte. Ich sprang auf, stand einen Augenblick und fiel wieder hin. Der Boden, auf dem ich saß, bewegte sich, glitt wie ein Floß in das Wasser. Ich blieb reglos, überwältigt von Schrekken, der, wie alles andere auch, einzigartig, ununterbrochen und vollkommen war.

Ich bewegte mich auf einem Stück Boden, das wie ein Baumstamm aus Erde aussah, durch das Wasser des schwarzen Sees. Ich hatte das Gefühl, von der Strömung in südlicher Richtung getragen zu werden. Ich konnte sehen, wie sich das Wasser um mich bewegte und strudelte. Es fühlte sich kalt und merkwürdig schwer an. Ich glaubte, es lebte.

Es gab keine erkennbaren Ufer oder Landzeichen, und ich kann mich nicht an die Gedanken oder Gefühle auf dieser merkwürdigen Reise erinnern. Stunden des Umhertreibens schienen vergangen, als mein Floß eine Drehung im rechten Winkel nach links, nach Osten machte. Eine kurze Strecke glitt es weiter auf dem Wasser, bis es unerwartet auf etwas stieß. Die Wucht warf mich nach vorn. Ich schloß die Augen und spürte einen stechenden Schmerz, als meine Knie und meine ausgestreckten Arme den Boden trafen. Nach einem Augenblick sah ich auf. Ich lag auf dem Sand. Es war, als hätte sich mein steinerner Stamm mit dem Land vereint. Ich setzte mich auf und drehte mich um. Das Wasser wich zurück. Es bewegte sich rückwärts wie eine sich zurückziehende Welle, bis es verschwand.

Lange saß ich dort und versuchte, meine Gedanken zu sammeln und all das, was geschehen war, in einen klaren Zusammenhang zu bringen. Mein ganzer Körper schmerzte. Meine Kehle fühlte sich wie eine offene Wunde an; ich hatte mir auf die Lippen gebissen, als ich »landete«. Ich stand auf. Im Wind spürte ich die Kälte. Meine Kleider waren naß. Meine Hände, mein Kiefer und die Knie zitterten so stark, daß ich mich wieder hinlegen mußte.

Schweißtropfen liefen mir in die Augen und brannten, bis ich vor Schmerz schrie.
Nach einer Weile hatte ich wieder etwas Kraft und stand auf. Um mich herum war alles klar im dunklen Zwielicht. Ich ging ein paar Schritte. Ein deutlicher Klang vieler menschlicher Stimmen drang zu mir. Sie schienen laut zu sprechen. Ich folgte dem Klang; ich ging ungefähr dreißig Meter und konnte plötzlich nicht weiter. Ich hatte eine Sackgasse erreicht. Der Ort, an dem ich stand, war ein Kral, den riesige Felsen geformt hatten. Ich konnte eine weitere Felsenreihe erkennen, und dann noch eine und noch eine, bis sie in das Gebirge selbst übergingen. Aus ihnen kam die herrlichste Musik. Es war ein fließender, ununterbrochener, unheimlicher Strom von Klängen.
Am Fuß eines Felsens sah ich einen Mann auf dem Boden sitzen; sein Gesicht war im Profil zu sehen. Ich näherte mich ihm bis auf ungefähr drei Meter; dann drehte er den Kopf und sah mich an. Ich blieb stehen – seine Augen waren das Wasser, das ich grade gesehen hatte! Sie hatten die gleiche, gewaltige Größe, das Glitzern von Gold und Schwarz. Sein Kopf war spitz wie eine Erdbeere; seine Haut war grün, von unzähligen Warzen übersät. Bis auf seine spitze Form war sein Kopf genau wie die Oberfläche einer Peyote-Pflanze. Ich stand vor ihm und starrte ihn an; ich konnte meine Augen nicht von ihm wenden. Ich fühlte, daß er mit dem Gewicht seiner Augen absichtlich auf meine Brust drückte. Ich bekam keine Luft. Ich verlor das Gleichgewicht und fiel zu Boden. Seine Augen wandten sich ab. Ich hörte ihn mit mir reden. Zuerst war seine Stimme wie das sanfte Rascheln einer leichten Brise. Dann hörte ich sie als Musik – als Melodie von Stimmen – und ich »wußte«, sie sagte, »was willst du?« Ich kniete vor ihm, sprach über mein Leben und weinte. Er sah mich wieder an. Ich fühlte, daß seine Augen mich forttrugen, und ich glaubte, dieser Augenblick würde der Augenblick meines Todes sein. Er gab mir ein Zeichen, näherzukommen. Ich schwankte für einen Augenblick, bevor ich einen Schritt vorwärts machte. Während ich näherkam, wandte er seine Augen von mir ab und zeigte mir seinen Handrücken. Die Melodie sagte »sieh!«. In der Mitte seiner Hand war ein rundes Loch. »Sieh!« sagte die Melodie wieder. Ich sah in das Loch und sah mich selbst. Ich war sehr alt und schwach und lief gebückt, und helle Funken flogen überall um mich herum. Dann trafen mich drei der Funken, zwei in den Kopf und einer in die linke Schulter. Mein Körper in dem Loch richtete sich für einen Augenblick auf, bis er ganz grade war, und verschwand dann zusammen mit dem Loch.
Mescalitos Augen sahen mich wieder an. Sie waren so nahe, daß ich sie sanft rollen »hörte« mit dem sonderbaren Klang, den ich so oft in dieser Nacht gehört hatte. Allmählich beruhigten sie sich,

bis sie einem stillen See glichen, der von goldenen und schwarzen Blitzen gekräuselt wurde.
Noch einmal wandte er seine Augen von mir und sprang wie ein Grashüpfer vielleicht fünfzig Meter weit. Er sprang wieder und wieder und war verschwunden. Dann erinnere ich mich, daß ich lief. Klar denkend versuchte ich Markierungspunkte zu erkennen, auch Berge in der Ferne, um mich zurechtzufinden. Während des ganzen Erlebnisses hatten mich Himmelsrichtungen verfolgt, und ich glaubte, daß Norden links von mir sein müßte. Ich ging ziemlich lange in diese Richtung, bevor ich merkte, daß es Tag war und daß ich nicht länger »meine Nachtvision« gebrauchte. Mir fiel ein, daß ich eine Uhr hatte, und ich sah nach, wie spät es war. Es war acht Uhr.
Es war ungefähr zehn, als ich zu dem Felsvorsprung kam, wo ich in der letzten Nacht gewesen war. Don Juan lag auf dem Boden.
»Wo bist du gewesen?« fragte er.
Ich setzte mich, um Luft zu holen.
Nach einem langen Schweigen fragte er: »Hast du ihn gesehen?«
Ich begann ihm meine Erlebnisse der Reihe nach zu erzählen, aber er unterbrach mich und sagte, wichtig sei nur, ob ich ihn gesehen hätte oder nicht. Er fragte mich, wie nahe Mescalito an mich herangekommen war. Ich sagte ihm, daß ich ihn fast berührt hatte.
Dieser Teil meiner Geschichte interessierte ihn. Er hörte jeder Einzelheit, ohne etwas zu sagen, aufmerksam zu und unterbrach mich nur, um Fragen zu stellen über die Art des Wesens, das ich gesehen hatte, über seine Charakteristika und über andere Einzelheiten. Es war ungefähr Mittag, als Don Juan von meiner Geschichte genug zu wissen schien. Er stand auf und band mir einen Leinenbeutel um die Brust; er sagte mir, ich solle hinter ihm gehen, und er würde Mescalito schneiden, und ich müßte ihn mit den Händen entgegennehmen und ihn sanft in den Beutel legen.
Wir tranken etwas Wasser und gingen los. Als wir den Rand des Tals erreichten, schien er einen Augenblick über die Richtung unsicher. Als er sich entschieden hatte, folgten wir einer graden Linie.
Jedesmal, wenn wir zu einer Peyote-Pflanze kamen, kniete er vor ihr nieder und schnitt mit einem kurzen, gezackten Messer sorgfältig die Spitze ab. Er machte in Bodenhöhe einen Einschnitt und streute auf die »Wunde«, wie er sie nannte, reinen Schwefelpuder, den er in einem Lederbeutel bei sich hatte. Er hielt den frischen *button* in der linken Hand und streute den Puder mit der rechten Hand. Dann stand er auf und gab mir den *button*, den ich, so wie er mir gesagt hatte, mit beiden Händen entgegennahm und in den Beutel legte. »Steh grade und laß den Beutel nicht auf den Boden oder an die Büsche oder sonst irgendwas kommen«, sagte er wiederholt, als glaubte er, ich würde es vergessen.

Wir sammelten fünfundsechzig *buttons.* Als der Beutel ganz voll war, band er ihn mir auf den Rücken und befestigte einen neuen auf meiner Brust. Als wir das Plateau überquert hatten, hatten wir zwei volle Säcke mit einhundertzehn Peyote-*buttons.* Die Beutel waren so schwer und prall, daß ich unter all dem Gewicht und der Masse kaum gehen konnte.

Don Juan flüsterte mir zu, daß die Beutel schwer seien, weil Mescalito zur Erde zurückkehren wolle. Er sagte, die Trauer Mescalitos, der sein Zuhause verließ, mache sie schwer; meine wirkliche Aufgabe war es, die Beutel nicht den Boden berühren zu lassen, denn wenn es passierte, würde Mescalito mir nie wieder erlauben, ihn zu nehmen.

In einem bestimmten Augenblick wurde der Druck der Gurte auf den Schultern unerträglich. Etwas übte gewaltige Kraft aus, um mich auf den Boden zu ziehen. Ich fürchtete mich sehr. Ich bemerkte, daß ich schneller ging, ja beinahe rannte; irgendwie trottete ich hinter Don Juan her.

Plötzlich verringerte sich das Gewicht auf Rücken und Brust. Die Last wurde locker und leicht. Ich rannte unbeschwert, um Don Juan einzuholen, der vor mir war. Ich sagte ihm, daß ich das Gewicht nicht mehr spürte. Er erklärte mir, daß wir Mescalitos Zuhause bereits verlassen hätten.

Dienstag, 3. Juli 1962

»Ich glaube, Mescalito hat dich fast angenommen«, sagte Don Juan.

»Warum sagst du, er hat mich *fast* angenommen, Don Juan?«

»Er hat dich nicht getötet, dich nicht einmal verletzt. Er hat dich ganz schön erschreckt, aber nicht wirklich schlimm. Wenn er dich überhaupt nicht angenommen hätte, wäre er dir ungeheuer und voller Zorn erschienen. Einige Leute haben die Bedeutung des Schreckens erlebt, als sie ihm begegneten und von ihm nicht angenommen wurden.«

»Wenn er so schrecklich ist, warum hast du mir dann nicht davon erzählt, bevor du mich zum Feld mitnahmst?«

»Du hast nicht den Mut, ihn absichtlich zu suchen. Ich dachte, es sei besser, wenn du es nicht wüßtest.«

»Aber ich hätte vielleicht sterben können, Don Juan!«

»Ja, das ist möglich. Aber ich war sicher, das alles gut ausgehen würde für dich. Er hat einmal mit dir gespielt. Er hat dich nicht verletzt. Ich dachte, er würde auch diesmal Mitgefühl mit dir haben.«

Ich fragte ihn, ob er wirklich glaube, daß Mescalito Mitgefühl mit mir gehabt hatte. Das Erlebnis war so erschreckend gewesen; ich fühlte, daß ich fast vor Furcht gestorben wäre.

Er sagte, daß Mescalito äußerst gütig zu mir gewesen sei; er hätte mir ein Bild gezeigt, das eine Antwort auf eine Frage war. Don

Juan sagte, Mescalito hätte mir eine Lehre erteilt. Ich fragte ihn, was die Lehre sei und was sie bedeutete. Er sagte, es sei unmöglich, diese Frage zu beantworten, weil ich mich zu sehr gefürchtet hatte, um *genau* zu wissen, was ich Mescalito fragte. Don Juan drängte – ich sollte mich erinnern, was ich Mescalito gesagt hatte, bevor er mir das Bild auf seiner Hand zeigte. Aber ich konnte mich nicht erinnern. Ich wußte nur noch, daß ich auf die Knie gefallen war und ihm »meine Sünden gebeichtet« hatte. Don Juan schien nicht weiter interessiert, darüber zu sprechen. Ich fragte ihn: »Kannst du mir die Worte des Liedes beibringen, das du gesungen hast?«

»Nein, das kann ich nicht. Diese Worte gehören mir, der Beschützer selbst hat sie mir beigebracht. Die Lieder sind *meine* Lieder. Ich kann dir nicht sagen, was sie sind.«

»Warum kannst du es mir nicht sagen, Don Juan?«

»Weil diese Lieder eine Verbindung zwischen dem Beschützer und mir sind. Ich bin sicher, daß er dich eines Tages deine eigenen Lieder lehren wird. Warte darauf; und niemals, wirklich niemals ahme die Lieder nach, die einem anderen Mann gehören; und frage niemals, niemals nach ihnen.«

»Was war das für ein Name, den du gerufen hast? Kannst du mir das sagen, Don Juan?«

»Nein. Sein Name darf niemals ausgesprochen werden, außer wenn man ihn ruft.« »Was ist, wenn ich ihn selbst rufen will?«

»Wenn er dich eines Tages annimmt, wird er dir seinen Namen sagen. Dieser Name wird nur zu deinem eigenen Gebrauch sein. entweder, um ihn laut zu rufen oder um ihn dir leise vorzusprechen. Vielleicht wird er dir sagen, sein Name sei José. Wer weiß?«

»Warum ist es falsch, seinen Namen zu nennen, wenn man über ihn spricht?«

»Du hast doch seine Augen gesehen, nicht wahr? Du kannst mit dem Beschützer nicht herumspielen. Darum kann ich ja nicht begreifen, daß er sich entschloß, mit dir zu spielen!«

»Wie kann er ein Beschützer sein, wenn er manche Leute verletzt?«

»Die Antwort ist sehr einfach. Mescalito ist ein Beschützer, weil er für jeden, der ihn sucht, erreichbar ist.«

»Aber stimmt es nicht auch, daß alles in der Welt erreichbar ist, für jeden, der es sucht?«

»Nein, das ist nicht wahr. Die verbündeten Mächte sind nur den *brujos* erreichbar, aber jeder kann an Mescalito teilhaben.«

»Aber warum verletzt er dann manche Leute?«

»Nicht jeden mag Mescalito; und doch suchen sie ihn alle in der Vorstellung, von ihm zu profitieren, ohne etwas zu tun. Natürlich ist ihre Begegnung mit ihm jedesmal erschreckend.«

»Was geschieht, wenn er einen Mann vollständig annimmt?«

»Er erscheint ihm als ein Mann oder als ein Licht. Wenn ein Mann auf diese Weise angenommen wird, bleibt Mescalito derselbe. Danach verändert er sich nie. Vielleicht wird er, wenn du ihn das nächste Mal triffst, ein Licht sein, und eines Tages fliegt er vielleicht mit dir und zeigt dir all seine Geheimnisse.«
»Was muß ich tun, um bis zu diesem Punkt zu kommen, Don Juan?«
»Du mußt stark sein, und dein Leben muß ehrlich sein.«
»Was ist ein ehrliches Leben?«
»Ein aufmerksames, ein gutes, starkes Leben.«

5

Don Juan fragte mich regelmäßig so ganz nebenbei nach dem Zustand meiner *Datura*-Pflanze. In dem Jahr, das vergangen war, seit ich die Wurzel wieder eingepflanzt hatte, war die Pflanze zu einem großen Busch herangewachsen. Sie hatte Samen getragen, und die Samenkeime waren getrocknet. Don Juan entschied, daß es Zeit für mich war, mehr über das Teufelskraut zu lernen.

Sonntag, 27. Januar 1963

Heute gab mir Don Juan die ersten Informationen über die »zweite Dosis« der *Datura*-Wurzel, den zweiten Schritt beim Erlernen des Brauches. Er sagte, die zweite Dosis der Wurzel sei der wirkliche Anfang des Lernens; im Vergleich dazu sei die erste Dosis ein Kinderspiel. Die zweite Dosis mußte gemeistert werden, bevor man zum dritten Schritt übergehen konnte.
Ich fragte: »Was bewirkt die zweite Dosis?«
»Die zweite Dosis des Teufelskrauts wird zum Sehen gebraucht. Mit ihr kann ein Mann durch die Luft schweben und an jedem Ort, den er sich auswählt, sehen, was vor sich geht.«
»Kann ein Mann wirklich durch die Luft fliegen, Don Juan?«
»Warum nicht? Wie ich dir schon gesagt habe, ist das Teufelskraut für die, die Macht suchen. Der Mann, der die zweite Dosis meistert, kann das Teufelskraut nehmen, um unvorstellbare Dinge zu tun, in denen er Macht findet.«
»Was für Dinge sind das, Don Juan?«
»Das kann ich dir nicht sagen. Jeder Mensch ist anders.«

Montag, 29. Januar 1963

Don Juan sagte: »Wenn du den zweiten Schritt erfolgreich beendest, kann ich dir nur noch einen weiteren Schritt zeigen. Als ich über die *yerba* lernte, erkannte ich, daß sie nicht für mich war, und ich bin nicht länger ihren Weg gegangen.«
»Warum hast du dich dagegen entschieden, Don Juan?«

»Das Teufelskraut hat mich jedesmal, wenn ich versucht habe, es zu nehmen, fast umgebracht. Einmal war es so schlimm, daß ich glaubte, ich sei erledigt. Und doch hätte ich all diesen Schmerz vermeiden können.«

»Wie? Gibt es einen besonderen Weg, Schmerzen zu verhindern?«

»Ja, es gibt einen Weg.«

»Ist es eine Formel, eine Verhaltensweise, oder was ist es?«

»Es ist eine Art, nach den Dingen zu greifen. Als ich zum Beispiel über das Teufelskraut lernte, war ich übereifrig. Ich griff nach Dingen so, wie Kinder nach Süßigkeiten greifen. Das Teufelskraut ist nur einer von Millionen Wegen. Jedes Ding ist eins von Millionen Wegen (*un camino entre cantidades de caminos*). Darum mußt du immer daran denken, daß ein Weg nur ein Weg ist. Wenn du fühlst, daß du ihn nicht gehen willst, mußt du ihm unter gar keinen Umständen folgen. Um so viel Klarheit zu haben, mußt du ein diszipliniertes Leben führen. Nur dann wirst du wissen, daß ein Weg nur ein Weg ist, und dann ist es für dich oder für andere keine Schande, ihm nicht zu folgen, wenn es dein Herz dir sagt. Aber deine Entscheidung, auf dem Weg zu bleiben oder ihn zu verlassen, muß frei von Furcht oder Ehrgeiz sein. Ich warne dich. Sieh dir den Weg genau und aufmerksam an. Versuche ihn, so oft es dir notwendig erscheint. Dann stell dir, und nur dir selbst, eine Frage. Diese Frage ist eine, die sich nur alte Männer stellen. Mein Beschützer nannte sie mir einmal, als ich jung und mein Blut zu unruhig war, um sie zu verstehen. Heute verstehe ich sie. Ich will dir sagen, wie sie lautet: Ist dieser Weg ein Weg mit Herz? Alle Wege sind gleich: sie führen nirgendwo hin. Es gibt Wege, die durch den Busch führen oder in den Busch. Ich kann sagen, daß ich in meinem eigenen Leben langen, langen Wegen gefolgt bin, aber ich bin nirgendwo. Heute bedeutet die Frage meines Wohltäters etwas. Ist es ein Weg mit Herz? Wenn er es ist, ist der Weg gut; wenn er es nicht ist, ist er nutzlos. Beide Wege führen nirgendwo hin, aber einer ist der des Herzens, und der andere ist es nicht. Auf einem ist die Reise voller Freude, und solange du ihm folgst, bist du eins mit ihm. Der andere wird dich dein Leben verfluchen lassen. Der eine macht dich stark, der andere schwächt dich.«

Sonntag, 21. April 1963

Am Dienstag Nachmittag, dem 16. April, gingen Don Juan und ich zu den Hügeln, wo seine *Datura*-Pflanzen stehen. Er bat mich, ihn dort allein zu lassen und im Auto auf ihn zu warten. Fast drei Stunden später kam er zurück mit einem in rotes Tuch gewickelten Paket. Als wir losfuhren, zu seinem Haus zurück, zeigte er auf das Bündel und sagte, daß es sein letztes Geschenk für mich sei.

Ich fragte, ob das bedeute, daß er mich nicht länger unterrichten werde. Er erklärte, er meine damit, daß ich nun eine völlig reife Pflanze hätte und seine Pflanzen nicht länger brauchte. Spät am Nachmittag saßen wir in seinem Zimmer; er holte seinen glatt polierten Mörser und den Stößel. Die Mörserschüssel hatte einen Durchmesser von fünfzehn Zentimeter. Er schnürte ein Paket voll kleiner Bündel auf, suchte zwei von ihnen aus und legte sie neben mich auf eine Strohmatte; dann fügte er vier weitere Bündel gleicher Größe aus dem Paket hinzu, das er nach Hause gebracht hatte. Er sagte, es seien Samen, die ich zu einem Pulver mahlen müßte. Er öffnete das erste Bündel und schüttete etwas von seinem Inhalt in den Mörser. Die Samen waren trocken, rund und ockerfarben.

Ich begann mit dem Stößel zu arbeiten; nach einer Weile korrigierte er mich. Er zeigte mir, wie ich den Stößel zuerst gegen eine Seite des Mörsers stoßen und ihn dann über den Boden die andere Seite hinaufgleiten lassen mußte. Ich fragte ihn, was er mit dem Pulver vorhatte. Er wollte darüber nicht sprechen. Die erste Portion Samen war sehr schwer zu mahlen. Ich brauchte vier Stunden dazu. Mein Rücken schmerzte von der Haltung beim Sitzen. Ich legte mich hin und wollte gleich dort einschlafen, aber Don Juan öffnete den nächsten Beutel und schüttete etwas von seinem Inhalt in den Mörser. Die Samen waren diesmal etwas dunkler als die ersten und hingen zusammen. Der Rest des Beutelinhalts war eine Art Pulver aus sehr kleinen, runden, dunklen Körnern.

Ich wollte etwas essen, aber Don Juan sagte, wenn ich lernen wolle, müsse ich der Regel folgen, und die Regel war, daß ich nur etwas Wasser trinken dürfte, während ich die Geheimnisse der zweiten Dosis lernte.

Der dritte Beutel enthielt eine Handvoll lebender, schwarzer Kornkäfer. Und in dem letzten Beutel waren einige frische, weiße Samen, fast breiig, aber faserig und schwierig zu der glatten Masse zu mahlen, die er von mir erwartete. Nachdem ich den Inhalt der vier Beutel gemahlen hatte, maß Don Juan zwei Tassen grünlichen Wassers ab, schüttete sie in einen Tontopf und stellte den Topf aufs Feuer. Als das Wasser kochte, gab er die erste Menge gemahlener Samen dazu. Er rührte sie mit einem langen, spitzen Stück Holz oder Knochen um, das er in seinem Lederbeutel trug. Sobald das Wasser wieder kochte, fügte er die anderen Substanzen auf die gleiche Weise nacheinander hinzu. Dann schüttete er noch eine Tasse desselben Wassers hinzu und ließ die Mixtur auf kleiner Flamme brodeln.

Dann sagte er mir, daß es Zeit sei, die Wurzel zu zerreiben. Vorsichtig zog er ein langes Stück *Datura*-Wurzel aus dem Bündel, das er mit nach Hause gebracht hatte. Die Wurzel war ungefähr vierzig Zentimeter lang. Sie war dick, ungefähr vier Zentimeter im Durchmesser. Er sagte, es sei die zweite Dosis, und auch diesmal hatte er sie selbst abgemessen, denn es war noch immer *seine* Wurzel. Er sagte, wenn ich das Teufelskraut das nächste Mal versuchen würde, müßte ich meine eigene Wurzel abmessen.

Er schob mir den großen Mörser zu, und ich begann, die Wurzel genauso zu zerreiben, wie er es mit der ersten Dosis getan hatte. Er leitete mich durch die gleichen Schritte, und wieder ließen wir die zerriebene Wurzel der Nachtluft ausgesetzt in Wasser weichen. Zur gleichen Zeit war die kochende Mixtur in dem Tontopf festgeworden. Don Juan nahm den Topf vom Feuer und legte ihn in ein Hängenetz, das er an einem Balken in der Mitte des Zimmers befestigte.

Ungefähr um acht Uhr am Morgen des 17. April befeuchteten wir zusammen den Wurzelextrakt mit Wasser. Es war ein klarer, sonniger Tag, und Don Juan hielt das gute Wetter für das Omen, daß mich das Teufelskraut mochte; er sagte, daß meine Gegenwart ihn nur daran erinnerte, wie schlecht es mit ihm umgegangen sei.

Wir befeuchteten den Wurzelextrakt genauso, wie ich es bei der ersten Dosis beobachtet hatte. Am späten Nachmittag, nachdem wir das Wasser an der Oberfläche zum achten Mal abgegossen hatten, blieb ein Löffelvoll gelblicher Substanz auf dem Boden der Schüssel übrig.

Wir gingen in sein Zimmer zurück, wo er noch immer zwei unberührte Beutel hatte. Er öffnete einen, steckte seine Hand hinein und befestigte mit seiner anderen Hand die Öffnung an seinem Handgelenk. Nach der Bewegung seiner Hand im Beutel zu urteilen, schien er etwas zu halten. Plötzlich zog er mit einer schnellen Bewegung den Beutel wie einen Handschuh von seiner Hand. Er drehte das Innere nach außen und schnellte seine Hand dicht vor mein Gesicht. Er hielt eine Eidechse. Ihr Kopf war einige Zentimeter vor meinen Augen. Der Mund der Eidechse hatte etwas Seltsames. Ich starrte ihn einen Augenblick an und schreckte unwillkürlich zurück. Der Mund der Eidechse war mit großen Stichen zusammengenäht. Don Juan forderte mich auf, die Eidechse mit der linken Hand zu halten. Ich umklammerte sie; sie drehte sich in meiner Handfläche. Mir wurde übel. Meine Hände begannen zu schwitzen.

Er nahm den letzten Beutel und zog mit den gleichen Bewegungen eine weitere Eidechse heraus. Auch diese hielt er dicht vor mein Gesicht. Ich sah, daß ihre Augenlider zusammengenäht waren. Er forderte mich auf, sie mit der rechten Hand zu halten. Als ich dann beide Eidechsen in meinen Händen hielt, mußte ich fast erbrechen. Ich hatte ein überwältigendes Verlangen, sie fallenzulassen und hinauszurennen.

»Drück sie nicht!« sagte er, und seine Stimme gab mir ein Gefühl von Erleichterung und Halt. Er fragte mich, was mit mir los sei.

Er versuchte ernst zu bleiben, aber er verzog sein Gesicht und lachte. Ich versuchte meinen Griff zu lockern, aber meine Hände schwitzten so sehr, daß die Eidechsen begannen, sich herauszuwinden. Ihre scharfen, kleinen Krallen zerkratzten meine Hände und riefen ein unglaubliches Gefühl von Abscheu und Ekel hervor. Ich schloß die Augen und biß die Zähne zusammen. Eine der Eidechsen war schon halb auf meinem Handgelenk; sie mußte sich nur mit dem Kopf aus meinen Fingern winden, um frei zu sein. Ich hatte eine merkwürdige Empfindung physischer Verzweiflung und äußersten Unbehagens. Ich knurrte zwischen den Zähnen Don Juan zu, mir die verdammten Dinger abzunehmen. Mein Kopf schüttelte sich unwillkürlich. Er sah mich neugierig an. Ich knurrte wie ein Bär und wand mich. Er ließ die Eidechsen in ihre Säcke fallen und begann zu lachen. Ich wollte auch lachen, aber mir war übel. Ich legte mich hin.

Ich erklärte ihm, daß das Gefühl ihrer Klauen auf meinen Handflächen am schlimmsten gewesen war; er sagte, daß es viele Dinge gäbe, die einen Mann verrückt machen könnten, besonders wenn er nicht die zum Lernen erforderliche Entschlossenheit und Zielstrebigkeit habe; aber wenn ein Mann eine klare, unbeugsame Absicht hätte, wären die Gefühle kein Hindernis, denn er sei fähig, sie zu kontrollieren.

Don Juan wartete eine Weile und reichte mir dann mit den gleichen Bewegungen die Eidechsen noch einmal. Er forderte mich auf, sie mit den Köpfen nach oben sanft gegen meine Schläfen zu halten und sie alles zu fragen, was ich wissen wollte. Zuerst verstand ich nicht, was ich tun sollte. Er sagte mir noch einmal, ich sollte die Eidechsen alles fragen, was ich selbst nicht herausfinden konnte. Er gab mir eine ganze Reihe von Beispielen: ich könnte etwas über Leute erfahren, die ich gewöhnlich nicht sah oder über Sachen, die verloren waren oder über Orte, die ich nicht kannte. Dann verstand ich, daß er über *Weissagung* sprach. Ich wurde sehr aufgeregt. Mein Herz begann laut zu schlagen. Ich konnte kaum noch atmen.

Er ermahnte mich, sie dieses erste Mal nicht nach persönlichen Angelegenheiten zu fragen; er sagte, ich solle lieber an etwas denken, das nichts mit mir zu tun hatte. Ich mußte schnell und klar denken, denn es gab keinen Weg, die Gedanken umzukehren. Ich versuchte verzweifelt an etwas zu denken, was ich wissen wollte. Don Juan forderte mich drängend auf, und ich bemerkte erstaunt, daß ich an nichts denken konnte, was ich die Eidechsen »fragen« wollte.

Nach schrecklicher, langer Zeit fiel mir etwas ein. Vor einiger Zeit waren aus einem Lesesaal einige Bücher gestohlen worden. Es war keine persönliche Angelegenheit, und doch interessierte es mich. Ich hatte keine Vorstellung über die Identität der Person oder Personen, die die Bücher genommen hatten. Ich rieb die

Eidechsen gegen meine Schläfen und fragte sie, wer der Dieb war. Nach einer Weile legte Don Juan die Eidechsen in ihre Beutel und sagte, daß es um die Wurzel und Paste tiefe Geheimnisse gäbe. Die Paste wurde gemacht, um die Richtung zu weisen; die Wurzel machte die Dinge klar. Aber das wahre Geheimnis waren die Eidechsen. Sie waren das Geheimnis der ganzen Zauberei der zweiten Dosis, sagte er. Ich befragte ihn, ob es besondere Eidechsen wären. Es waren besondere Eidechsen. Sie mußten aus der Umgebung der eigenen Pflanze kommen; man mußte mit ihnen befreundet sein. Und um Eidechsen als Freunde zu haben, sagte er, brauche man eine lange Zeit der Vorbereitung. Es mußte sich zu ihnen eine starke Freundschaft entwickeln, indem man sie fütterte und liebevoll mit ihnen redete.
Ich fragte, warum ihre Freundschaft so wichtig sei. Er sagte, die Eidechsen ließen sich nur fangen, wenn sie den Mann kannten, und wer immer das Teufelskraut ernst nahm, mußte auch die Eidechsen ernst nehmen. Er sagte, in der Regel sollten die Eidechsen gefangen werden, nachdem die Paste und die Wurzel zubereitet waren. Sie sollten am späten Nachmittag gefangen werden. Wenn man die Eidechsen nicht sehr gut kannte, sagte er, könnten Tage vergehen, ohne daß man sie fing; und die Paste hält nur einen Tag. Dann gab er mir eine lange Reihe von Anweisungen, die man zu befolgen hatte, nachdem die Eidechsen gefangen waren.
»Sobald du die Eidechsen gefangen hast, lege sie in verschiedene Beutel. Dann nimm die erste und sprich mit ihr. Entschuldige dich bei ihr, sie verletzt zu haben und bitte sie, dir zu helfen. Nähe ihr mit einer Holznadel den Mund zu. Nimm die Fasern der Agave und einen Dorn der Choya zum Nähen. Zieh die Stiche fest an. Dann sag der anderen Eidechse dasselbe und nähe ihre Augenlider zusammen. Wenn die Nacht hereinzubrechen beginnt, muß du fertig sein. Nimm die Eidechse mit dem zusammengenähten Mund und erkläre ihr die Sache, die du wissen willst. Bitte sie, für dich nachzusehen; sage ihr, daß du ihr den Mund zusammennähen mußtest, damit sie schnell zu dir zurückkommen und mit niemand anderem sprechen wird. Laß sie in der Paste herumkriechen, nachdem du ihr den Kopf damit eingerieben hast. Dann laß sie auf den Boden. Wenn sie in die Richtung guten Glücks geht, wird die Zauberei erfolgreich und einfach sein. Wenn sie in die entgegengesetzte Richtung geht, wird sie nicht erfolgreich sein. Wenn die Eidechse auf dich zukommt (Süden), kannst du mehr als gewöhnliches Glück erwarten; aber wenn sie sich von dir fortbewegt (Norden), wird die Zauberei schrecklich schwierig sein. Dann könntest du sogar sterben! Wenn sie sich also von dir fortbewegt, ist das ein guter Zeitpunkt, Schluß zu machen. An diesem Punkt kannst du dich zum Aufhören entscheiden. Wenn du es tust, wirst du deine Fähigkeit, den Ei-

dechsen zu befehlen, verlieren, aber das ist besser, als dein Leben zu verlieren. Andererseits könntest du dich trotz meiner Warnung entschließen, die Zauberei fortzusetzen. Wenn du es tust, so mußt du als nächsten Schritt die andere Eidechse nehmen und sie bitten, sich die Geschichte ihrer Schwester anzuhören und sie dir dann zu beschreiben.«

»Aber wie kann die Eidechse mit dem zusammengenähten Mund mir sagen, was sie sieht? Ist ihr Mund nicht verschlossen, um sie am Reden zu hindern?«

»Das Zunähen des Mundes hindert sie daran, ihre Geschichte Fremden zu erzählen. Die Leute sagen, Eidechsen sind gesprächig; sie halten überall an, um zu reden. Jedenfalls ist es der nächste Schritt, die Paste auf ihren Hinterkopf zu reiben und ihren Kopf dann gegen deine rechte Schläfe zu reiben, wobei du nichts von der Paste auf die Mitte deiner Stirn reiben darfst. Wenn du anfängst zu lernen, ist es nicht schlecht, wenn du die Eidechse mit einer Schnur um ihren Körper an deiner rechten Schulter befestigst. Dann wirst du sie nicht verlieren oder sie verletzen. Aber wenn du Fortschritte machst und mit der Macht des Teufelskrauts vertrauter wirst, werden die Eidechsen lernen, deinen Befehlen zu gehorchen und sich auf deiner Schulter niederlassen. Nachdem du die Paste durch die Eidechse auf deine rechte Schläfe geschmiert hast, tauche die Finger beider Hände in den Brei; reibe ihn zuerst auf beide Schläfen und verteile ihn dann ganz über beide Seiten des Kopfes. Die Paste trocknet sehr schnell und kann, sooft du es willst, angewendet werden. Nimm immer erst den Kopf der Eidechse und dann erst deine Finger. Früher oder später kommt die Eidechse von ihren Nachforschungen zurück und erzählt ihrer Schwester alles über ihre Reise, und die blinde Eidechse beschreibt es dir, als gehörtest du zu ihnen. Wenn die Zauberei beendet ist, laß die Eidechse herunter, laß sie gehen, aber beobachte nicht, wohin sie geht. Grabe mit deinen Händen ein tiefes Loch und vergrabe alles, was du gebraucht hast.«

Ungefähr um 18 Uhr schöpfte Don Juan den Wurzelextrakt aus der Schüssel auf ein Stück Schiefer; es war weniger als ein Löffelvoll gelblicher Stärke. Er gab die Hälfte davon in eine Tasse und schüttete etwas gelbliches Wasser dazu. Er drehte die Tasse in seiner Hand, um den Inhalt aufzulösen. Er gab mir die Tasse und forderte mich auf, die Mixtur zu trinken. Sie war geschmacklos, hinterließ aber ein leicht bitteres Aroma in meinem Mund. Das Wasser war zu heiß und störte mich. Mein Herz begann schnell zu schlagen, aber bald hatte ich mich wieder entspannt. Don Juan holte die andere Schüssel mit der Paste. Die Paste sah fest aus und hatte eine glänzende Oberfläche. Ich versuchte die Kruste mit meinen Fingern aufzukratzen, aber Don Juan sprang auf mich zu und schob meine Hand von der Schüssel. Er war sehr ärgerlich; er sagte, es sei sehr gedankenlos, das zu versuchen, und wenn ich wirklich lernen wollte, dürfe ich nicht so sorglos vorgehen. Dies sei Macht, sagte er auf die Paste zeigend, und niemand könne mit Bestimmtheit sagen, welche Art Macht es sei. Es sei schlimm genug, daß wir uns zu unseren eigenen Zwecken darauf einlassen müßten – wir können es wohl nicht lassen, weil wir Menschen sind, sagte er – aber wir sollten zumindest mit dem nötigen Respekt damit umgehen. Die Mixtur sah wie Haferbrei aus. Offensichtlich war es der Stärkegehalt, der ihr diese Festigkeit verlieh. Er bat mich, die Beutel mit den Eidechsen zu holen. Er nahm die Eidechse mit dem zusammengenähten Mund und reichte sie mir vorsichtig. Er gab sie mir in die linke Hand und forderte mich auf, etwas von der Paste mit meinem Finger zu nehmen und es auf den Kopf der Eidechse zu reiben, dann die Eidechse in die Schüssel zu halten, bis die Paste ihren ganzen Körper bedeckte. Dann mußte ich die Eidechse aus dem Topf nehmen. Er nahm den Topf und führte mich zu einer felsigen Gegend nicht weit von seinem Haus. Er zeigte auf einen großen Felsen, und ich mußte mich vor ihn setzen, so als sei er meine *Datura*-Pflanze. Ich mußte die Eidechse vor mein Gesicht halten, ihr nochmals erklären, was ich wissen wollte, und sie bitten, für mich loszugehen, um eine Antwort zu finden. Er riet mir, mich bei der Eidechse zu entschuldigen, daß ich ihr soviel Unbehagen verursachte und ihr zu versprechen, daß ich dafür zu allen Eidechsen immer gut sein werde. Und dann mußte ich sie zwischen dem Mittel- und Ringfinger meiner linken Hand halten, wo er einmal den Schnitt gemacht hatte und so um den Felsen tanzen und genau das tun, was ich beim Wiedereinpflanzen der Wurzel des Teufelskrauts getan hatte; er fragte mich, ob ich mich an alles erinnere, was ich damals gemacht hatte. Ich sagte ihm, daß ich alles noch wüßte. Er betonte, daß alles genauso sein müsse, und wenn ich mich nicht erinnern könne, müsse ich warten, bis alles in meinen Gedanken klar war. Er stellte mir mit großer Eindringlichkeit vor, daß ich mich verletzen könnte, wenn ich zu schnell und ohne Bedacht vorgehen würde. In seiner letzten Anweisung sagte er mir, daß ich die Eidechse mit dem zusammengenähten Mund auf den Boden setzen und beobachten sollte, wohin sie ging, damit ich den Ausgang des Versuchs einschätzen könnte. Er sagte, daß ich meine Augen nicht von der Eidechse wenden sollte, nicht einen Augenblick, weil es ein bekannter Trick der Eidechsen sei, einen abzulenken und sich dann davonzumachen.

Es war noch nicht ganz dunkel. Don Juan sah zum Himmel. »Ich werde dich jetzt allein lassen«, sagte er und ging fort.

Ich folgte all seinen Anweisungen und setzte die Eidechse dann auf den Boden. Für einen Augenblick verharrte die Eidechse dort, wo ich sie hingesetzt hatte. Dann sah sie mich an, rannte zu den Felsen nach Osten und verschwand zwischen ihnen.

Ich saß auf dem Boden vor dem Felsen, als säße ich meiner Pflanze gegenüber. Eine tiefe Traurigkeit überkam mich. Ich machte mir Gedanken über die Eidechse mit dem zugenähten Mund. Ich dachte an ihre seltsame Reise und daran, wie sie mich angesehen hatte, bevor sie weggerannt war. Es war ein unheimlicher Gedanke, eine beunruhigende Vorstellung. Auf meine Art war ich auch eine Eidechse, die sich auf einer seltsamen Reise befand. Mein Schicksal war es vielleicht, nur zu sehen; in diesem Augenblick fühlte ich, daß ich niemals würde sagen können, was ich gesehen hatte. Inzwischen war es ganz dunkel. Ich konnte kaum die Felsen vor mir erkennen. Ich dachte an Don Juans Worte: »Das Zwielicht – dort ist die Teilung zwischen den Welten!«

Nach langem Zögern begann ich, den vorgeschriebenen Schritten zu folgen. Obwohl die Paste wie Haferbrei aussah, fühlte sie sich nicht wie Haferbrei an. Sie war sehr glatt und kalt. Sie hatte einen merkwürdigen, scharfen Geruch. Sie rief auf der Haut ein Gefühl der Kälte hervor und trocknete schnell. Ich rieb meine Schläfen elfmal ein, ohne irgendeine Wirkung zu bemerken. Ich versuchte sehr aufmerksam jeden Wechsel in meiner Wahrnehmung oder Stimmung festzuhalten, denn ich wußte nicht einmal, was ich erwarten sollte. In der Tat konnte ich mir die Art der Erlebnisse nicht einmal vorstellen und suchte weiter nach Anzeichen.

Die Paste war getrocknet und schälte sich von meinen Schläfen. Ich wollte gerade etwas mehr einreiben, als ich merkte, daß ich in japanischer Haltung auf meinen Fußsohlen saß. Ich hatte mit gekreuzten Beinen dagesessen und konnte mich nicht erinnern, mich bewegt zu haben. Es dauerte eine Weile, bis ich ganz erkannte, daß ich auf dem Boden von einer Art Kreuzgang mit hohen Gewölben saß. Ich glaubte, es seien Ziegelgewölbe, aber als ich sie untersuchte, sah ich, daß sie aus Stein waren.

Dieser Übergang war sehr schwierig. Er kam so plötzlich, daß ich nicht darauf vorbereitet war, ihm zu folgen. Meine Wahrnehmung der Elemente dieser Vision war verschwommen, so als träumte ich. Und doch veränderten sich die Bestandteile nicht. Sie blieben gleich, und ich konnte bei jedem verweilen und ihn wirklich untersuchen. Die Vision war nicht so klar oder so wirklich wie eine, die von Peyote hervorgerufen wird. Sie war verschwommen in einer sehr angenehm leichten Art.

Ich fragte mich, ob ich noch aufstehen konnte, und gleich darauf merkte ich, daß ich mich bewegt hatte. Ich stand auf der Höhe einer Treppe, und H., die ich gut kannte, stand an ihrem Fuß. Ihre Augen fieberten. Sie hatten ein wahnsinniges Starren. Sie lachte laut und so eindringlich, daß es erschreckend war. Sie begann die Stufen hinaufzugehen. Ich wollte weglaufen oder mich verstecken, weil sie »schon einmal durchgedreht hatte«. Nur an diesen einen Gedanken dachte ich. Ich versteckte mich hinter einer Säule, und sie ging vorbei, ohne sich umzusehen. Dann

dachte ich, daß »sie jetzt auf eine lange Reise gehen wird« und der letzte Gedanke, an den ich mich erinnerte, war schließlich, »sie lacht jedesmal, bevor sie durchdreht«.
Plötzlich wurden die Bilder sehr klar; es war jetzt kein Traum mehr. Es war wie ein gewöhnliches Bild, aber ich schien es wie durch Fensterglas anzusehen. Ich versuchte eine Säule zu berühren, spürte aber nur, daß ich mich nicht bewegen konnte; ich wußte jedoch, daß ich, solange ich wollte, dieses Bild betrachten konnte. Ich befand mich darin und war doch kein Teil davon.
Ich merkte, wie sich mir rationale Gedanken und Argumente verschlossen. Ich war, soweit ich das beurteilen konnte, in einem gewöhnlichen Zustand nüchternen Bewußtseins. Jedes Element gehörte in den Bereich meiner normalen Vorgänge. Und doch wußte ich, es war kein gewöhnlicher Zustand.
Die Szene veränderte sich abrupt. Es war Nacht. Ich war in der Halle eines Gebäudes. Die Dunkelheit im Innern des Gebäudes machte mir bewußt, daß das Sonnenlicht in den vergangenen Bildern herrlich klar gewesen war. Es war mir jedoch so gewöhnlich vorgekommen, daß ich es zu diesem Zeitpunkt nicht bemerkt hatte. Als ich mich weiter in die neue Vision vertieft hatte, sah ich einen jungen Mann, der mit einem großen Rucksack auf dem Rücken aus einem Zimmer herauskam. Ich wußte nicht, wer er war, obwohl ich ihn ein- oder zweimal gesehen hatte. Er ging an mir vorbei die Treppen hinunter. Ich hatte meine Befürchtung vergessen und meine rationalen Schwierigkeiten. »Wer ist dieser Kerl?« dachte ich. »Warum sah ich ihn?«
Die Szene wechselte wieder, und ich sah den jungen Mann Bücher entstellen; er klebte einige Seiten zusammen, radierte Anmerkungen aus und so weiter. Dann sah ich ihn die Bücher sauber in eine Holzkiste ordnen. Ich sah mehrere Kisten. Sie befanden sich nicht in seinem Zimmer, sondern in einem Lagerraum. Andere Bilder fielen mir ein, aber sie waren nicht so klar. Die Szene verschwamm. Ich hatte ein Schwindelgefühl.
Don Juan rüttelte mich an den Schultern, und ich wachte auf. Er half mir aufzustehen, und wir gingen zu seinem Haus zurück. Es waren dreieinhalb Stunden vergangen von dem Augenblick, als ich mir die Paste auf die Schläfen rieb bis zu meinem Erwachen, aber der visionäre Zustand konnte nicht länger als zehn Minuten gedauert haben. Ich spürte überhaupt keine schlechten Nachwirkungen. Ich war nur hungrig und müde.

Donnerstag, 18. April 1963

Don Juan bat mich letzte Nacht, die grade erlebten Ereignisse zu beschreiben, aber ich war zu müde, um darüber zu sprechen. Ich konnte mich nicht konzentrieren. Heute fragte er mich wieder, sobald ich aufgewacht war.

»Wer hat dir gesagt, daß dieses Mädchen H. übergeschnappt war oder durchdrehte?« fragte er, als ich mit meiner Geschichte fertig war.

»Niemand. Es war nur einer der Gedanken, die ich hatte.«

»Glaubst du, es waren deine Gedanken?«

Ich sagte ihm, daß es meine Gedanken waren, obwohl ich keinen Grund hatte anzunehmen, daß H. krank gewesen war. Es waren seltsame Gedanken. Sie schienen von nirgendwo plötzlich aufzutauchen. Er sah mich forschend an. Ich fragte ihn, ob er mir nicht glaube; er lachte und sagte, daß ich ständig sorglos in meinen Handlungen sei.

»Was habe ich falsch gemacht, Don Juan?«

»Du hättest den Eidechsen zuhören sollen.«

»Wie hätte ich zuhören sollen?«

»Die kleine Eidechse auf deiner Schulter beschrieb dir alles, was ihre Schwester sah. Sie redete mit dir. Sie sagte dir alles, und du hast nicht zugehört. Statt dessen glaubtest du, die Worte der Eidechse seien deine eigenen Gedanken.«

»Aber sie waren meine eigenen Gedanken, Don Juan.«

»Sie waren es nicht. Das ist die Eigenart dieser Zauberei. Denn eigentlich muß man die Vision viel mehr hören, als sie sehen. Mir ist das gleiche passiert. Ich wollte dich grade warnen, als ich mich erinnerte, daß mein Wohltäter mich nicht gewarnt hatte.«

»War dein Erlebnis wie meins, Don Juan?«

»Nein, meines war eine Höllenfahrt. Ich bin fast gestorben.«

»Warum war es die Hölle?«

»Vielleicht, weil das Teufelskraut mich nicht mochte oder weil ich mir wohl nicht klar war über das, was ich fragen wollte. So wie du gestern. Du mußt an dieses Mädchen gedacht haben, als du die Frage über die Bücher stelltest.«

»Ich kann mich nicht daran erinnern.«

»Die Eidechsen täuschen sich nie; sie nehmen jeden Gedanken als Frage. Die Eidechsen kamen zurück und erzählten dir Dinge über H., die niemand je verstehen kann, denn nicht einmal du weißt, was deine Gedanken waren.«

»Was ist mit der anderen Vision, die ich hatte?«

»Deine Gedanken müssen klar gewesen sein, als du das gefragt hast. Und so sollte diese Zauberei ausgeübt werden – mit Klarheit.«

»Glaubst du, die Vision mit dem Mädchen kann man nicht so ernst nehmen?«

»Wie kann man sie ernst nehmen, wenn du nicht weißt, welche Frage die Eidechsen beantworteten?«

»Wäre es für die Eidechsen klarer, wenn man nur eine Sache fragt?«

»Ja, das wäre klarer. Wenn du dich auf einen Gedanken konzentrieren könntest.«

»Aber was würde geschehen, Don Juan, wenn diese eine Frage nicht einfach ist?«
»Solange du dich auf einen Gedanken konzentrierst und nicht an andere Dinge denkst, ist sie den Eidechsen klar, und dann ist dir ihre Antwort klar.«
»Kann man den Eidechsen weitere Fragen stellen, während man die Vision erlebt?«
»Nein. Die Vision ist ja grade, daß du sehen sollst, was immer die Eidechsen dir erzählen. Darum habe ich dir gesagt, daß die Vision vielmehr gehört als gesehen werden soll. Darum habe ich dich ja gebeten, dich nur mit unpersönlichen Dingen zu befassen. Denn gewöhnlich ist dein Verlangen, sie zu berühren oder mit ihnen zu sprechen zu groß, wenn die Frage Leute betrifft, und die Eidechsen hören auf zu sprechen, und die Zauberei wird zerstört. Du mußt viel mehr wissen, als du jetzt weißt, bevor du versuchen kannst, Dinge zu sehen, die dich persönlich betreffen. Das nächste Mal mußt du sorgfältig zuhören. Ich bin sicher, daß die Eidechsen dir viele, viele Dinge gesagt haben, aber du hast nicht zugehört.«

Freitag, 19. April 1963

»Was waren all die Dinge, die ich für die Paste gemahlen habe, Don Juan?«
»Samen des Teufelskrauts und die Kornwürmer, die von den Samen leben. Von beiden nimmt man eine Handvoll.« Er formte mit einer Hand eine Tasse, um mir zu zeigen, wieviel.
Ich fragte ihn, was geschehen würde, wenn ein Bestandteil allein, ohne die anderen, benutzt würde. Er sagte, daß solch ein Vorgehen das Teufelskraut und die Eidechsen nur zum Gegner machen würde. »Du mußt dir die Eidechsen nicht zum Gegner machen«, sagte er, »denn am nächsten Tag, spät nachmittags mußt du an den Ort deiner Pflanze zurückkehren. Sprich mit den Eidechsen und bitte die zwei, die dir bei der Zauberei geholfen haben, wieder hervorzukommen. Suche überall, bis es fast dunkel ist. Wenn du sie nicht finden kannst, mußt du es am nächsten Tag noch einmal versuchen. Wenn du stark bist, wirst du sie beide finden, und dann mußt du sie beide gleich dort essen. Und du wirst für immer die Fähigkeit haben, das Unbekannte zu sehen. Du wirst nie wieder Eidechsen fangen müssen, um diese Zauberei auszuüben. Sie werden von da an in dir leben.«
»Was tue ich, wenn ich nur eine von ihnen finde?«
»Wenn du nur eine findest, mußt du sie am Ende deiner Suche laufen lassen. Wenn du sie am ersten Tag findest, behalte sie nicht in der Hoffnung, die andere am nächsten Tag zu fangen. Das würde nur deine Freundschaft mit ihnen verderben.«
»Was passiert, wenn ich sie überhaupt nicht finden kann?«

»Ich glaube, das wäre das Beste für dich. Es bedeutet, daß du jedesmal zwei Eidechsen fangen mußt, wenn du ihre Hilfe willst, aber es bedeutet auch, daß du frei bist.«
»Was meinst du mit frei?«
»Frei davon, ein Sklave der *yerba del diablo* zu sein. Wenn die Eidechsen in dir leben, wird die *yerba* dich nie wieder gehen lassen.«
»Ist das schlecht?«
»Natürlich ist das schlecht. Sie wird dich von allem anderen fernhalten. Du wirst dein Leben damit verbringen, sie als Verbündeten zu pflegen. Sie ist besitzergreifend. Wenn sie dich einmal beherrscht, gibt es für dich nur einen Weg – ihren Weg.«
»Was ist, wenn ich entdecke, daß die Eidechsen tot sind?«
»Wenn du eine oder beide tot findest, darfst du diese Zauberei eine ganze Weile nicht wieder versuchen. Laß es für einige Zeit bleiben.
Ich glaube, das ist alles, was ich dir sagen sollte; was ich dir gesagt habe, ist die Regel. Wann immer du diese Zauberei selbst ausübst, mußt du vor deiner Pflanze sitzend alle Schritte befolgen, die ich dir beschrieben habe. Und noch eins. Du darfst. bis die Zauberei beendet ist, nicht essen und trinken.«

6

Der nächste Schritt in Don Juans Lehren war ein neuer Aspekt in der Beherrschung der zweiten Dosis der *Datura*-Wurzel. In der Zeit, die zwischen den zwei Stadien des Lernens vergangen war, hatte sich Don Juan nur nach der Entwicklung meiner Pflanze erkundigt.

Donnerstag, 27. Juni 1963

»Es ist eine gute Übung, die *yerba* zu probieren, bevor du dich ganz auf ihren Weg begibst«, sagte Don Juan.
»Wie probiert man sie, Don Juan?«
»Du mußt eine neue Zauberei mit den Eidechsen versuchen. Du hast all die Elemente, die benötigt werden, den Eidechsen noch eine Frage zu stellen, diesmal ohne meine Hilfe.«
»Ist es wirklich notwendig, daß ich diese Zauberei mache, Don Juan?«
»Es ist der beste Weg, die Gefühle der *yerba* dir gegenüber zu prüfen. Sie prüft dich die ganze Zeit, darum ist es nur fair, daß du sie auch prüfst, und wenn du auf ihrem Wege irgendwo fühlst, daß du aus irgendeinem Grund nicht weitergehen sollst, dann mußt du einfach aufhören.«

Sonnabend, 29. Juni 1963

Ich brachte das Teufelskraut zur Sprache. Ich wollte, daß Don Juan mir mehr darüber sagte, ich wollte mich jedoch nicht verpflichten weiterzumachen.

»Die zweite Dosis wird nur zur Weissagung benutzt, nicht wahr, Don Juan?«

»Nicht nur zur Weissagung. Man lernt die Zauberei der Eidechsen mit Hilfe der zweiten Dosis, und gleichzeitig prüft man das Teufelskraut» aber in Wirklichkeit wird die zweite Dosis zu anderen Zwecken gebraucht. Die Zauberei der Eidechsen ist nur der Anfang.«

»Wofür wird sie dann gebraucht, Don Juan?«

Er antwortete nicht. Er wechselte plötzlich das Thema und fragte mich, wie groß die *Datura*-Pflanzen waren, die um meine eigene Pflanze wuchsen. Ich deutete ihm die Größe an.

Don Juan sagte: »Ich habe dir gezeigt, wie du eine männliche von einer weiblichen Pflanze unterscheiden kannst. Geh jetzt zu deinen Pflanzen und bringe mir beide. Geh zuerst zu deiner alten Pflanze und sieh dir genau die Wasserrinnen des Regens an. Inzwischen muß der Regen die Samen weit fortgetragen haben. Beobachte die Rinnen (*zanjitas*) des Abflusses, und von da mußt du die Richtung des Laufs erkennen. Dann suche die Pflanze, die am weitesten entfernt von deiner Pflanze wächst. Alle Teufelskrautpflanzen, die zwischen ihnen wachsen, gehören dir. Wenn sie später Samen tragen, kannst du dein Gebiet vergrößern, indem du auf dem Weg dem Wasserverlauf jeder Pflanze folgst.«

Er gab mir sehr genaue Anweisungen zur Beschaffung eines Schneidewerkzeugs. Das Schneiden der Wurzel, sagte er, müsse auf folgende Weise geschehen. Zuerst mußte ich die Pflanze aussuchen, die ich schneiden wollte, und an der Stelle, wo die Wurzel auf den Stiel traf, die Erde entfernen. Zweitens mußte ich genau den gleichen Tanz wiederholen, den ich beim Wiedereinpflanzen der Wurzel getanzt hatte. Drittens mußte ich den Stiel abschneiden und die Wurzel im Boden lassen. Der letzte Schritt war das Ausgraben von vierzig Zentimeter Wurzel. Er ermahnte mich, nicht zu sprechen und während dieser Handlung keine Gefühle zu verraten.

»Du solltest zwei Tücher mitnehmen«, sagte er. »Breite sie auf dem Boden aus und lege die Pflanzen darauf. Dann schneide die Pflanzen in Stücke und lege sie übereinander. Du kannst sie ordnen, wie du willst; aber du mußt dich immer an die Ordnung, die du gewählt hast, erinnern, denn so mußt du es dann immer tun. Bring mir die Pflanzen, sobald du sie hast.«

Sonnabend, 6. Juli 1963

Am Montag, dem 1. Juli, schnitt ich die *Datura*-Pflanzen, um die Don Juan gebeten hatte. Für den Tanz um die Pflanzen wartete ich, bis es ziemlich dunkel war, weil ich von niemandem gesehen werden wollte. Ich war ziemlich aufgeregt. Ich war sicher, daß irgend jemand Zeuge meiner seltsamen Handlungen sein würde. Ich hatte vorher die Pflanzen ausgesucht, die ich für männlich und weiblich hielt. Ich mußte von jeder vierzig Zentimeter Wurzel abschneiden, und mit einem Holzstück war es keine leichte Aufgabe, so tief zu graben. Ich brauchte Stunden. Ich mußte die Arbeit in völliger Dunkelheit beenden, und als ich soweit war, sie abzuschneiden, mußte ich eine Taschenlampe nehmen. Meine ursprüngliche Furcht, daß jemand mich beobachten könnte, war gering verglichen mit der Angst, daß nun jemand das Licht in den Büschen entdecken würde.

Am Dienstag, dem 2. Juli, brachte ich die Pflanzen zu Don Juan. Er öffnete das Bündel und untersuchte die Stücke. Er sagte, er müsse mir noch die Samen seiner Pflanzen geben. Er schob mir einen Mörser zu. Er nahm einen Glaskrug und schüttete seinen Inhalt – getrocknete, zusammenklebende Samen – in den Mörser.

Ich fragte ihn, woher sie kämen, und er sagte, es seien Samen, die von Kornwürmern gegessen werden. Unter den Samen befanden sich nicht wenige Käfer – kleine, schwarze Kornwürmer. Er sagte, es seien besondere Insekten, und wir müßten sie herausnehmen und in einen anderen Krug tun. Er gab mir einen anderen Krug, der zu einem Drittel mit den gleichen Kornwürmern angefüllt war. Ein Stück Papier in dem Krug verhinderte, daß die Würmer herauskrochen.

»Das nächste Mal mußt du die Würmer deiner eigenen Pflanze nehmen«, sagte Don Juan. »Am besten schneidest du die Samenkapseln mit kleinen Löchern auf; sie sind voller Insekten. Öffne die Kapsel und kratze alles in den Krug. Sammle eine Handvoll Würmer und lege sie in ein anderes Gefäß. Behandle sie grob. Sei nicht rücksichtsvoll oder vorsichtig mit ihnen. Nimm eine Handvoll der zusammenklebenden Samen, die die Würmer gegessen haben und eine Handvoll von dem Pulver der Würmer und vergrabe den Rest an irgendeiner Stelle in dieser Richtung (er zeigte nach Südosten) von deiner Pflanze. Dann sammle gute trockne Samen und hebe sie getrennt auf. Du kannst sammeln, soviel du willst. Du kannst sie immer gebrauchen. Es ist gut, die Samen gleich dort aus ihren Kapseln zu nehmen, so daß du alles auf einmal vergraben kannst.«

Dann forderte mich Don Juan auf, die zusammenklebenden Samen zuerst zu mahlen, dann die Eier der Kornwürmer, dann die Würmer und zuletzt die guten, trockenen Samen.

Als alles zu einem feinem Pulver gemahlen war, nahm Don Juan die Stücke der *Datura*, die ich geschnitten und zusammengelegt hatte. Er trennte die männliche Wurzel und wickelte sie sorgfältig in ein Tuch. Er gab mir den Rest und forderte mich auf, alles in kleine Stücke zu schneiden, sie gut zu zerstoßen und jedes

bißchen Saft in einem Topf aufzufangen. Er sagte, ich müßte sie in der gleichen Ordnung zerstoßen, in der ich sie zusammengelegt hatte.
Als ich fertig war, mußte ich eine Tasse kochendes Wasser abmessen und es mit dem ganzen Inhalt des Topfes verrühren und dann zwei weitere Tassen hinzufügen. Er gab mir ein glattpoliertes Knochenstück. Ich rührte den Brei damit um und stellte den Topf aufs Feuer. Dann sagte er, wir müßten die Wurzel zubereiten und dafür den größeren Mörser nehmen, weil die männliche Wurzel überhaupt nicht geschnitten werden dürfte. Wir gingen hinter das Haus. Der Mörser stand bereit, und ich begann die Wurzel wie zuvor zu zerstoßen. Wir ließen die Wurzel der Nachtluft ausgesetzt im Wasser und gingen ins Haus. Ich mußte die Mixtur im Topf beobachten. Ich sollte sie kochen lassen, bis sie etwas fest war – bis das Umrühren schwierig wurde. Dann legte er sich auf seine Matte und schlief ein. Der Brei hatte mehr als eine Stunde gekocht, als ich merkte, daß es schwerer und schwerer wurde, ihn umzurühren. Ich glaubte, er sei fertig und nahm ihn vom Feuer. Ich stellte ihn in das Netz unter der Dachrinne und ging schlafen.
Ich wachte auf, als Don Juan aufstand. Die Sonne schien an einem klaren Himmel. Es war ein heißer, trockener Tag. Don Juan meinte erneut, daß er sicher war, daß mich das Teufelskraut mochte.
Wir bearbeiteten die Wurzel weiter, und am Ende des Tages hatten wir ziemlich viel gelbliche Substanz auf dem Boden der Schüssel. Don Juan schüttete das Wasser an der Oberfläche ab. Ich glaubte, daß dies die letzte Arbeit sei, aber er füllte die Schüssel wieder mit kochendem Wasser.
Er holte den Topf mit dem Brei unter dem Dach hervor. Der Brei schien fast trocken. Er nahm den Topf ins Haus, stellte ihn sorgfältig auf den Boden und setzte sich. Dann begann er zu sprechen.
»Mein Wohltäter sagte mir, daß es zulässig sei, die Pflanze mit Schmalz zu vermengen. Und das wirst du jetzt tun. Mein Wohltäter mischte sie für mich mit Schmalz, aber ich habe dir ja schon gesagt, ich mochte die Pflanze nie sehr und versuchte nie wirklich, eins mit ihr zu werden. Mein Wohltäter sagte mir, daß diejenigen, die die Macht wirklich meistern wollen, die besten Ergebnisse erzielen, wenn sie die Pflanze mit dem Fett eines Wildschweines vermengen. Das Fett der Eingeweide ist das beste. Aber du kannst es dir aussuchen. Vielleicht wird das Rad des Schicksals entscheiden, daß du das Teufelskraut zum Verbündeten nimmst, und wenn das eintrifft, dann rate ich dir, so wie mir mein Wohltäter riet, ein Wildschwein zu jagen und das Fett der Eingeweide (*sebo de tripa*) zu nehmen. Früher, als das Teufelskraut der wichtigste Verbündete war, gingen die *brujos* wegen des Fetts der Wildschweine auf besondere Wildschweinjagden. Sie suchten sich die

größten und stärksten Keiler. Sie verbanden eine besondere Magie und Macht mit Wildschweinen, die so außergewöhnlich war, daß man es selbst damals kaum glauben konnte. Aber diese Macht ist verloren. Ich weiß nichts darüber. Und ich kenne niemanden, der etwas darüber weiß. Vielleicht lehrt dich das Kraut dies alles.«

Don Juan maß eine Handvoll Fett ab, warf es in die Schüssel mit dem trocknen Brei und wischte den Fettrest am Rand des Topfes ab. Ich mußte den Inhalt umrühren, bis er weich und gut vermischt war.

Ich rührte die Mixtur beinahe drei Stunden lang. Don Juan sah sie sich von Zeit zu Zeit an und hielt sie noch nicht für ganz fertig. Schließlich schien er zufrieden. Die Luft, die sich mit der Paste vermischt hatte, gab ihr eine hellgraue Farbe und die Festigkeit von Gelee. Er hängte den Topf unter das Dach neben die andere Schüssel. Er sagte, er würde sie dort bis zum nächsten Tag lassen, weil zwei Tage erforderlich seien, die zweite Dosis zuzubereiten. Ich durfte in der Zwischenzeit nichts essen. Ich konnte Wasser trinken, aber nichts essen.

Am nächsten Tag, es war Donnerstag, der 4. Juli, mußte ich auf Don Juans Anweisung die Wurzel viermal anfeuchten. Als ich das Wasser zum letztenmal abschüttete, begann es schon dunkel zu werden. Wir saßen auf der Veranda. Er stellte beide Schüsseln vor sich hin. Der Wurzelextrakt war ein Teelöffelvoll weißlicher Stärke. Er tat ihn in eine Tasse und fügte Wasser hinzu. Er drehte die Tasse in seiner Hand, um die Substanz aufzulösen und gab sie mir dann. Ich mußte alles, was in der Tasse war, trinken. Ich trank schnell, stellte die Tasse auf den Boden und stürzte zurück. Mein Herz begann wild zu schlagen; ich konnte kaum noch atmen. Don Juan verlangte von mir, daß ich alle Kleider auszog. Ich fragte ihn, warum, und er sagte, daß ich mich mit der Paste einreiben müßte. Ich zögerte. Ich wußte nicht, ob ich mich ausziehen sollte. Don Juan drängte zur Eile. Er sagte, es sei keine Zeit herumzuspielen. Ich zog alle meine Kleider aus.

Er nahm sein Knochenstück und zeichnete zwei horizontale Linien auf die Oberfläche der Paste und teilte den Inhalt der Schüssel so in gleiche Teile. Dann begann er in der Mitte der oberen Linie einen senkrechten Strich im rechten Winkel zu den beiden anderen Linien zu zeichnen und teilte die Paste so in fünf Teile. Er zeigte auf den unteren rechten Teil und sagte, dies sei für meinen linken Fuß. Der Teil darüber war für mein linkes Bein. Der oberste und größte Teil war für meine Geschlechtsteile. Der nächste darunter auf der linken Seite war für mein rechtes Bein, und der untere linke Teil war für meinen rechten Fuß. Ich mußte die für meinen linken Fuß bestimmte Paste sorgfältig auf meine Fußsohle reiben. Dann zeigte er mir, wie ich die Paste an der Innenseite meines linken Beines, auf meine Geschlechtsteile, die Innenseite des rechten Beines hinunter und schließlich auf meine

rechte Fußsohle reiben sollte. Ich folgte seinen Anweisungen. Die Paste war kalt und hatte einen seltsam starken Geruch. Als ich mit dem Einreiben fertig war, richtete ich mich auf. Der Geruch der Mixtur stieg mir in die Nase. Er erdrückte mich. Der scharfe Geruch würgte mich richtig. Er war wie eine Art Gas. Ich versuchte, durch den Mund zu atmen und mit Don Juan zu sprechen, aber ich konnte es nicht. Don Juan starrte mich ständig an. Ich ging einen Schritt auf ihn zu. Meine Beine waren weich und lang, extrem lang. Ich machte einen weiteren Schritt. Meine Kniegelenke fühlten sich so elastisch wie ein Sprungstab an; sie zitterten und vibrierten und zogen sich elastisch zusammen. Ich bewegte mich voran. Die Bewegungen meines Körpers waren langsam und zitternd; es war mehr wie ein bebendes Auf und Ab. Ich sah hinunter und sah auf Don Juan, der unter mir saß, weit unter mir. Der Antrieb trug mich einen Schritt weiter, und dieser Schritt war noch elastischer und länger. Und von da an schwebte ich. Ich erinnerte mich, einmal heruntergekommen zu sein; dann stieß ich mich mit beiden Füßen ab, sprang rückwärts und glitt auf meinem Rücken. Ich sah den dunklen Himmel über mir und die Wolken, die an mir vorbeizogen. Ich beugte meinen Körper, um hinuntersehen zu können. Ich sah die dunkle Masse des Gebirges. Meine Geschwindigkeit war sehr schnell. Meine Arme waren fest angelegt. Mein Kopf bestimmte die Richtung. Wenn ich ihn nach hinten gebeugt hielt, machte ich senkrechte Kreise. Wenn ich den Kopf zur Seite drehte, veränderte ich die Richtung. Ich erlebte eine Freiheit und Geschwindigkeit, die ich noch nie erfahren hatte. Die herrliche Dunkelheit gab mir ein Gefühl von Traurigkeit, vielleicht von Sehnsucht. Es war, als hätte ich einen Platz gefunden, zu dem ich gehörte – die Dunkelheit der Nacht. Ich versuchte mich umzusehen, aber alles, was ich wahrnahm, war die ruhige Nacht, und doch hatte sie so viel Macht.
Plötzlich wußte ich, daß es Zeit war hinunterzugehen; es war als hätte ich einen Befehl bekommen, dem ich zu gehorchen hätte. Und ich begann wie eine Feder herabzutaumeln. Mir wurde schlecht durch diese Bewegung. Sie war langsam und ruckartig, so als würde ich durch Flaschenzüge herabgelassen. Ich erbrach mich. Mein Kopf schien von den fürchterlichsten Schmerzen zu zerspringen. Eine Art Schwärze umgab mich. Ich war mir des Zustands bewußt, darin gefangen zu sein.
Dann erinnere ich mich an das Gefühl aufzuwachen. Ich war in meinem Bett in meinem eigenen Zimmer. Ich setzte mich auf. Und das Bild meines Zimmers löste sich auf. Ich stand auf. Ich war nackt! Durch das Aufstehen wurde mir wieder übel. Ich erkannte einige der Grenzsteine. Ich war ungefähr eine halbe Meile von Don Juans Haus entfernt in der Nähe seiner *Datura*-Pflanzen. Plötzlich fügte sich alles zusammen, und mir wurde klar, daß ich nackt den ganzen Weg zu seinem Haus zurückgehen müßte.

Ohne Kleider zu sein, war ein großer psychologischer Nachteil, aber dagegen konnte ich nichts tun. Ich dachte daran, mir einen Rock aus Zweigen zu machen, aber der Gedanke schien lächerlich, und außerdem würde es bald dämmern, denn das morgendliche Zwielicht hatte schon eingesetzt. Ich vergaß mein Unbehagen und meine Übelkeit und begann, zum Haus zurückzugehen. Ich wurde von der Furcht verfolgt, entdeckt zu werden. Ich sah mich nach Leuten und Hunden um. Ich versuchte zu laufen, aber meine Füße schmerzten auf den kleinen scharfen Steinen. Ich ging langsam. Es war schon sehr hell. Dann sah ich jemanden die Straße entlangkommen und sprang schnell hinter die Büsche. Meine Situation schien voller Widersprüche. Vor einigen Augenblicken hatte ich die unglaubliche Freude des Fliegens erlebt, wenige Augenblicke später fand ich mich in einem Versteck, verlegen infolge meiner eigenen Nacktheit. Ich dachte daran, wieder auf den Weg zu springen und mit aller Kraft an der Person, die mir entgegenkam, vorbeizurennen. Ich dachte, daß sie sich so erschrecken würde, daß ich sie längst hinter mir gelassen hätte, wenn sie meine Nacktheit entdeckt hätte. Ich dachte all das, aber ich wagte nicht mich zu bewegen.
Die den Weg heraufkommende Person war grade auf meiner Höhe und blieb stehen. Ich hörte sie meinen Namen rufen. Es war Don Juan, und er hatte meine Kleider dabei. Als ich mich anzog, sah er mich an und lachte; er lachte so sehr, daß ich schließlich auch lachte.
Am gleichen Tag, Freitag, dem 5. Juli, spät am Nachmittag bat mich Don Juan, die Einzelheiten meines Erlebnisses zu erzählen. Ich gab, so genau ich konnte, die ganze Episode wieder.
»Die zweite Dosis des Teufelskrauts wird zum Fliegen gebraucht«, sagte er, als ich fertig war. »Die Salbe allein ist nicht genug. Mein Wohltäter sagte, daß allein die Wurzel die Richtung und Weisheit gibt und daß sie die Ursache des Fliegens ist. Wenn du mehr weißt und sie oft nimmst, um zu fliegen, wirst du beginnen, alles mit großer Klarheit zu sehen. Du kannst Hunderte von Meilen weit durch die Luft jagen und an jedem Ort, den du dir vorstellst, sehen, was geschieht, oder du kannst deinen Feinden in der Ferne einen tödlichen Schlag versetzen. Wenn du mit dem Teufelskraut vertrauter wirst, wird es dich all diese Dinge lehren. Zum Beispiel hat es dich schon gelehrt, die Richtung zu ändern. Auf die gleiche Weise wird es dich unvorstellbare Dinge lehren.«
»Was denn zum Beispiel, Don Juan?«
»Das kann ich dir nicht sagen. Jeder Mensch ist verschieden. Mein Wohltäter sagte mir niemals, was er gelernt hatte. Er sagte mir, wie ich vorgehen sollte, aber niemals, was er sah. Das ist nur für dich selbst.«
»Aber ich sage dir alles, was ich sehe, Don Juan.«
»Jetzt sagst du es. Später wirst du es nicht sagen. Wenn du das

nächste Mal das Teufelskraut nimmst, wirst du es allein nehmen, bei deinen eigenen Pflanzen, denn dort wirst du landen, bei deinen Pflanzen. Vergiß das nicht. Darum bin ich auch hierher zu meinen Pflanzen gekommen, um dich zu suchen.«

Er sagte nichts mehr, und ich schlief ein. Als ich erwachte, war es Abend. Ich fühlte mich gekräftigt. Aus irgendeinem Grund strahlte ich eine Art physischer Zufriedenheit aus. Ich war glücklich und zufrieden.

Don Juan fragte mich: »Hat dir die Nacht gefallen? Oder war sie erschreckend?«

Ich sagte ihm, daß die Nacht wirklich herrlich gewesen war. »Was ist mit deinen Kopfschmerzen? Waren sie sehr schlimm?« fragte er.

»Die Kopfschmerzen waren so stark wie all die anderen Gefühle. Es war der schlimmste Schmerz, den ich je erlebt habe«, sagte ich.

»Würde dich das davor zurückhalten, die Macht des Teufelskrauts wieder zu kosten?«

»Ich weiß nicht. Ich weiß es jetzt nicht, aber später sicher. Ich weiß es wirklich nicht, Don Juan.«

Ich wollte ihn noch etwas fragen. Ich wußte, daß er ausweichen würde, darum wartete ich, bis er das Thema anschnitt; ich wartete den ganzen Tag. Bevor ich an diesem Abend wegfuhr, mußte ich ihn schließlich fragen: »Bin ich wirklich geflogen, Don Juan?«

»Das hast du mir doch gesagt. Nicht wahr?«

»Ich weiß, Don Juan. Ich meine, ist mein Körper geflogen? Bin ich wie ein Vogel davongeflogen?«

»Du stellst mir immer Fragen, die ich nicht beantworten kann. Du bist geflogen. Dafür ist ja die zweite Dosis des Teufelskrauts da. Wenn du mehr davon nimmst, wirst du das Fliegen ganz beherrschen. Es ist keine einfache Sache. Ein Mann *fliegt* mit der Hilfe der zweiten Dosis des Teufelskrauts. Das ist alles, was ich dir sagen kann. Was du wissen willst, ist sinnlos. Vögel fliegen wie Vögel und ein Mann, der das Teufelskraut genommen hat, fliegt auch so (*el enyerbado vuela así*).«

»Wie die Vögel fliegen? (*Así como los pájaros?*)«

»Nein, er fliegt wie ein Mann, der Kraut genommen hat (*no, así como los enyerbados*).«

»Dann bin ich nicht wirklich geflogen, Don Juan. Ich bin in meiner Vorstellung geflogen, allein in meinen Gedanken. Wo war mein Körper?«

»In den Büschen«, erwiderte er scharf, aber gleich begann er wieder zu lachen. »Der Ärger mit dir ist, daß du die Dinge nur auf eine Art verstehst. Du glaubst nicht, daß ein Mann fliegt; und doch kann ein *brujo* in Sekundenschnelle tausend Meilen zurücklegen, um zu sehen, was vor sich geht. Er kann seinen Feinden auf große Entfernung einen Schlag versetzen. So, fliegt er also oder fliegt er nicht?«

»Wirklich, Don Juan, du und ich sehen die Dinge verschieden. Angenommen, um nur ein Beispiel zu geben, einer, mit dem ich studiere, wäre hier bei mir gewesen, als ich das Teufelskraut nahm. Wäre es ihm möglich gewesen, mich fliegen zu sehen?«
»Da bist du wieder mit deinen Fragen, was würde geschehen wenn ... Es ist sinnlos, so zu reden. Wenn dein Freund oder irgend jemand anders die zweite Dosis des Krauts nimmt, kann er nicht anders als fliegen. Wenn er dich also nur beobachtet hätte, hätte er dich vielleicht fliegen sehen oder auch nicht Das hängt von ihm selbst ab.«
»Aber ich meine, Don Juan, wenn du und ich einen Vogel fliegen sehen, sind wir uns einig, daß er fliegt. Aber wenn zwei meiner Freunde mich hätten fliegen sehen, wie ich es letzte Nacht tat, hätten sie dann beide geglaubt, daß ich geflogen bin?«
»Ja, vielleicht. Du glaubst, daß Vögel fliegen, weil du sie fliegen sahst. Fliegen ist eine bekannte Sache bei Vögeln. Aber du stimmst nicht anderen Dingen zu, die Vögel tun, weil du sie niemals bei Vögeln gesehen hast. Wenn deine Freunde von Männern wüßten, die mit dem Teufelskraut fliegen, würden sie sich einig sein.«
»Ich will es noch anders sagen, Don Juan. Ich wollte sagen, wenn ich mich mit einer schweren Kette an einem Felsen festgemacht hätte, wäre ich dann genauso geflogen, weil mein Körper nichts mit meinem Fliegen zu tun hatte?«
Don Juan sah mich kopfschüttelnd an. »Wenn du dich an einen Felsen kettest«, sagte er, »dann, befürchte ich, wirst du mit einem Felsen an seiner schweren Kette fliegen müssen.«

7

Das Sammeln der Bestandteile und ihre Zubereitung für die Rauchmixtur bildeten einen jährlichen Zyklus. Im ersten Jahr lehrte mich Don Juan das Verfahren. Im Dezember 1962, dem zweiten Jahr, als der Zyklus erneuert wurde, gab mir Don Juan nur noch Anweisungen; ich sammelte die Bestandteile selbst, bereitete sie vor und hob sie bis zum nächsten Jahr auf.
Im Dezember 1963 fing zum dritten Mal ein neuer Zyklus an. Don Juan zeigte mir dann das Zusammenstellen der getrockneten Bestandteile, die ich im vorausgegangenen Jahr gesammelt und vorbereitet hatte. Ich hob die Rauchmixtur in einem kleinen Lederbeutel auf, und wir gingen noch einmal los, um die verschiedenen Zutaten für das folgende Jahr zu sammeln.
Während des Jahres, das zwischen dem Sammeln lag, erwähnte Don Juan nur selten den »kleinen Rauch«. Aber jedesmal, wenn ich zu ihm kam, ließ er mich seine Pfeife halten, und der Vorgang des »Vertrautwerdens« mit der Pfeife entwickelte sich so, wie er

es beschrieben hatte. Er legte die Pfeife ganz allmählich in meine Hände. Er verlangte absolute und gründliche Konzentration bei dieser Handlung und gab mir sehr genaue Anweisungen. Jedes Herumspielen mit der Pfeife würde unvermeidlich mit seinem oder meinem Tod enden, sagte er.
Sobald wir den dritten Zyklus des Sammelns und Zubereitens beendet hatten, begann Don Juan zum ersten Mal seit mehr als einem Jahr über den Rauch als einen Verbündeten zu sprechen.

Montag, 23. Dezember 1963

Wir hatten einige gelbe Blumen für die Mixtur gesammelt und fuhren zu seinem Haus zurück. Die Blumen gehörten zu den notwendigen Bestandteilen. Ich machte die Bemerkung, daß wir in diesem Jahr die Bestandteile nicht nach der gleichen Ordnung sammelten wie im vergangenen Jahr. Er lachte und sagte, der Rauch sei nicht so launisch oder kleinlich wie das Teufelskraut. Für den Rauch war die Ordnung des Sammelns unbedeutend; es wurde nur verlangt, daß der Mann, der die Mixtur gebrauchen würde, sorgfältig und genau zu sein hätte.
Ich fragte Don Juan, was wir mit der Mixtur machen würden, die er vorbereitet und mir zum Aufbewahren gegeben hatte. Er antwortete, sie gehöre mir, und fügte hinzu, daß ich sie sobald als möglich gebrauchen müßte. Ich fragte ihn, wieviel jedesmal nötig sei. Der schmale Beutel, den er mir gegeben hatte, enthielt ungefähr dreimal soviel, wie in einem kleinen Tabakbeutel enthalten ist. Er sagte mir, ich müßte den ganzen Inhalt meines Beutels während eines Jahres verbrauchen, und wieviel ich jedesmal beim Rauchen brauchte, hinge ganz von mir ab. Ich wollte wissen, was geschehen würde, wenn ich den Beutel niemals verbrauchte. Don Juan sagte, daß nichts geschehen würde; daß der Rauch nichts verlangte. Er selbst mußte nicht mehr rauchen, und doch machte er jedes Jahr eine neue Mixtur. Dann verbesserte er sich und sagte, er brauchte kaum zu rauchen. Ich fragte ihn, was er mit der unbenutzten Mixtur mache, aber dies beantwortete er nicht. Er sagte, die Mixtur sei nach einem Jahr nicht mehr gut.
An diesem Punkt hatten wir eine lange Diskussion. Ich hatte meine Frage nicht deutlich gestellt, und seine Antworten schienen verwirrend. Ich wollte wissen, ob die Mixtur nach einem Jahr ihre halluzinogenen Eigenschaften oder ihre Macht verlieren würde, und deshalb der jährliche Zyklus notwendig sei; aber er bestand darauf, daß die Mixtur ihre Kraft niemals verlieren würde. Das einzige, was passierte, sagte er, sei, daß ein Mann sie nicht mehr brauchte, weil er einen neuen Vorrat besaß; er mußte die übriggebliebene, alte Mixtur auf bestimmte Weise vernichten, aber darüber wollte mir Don Juan zu diesem Zeitpunkt nichts sagen.

Dienstag, 24. Dezember 1963

»Du sagst, Don Juan, daß du nicht mehr rauchen mußt.«
»Ja, da der Rauch mein Verbündeter ist, muß ich nicht mehr rauchen. Ich kann ihn jederzeit, an jeder Stelle rufen.«
»Meinst du damit, daß er kommt, auch wenn du nicht rauchst?«
»Ich meine, ich gehe zu ihm, wann ich will.«
»Werde ich das auch tun können?«
»Wenn es dir gelingt, ihn zum Verbündeten zu gewinnen, wirst du es auch können.«

Dienstag, 31. Dezember 1963

Am Donnerstag, dem 26. Dezember, hatte ich mein erstes Erlebnis mit Don Juans Verbündetem, dem Rauch. Ich fuhr mit Don Juan den ganzen Tag umher und machte Besorgungen für ihn. Wir kamen am späten Nachmittag zu seinem Haus zurück. Ich erwähnte, daß wir den ganzen Tag nichts gegessen hatten. Es war ihm völlig gleichgültig; statt dessen sagte er mir, es sei für mich dringend notwendig, mit dem Rauch vertraut zu werden. Ich müßte ihn selbst erfahren, um zu erkennen, wie wichtig er als Verbündeter sei.

Ohne mir die Möglichkeit zu geben, etwas zu erwidern, sagte er, daß er mir jetzt gleich seine Pfeife anzünden wolle. Ich versuchte, ihn davon abzubringen, ich glaubte noch nicht vorbereitet zu sein. Ich glaubte mit der Pfeife noch nicht lange genug umgegangen zu sein. Aber er wandte ein, daß mir viel Zeit zum Lernen übrigblieb und daß ich die Pfeife bald benutzen müßte. Er nahm die Pfeife aus ihrem Beutel und betastete sie. Ich saß neben ihm auf dem Boden und versuchte verzweifelt, zu brechen und ohnmächtig zu werden – alles wollte ich tun, um diesen unvermeidlichen Schritt hinauszuschieben.

Das Zimmer war beinahe dunkel. Don Juan hatte eine Petroleumlampe angezündet und sie in eine Ecke gestellt. Gewöhnlich tauchte die Lampe das Zimmer in ein beruhigendes Halbdunkel, und ihr gelblicher Schein besänftigte. Diesmal jedoch schien das Licht düster und ungewöhnlich rot; es war störend. Er band seinen kleinen Beutel mit der Mixtur auf, ohne ihn von der Schnur um seinen Hals zu lösen. Er nahm die Pfeife nahe zu sich, steckte sie unter sein Hemd und schüttete etwas von der Mixtur in den Pfeifenkopf. Ich mußte dem Vorgang zusehen, und er erklärte, daß er die verschüttete Mixtur in seinem Hemd auffangen würde. Don Juan machte den Pfeifenkopf dreiviertel voll, verschnürte dann den Beutel mit einer Hand, während er die Pfeife in der anderen hielt. Er hob eine kleine Tonschüssel auf, gab sie mir und bat mich, ihm vom Feuer draußen einige kleine Holzkohlenstücke zu holen. Ich ging hinter das Haus und schaufelte einige Stückchen Holzkohle aus dem Lehmofen. Ich ging schnell ins Zimmer zurück. Ich spürte tiefe Angst. Es war wie eine Vorahnung.

Ich setzte mich neben Don Juan und gab ihm die Schüssel. Er sah sie an und sagte ruhig, daß die Holzkohlen zu groß seien. Er wollte kleinere, die in den Pfeifenkopf passen würden. Ich ging zum Ofen zurück und holte einige. Er nahm diese Schüssel mit Holzkohlen und stellte sie vor sich hin. Er saß mit gekreuzten Beinen. Er sah mich kurz aus den Augenwinkeln an und beugte sich nach vorn, bis sein Kinn fast die Holzkohlen berührte. Er hielt die Pfeife in seiner linken Hand und hob mit einer äußerst schnellen Bewegung seiner rechten Hand ein brennendes Stück Holzkohle hoch und legte es in den Pfeifenkopf; dann setzte er sich aufrecht hin, hielt die Pfeife mit beiden Händen, steckte sie in den Mund und zog dreimal. Er streckte mir seine Arme entgegen und flüsterte mir eindringlich zu, die Pfeife mit beiden Händen zu nehmen und zu rauchen.

Einen Augenblick dachte ich daran, die Pfeife zurückzuweisen und fortzurennen; aber Don Juan verlangte wieder – immer noch flüsternd – daß ich die Pfeife nehmen und rauchen sollte. Ich sah ihn an. Seine Augen starrten auf mich. Aber sein Blick war freundschaftlich besorgt. Es war klar, daß ich mich vor langer Zeit schon entschieden hatte; es gab keine andere Wahl, als zu tun, was er sagte.

Ich nahm die Pfeife und ließ sie beinahe fallen. Sie war heiß! Ich nahm sie mit äußerster Vorsicht an meinen Mund, weil ich glaubte, die Hitze würde auf meinen Lippen unerträglich sein. Aber ich spürte überhaupt keine Hitze.

Don Juan forderte mich auf zu inhalieren. Der Rauch zog in meinen Mund und schien dort zu kreisen. Er war schwer! Es war, als hätte ich den Mund voller Teig. Dieser Vergleich kam mir, obwohl ich noch nie einen Mund voller Teig gehabt hatte. Der Rauch war wie Menthol, und das Innere meines Mundes fühlte sich plötzlich kalt an. Es war ein erfrischendes Gefühl. »Nochmal! Nochmal!« hörte ich Don Juan flüstern. Ich fühlte den Rauch frei in meinen Körper eindringen, fast ohne mein Zutun. Don Juan mußte mich nicht mehr auffordern. Mechanisch inhalierte ich weiter.

Plötzlich beugte sich Don Juan vor und nahm mir die Pfeife aus den Händen. Er klopfte die Asche leicht auf die Schüssel mit der Holzkohle, dann befeuchtete er seine Finger mit Speichel und rieb an der Innenseite des Pfeifenkopfes, um ihn zu reinigen. Mehrere Male blies er in das Mundstück. Ich sah ihn seine Pfeife in den Beutel zurücklegen. Ich beobachtete ihn interessiert. Als er die Pfeife gereinigt und weggelegt hatte, starrte er mich an, und ich merkte zum ersten Mal, daß mein Körper betäubt war. Mein Gesicht fühlte sich schwer an, und meine Kiefer schmerzten. Ich konnte meinen Mund nicht schließen und auch keinen Speichel bilden. Mein Mund war schmerzhaft trocken, und doch war ich nicht durstig. Ich begann, eine ungewöhnliche Hitze an meinem Kopf zu spüren. Eine kalte Hitze! Mein Atem schien in meine Nasenlöcher und die Oberlippe einzuschneiden, jedesmal wenn ich ausatmete. Aber es brannte nicht; es schmerzte wie ein Stück Eisen.

Don Juan setzte sich rechts neben mich, und ohne sich zu bewegen, drückte er den Pfeifenbeutel auf den Boden, als wollte er ihn mit Gewalt am Boden halten. Meine Hände waren schwer. Meine Arme sanken herab und zogen die Schultern mit. Meine Nase lief. Ich rieb sie mit dem Handrücken, und meine Oberlippe wurde weggerieben! Ich rieb mein Gesicht, und das Fleisch wurde weggerieben! Ich schmolz! Ich glaubte, daß mein Fleisch tatsächlich schmolz. Ich sprang auf die Füße und versuchte, mich an etwas festzuhalten, irgend etwas, worauf ich mich stützen konnte. Ich empfand Furcht, wie ich sie nie zuvor erlebt hatte. Ich klammerte mich an einen Pfahl, der auf dem Boden in der Mitte von Don Juans Zimmer stand. Ich blieb dort einen Augenblick, dann drehte ich mich, um ihn anzusehen. Er saß noch immer reglos, hielt die Pfeife und starrte mich an.

Mein Atem war schmerzhaft heiß (oder kalt?). Er würgte mich. Ich beugte meinen Kopf nach vorn, um ihn auf den Pfahl zu legen, aber offensichtlich verfehlte ich ihn, und mein Kopf glitt weiter nach unten an dem Pfahl vorbei. Als ich den Boden fast berührte, zog ich mich wieder hoch. Der Pfahl stand dort direkt vor meinen Augen! Wieder versuchte ich, meinen Kopf auf ihn zu legen. Ich versuchte mich zu beherrschen und genau zu beobachten, und ich hielt meine Augen offen, während ich mich vorbeugte, um den Pfahl mit meiner Stirn zu berühren. Er war einige Zentimeter vor meinen Augen, aber als ich meinen Kopf dagegen lehnte, hatte ich das sehr sonderbare Gefühl, ihn zu durchbohren.

In einem verzweifelten Versuch nach einer vernünftigen Erklärung kam ich darauf, daß meine Augen die Entfernung verzerrten und daß der Pfahl drei Meter entfernt gewesen sein mußte, obwohl ich ihn direkt vor meinem Gesicht sah. Dann dachte ich mir einen vernünftigen Weg, die Lage des Pfahls zu prüfen. Ich begann, mich mit kleinen Schritten seitlich um den Pfahl herum zu bewegen. Ich dachte mir, wenn ich so um den Pfahl herumging, könnte ich unmöglich einen Kreis von mehr als anderthalb Meter im Durchmesser beschreiben; wenn der Pfahl wirklich drei Meter von mir entfernt oder außerhalb meiner Reichweite war, mußte ein Augenblick kommen, in dem ich ihm meinen Rücken zukehrte. Ich war sicher, daß der Pfahl in diesem Augenblick verschwinden müßte, weil er tatsächlich hinter mir sein würde.

Dann umkreiste ich den Pfahl, aber er blieb vor meinen Augen, während ich um ihn herumging. In einem Wutanfall packte ich ihn mit beiden Händen, aber meine Hände gingen durch ihn hindurch. Ich griff in die Luft. Sorgfältig schätzte ich die Entfernung zwischen dem Pfahl und mir selbst. Ich dachte, es müsse ein Meter sein. Das heißt, meine Augen nahmen es als einen Meter wahr. Einen Augenblick lang spielte ich mit der Wahrnehmung der Entfernung, drehte meinen Kopf von Seite zu Seite und sah abwechselnd mit jedem Auge den Pfahl und dann den Hintergrund an. So wie ich die Entfernung beurteilte, war der Pfahl eindeutig vor mir, vielleicht einen Meter entfernt. Ich streckte die Arme aus, um meinen Kopf zu schützen und stürzte mit aller Kraft auf ihn ein. Es war die gleiche Empfindung – ich ging durch den Pfahl. Diesmal landete ich auf dem Boden. Ich stand wieder auf. Und das Aufstehen war vielleicht das Ungewöhnlichste, was ich in dieser Nacht tat. Ich dachte mich auf! Um aufzustehen, gebrauchte ich nicht meine Muskeln und mein Knochenskelett, wie ich es gewöhnlich tue, denn ich hatte die Beherrschung über sie verloren. Ich wußte es in dem Augenblick, als ich zu Boden fiel. Aber meine Neugier hinsichtlich des Pfahls war so groß, daß ich mich in einer Art Reflexhandlung »hochdachte«. Und bevor mir völlig klar war, daß ich mich nicht bewegen konnte, stand ich auch schon.

Ich rief Don Juan um Hilfe. Einmal schrie ich wahnsinnig laut, aber Don Juan rührte sich nicht. Er sah mich weiter mit einem Seitenblick an, als wollte er mir sein Gesicht nicht ganz zudrehen. Ich machte einen Schritt auf ihn zu, aber statt vorwärts zu gehen, taumelte ich nach hinten und fiel gegen die Wand. Ich wußte, daß ich mit dem Rücken dagegen geschlagen war, aber die Wand fühlte sich nicht hart an; ich war in einer weichen, schwammigen Substanz gebettet – der Wand. Meine Arme waren seitlich ausgestreckt, und langsam schien mein ganzer Körper in der Wand zu versinken. Ich konnte nur nach vorn in das Zimmer sehen. Don Juan beobachtete mich noch immer, aber er machte keine Bewegung, mir zu helfen. Ich machte eine letzte Anstrengung, meinen Körper aus der Wand zu schnellen, aber ich sank nur tiefer und tiefer. Mit unbeschreiblicher Angst fühlte ich, wie sich die schwammige Wand über meinem Gesicht schloß. Ich versuchte die Augen zu schließen, aber sie blieben weit geöffnet. Ich erinnere mich nicht, was dann noch passierte. Plötzlich stand Don Juan sehr nahe vor mir. Wir waren im anderen Zimmer. Ich sah seinen Tisch, den Lehmofen mit dem brennenden Feuer, und mit einem Augenwinkel erkannte ich den Zaun draußen vor dem Haus. Ich konnte alles sehr klar sehen. Don Juan hatte die Petroleumlampe geholt und an den mittleren Balken des Zimmers gehängt. Ich versuchte in eine andere Richtung zu sehen, aber meine Augen waren starr nach vorn gerichtet. Ich konnte keinen Teil meines Körpers unterscheiden oder fühlen. Mein Atem war nicht wahrnehmbar. Aber meine Gedanken waren äußerst klar. Mir war vollständig bewußt, was um mich geschah. Don Juan kam auf mich zu, und die Klarheit meiner Gedanken verschwand.

Etwas schien in mir aufzuhören. Es gab keine Gedanken mehr. Ich sah Don Juan kommen, und ich haßte ihn. Ich wollte ihn zerreißen. Ich hätte ihn umbringen können, aber ich konnte mich nicht bewegen. Zuerst bemerkte ich schwach einen Druck auf meinem Kopf, aber auch er verschwand. Es blieb nur eins übrig – überwältigender Zorn auf Don Juan. Ich sah ihn nur wenige Zentimeter vor mir. Ich wollte ihn zerreißen. Ich merkte, daß ich stöhnte. Etwas in mir begann sich zu verkrampfen, ich hörte Don Juan mit mir reden. Seine Stimme war sanft und beruhigend, und ich empfand sie unendlich anziehend. Er kam noch näher und begann ein spanisches Wiegenlied zu singen.
»Frau Santa Ana, warum weint das Baby? Wegen eines Apfels, den es verloren hat. Ich werde Euch einen geben. Ich werde Euch zwei geben. Einen für den Jungen und einen für Euch. *(Señora Santa Ana, porque llora el niño? Por una manzana que se le ha perdido. Yo le daré una. Yo le daré dos. Una para el niño y otra para vos.)*«
Wärme durchströmte mich. Wärme des Herzens und der Gefühle. Don Juans Worte waren ein fernes Echo. Sie brachten mir die vergessenen Erinnerungen der Kindheit zurück.
Die Gewalt, die mich zuvor ergriffen hatte, verschwand. Die Abneigung verwandelte sich in Sehnsucht, eine freudige Zuneigung zu Don Juan. Er sagte, ich müsse gegen den Schlaf ankämpfen; und daß ich keinen Körper mehr hätte und frei sei, mich zu verwandeln in alles, was ich wollte. Er trat zurück. Ich sah in seine Augen, als stünde ich vor ihm. Er streckte mir beide Arme entgegen und bat mich, zu ihm zu kommen.
Entweder bewegte ich mich auf ihn zu, oder er kam mir näher. Seine Hände waren fast auf meinem Gesicht – auf meinen Augen, obwohl ich sie nicht spürte. »Komm in meine Brust«, hörte ich ihn sagen. Ich fühlte, daß ich ihn verschlang. Es war wieder jene Empfindung der Schwammigkeit der Wand.
Dann hörte ich nur seine Stimme, die mich aufforderte, um mich zu blicken und zu sehen. Ich konnte ihn nicht mehr erkennen. Meine Augen waren offensichtlich geöffnet, denn ich sah Lichtblitze auf einem roten Feld; es war, als sähe ich mit geschlossenen Augenlidern auf ein Licht. Dann kehrten meine Gedanken zurück. Sie kamen in einer schnellen Flut von Bildern – Gesichtern, Szenen. Szenen ohne jeden Zusammenhang tauchten auf und verschwanden. Es war wie ein schneller Traum, in dem die Bilder sich überschneiden und wechseln. Dann wurden es weniger Gedanken, und ihre Eindringlichkeit verlor sich, und bald waren sie wieder verschwunden. Es blieb das Bewußtsein von Zuneigung und Glücklichsein. Ich konnte weder Formen noch Licht erkennen. Plötzlich wurde ich hochgezogen. Ich spürte deutlich, daß ich hochgezogen wurde. Und ich war frei, bewegte mich mit ungeheurer Leichtigkeit und Geschwindigkeit in Wasser oder Luft. Ich schwamm wie ein Aal; ich wand und drehte mich und

schnellte nach oben und wieder hinab, so wie ich es wollte. Ich spürte einen kalten Wind überall um mich, und ich begann wie eine Feder zu schweben, vor und zurück, hinunter und hinunter und hinunter.

Sonnabend, 28. Dezember 1963

Gestern am späten Nachmittag wachte ich auf. Don Juan sagte, ich hätte beinahe zwei Tage lang friedlich geschlafen. Ich hatte fürchterliche Kopfschmerzen. Ich trank etwas Wasser und erbrach mich. Ich war müde, entsetzlich müde, und nach dem Essen schlief ich wieder ein.

Heute fühlte ich mich wieder völlig ausgeruht. Don Juan und ich sprachen über mein Erlebnis mit dem kleinen Rauch. Ich glaubte, ich solle ihm wie gewöhnlich die ganze Geschichte erzählen und begann meine Eindrücke zu beschreiben, aber er unterbrach mich und sagte, es sei nicht nötig. Er sagte, ich hätte wirklich nichts getan und wäre gleich eingeschlafen, es gäbe also nichts zu besprechen.

»Aber all das, was ich empfunden habe? Ist das überhaupt nicht wichtig?« drängte ich.

»Nein, nicht mal der Rauch. Später, wenn du lernst zu reisen, werden wir darüber sprechen; wenn du lernst, in die Dinge einzudringen.«

»Dringt man wirklich ›in‹ Dinge ein?«

»Erinnerst du dich nicht? Du gingst *in* die Wand, *durch* sie hindurch.«

»Ich glaube, ich hatte den Verstand verloren.«

»Nein, das hast du nicht.«

»Hast du dich genauso verhalten, als du zum ersten Mal geraucht hast, Don Juan?«

»Nein, es war nicht so. Wir sind verschieden veranlagt.«

»Wie hast du dich verhalten?«

Don Juan antwortete nicht. Ich formulierte die Frage anders. Aber er sagte, daß er sich nicht an seine Erlebnisse erinnere und daß meine Frage etwa so sei, als frage man einen Fischer, wie es ihm erging, als er zum ersten Mal fischte.

Er sagte, der Rauch sei als Verbündeter einmalig, und ich erinnerte ihn daran, daß er das auch von Mescalito gesagt hatte. Jeder sei einmalig, sagte er, aber sie hätten verschiedene Eigenschaften.

»Mescalito ist ein Beschützer, denn er spricht mit dir und kann deine Handlungen lenken«, sagte er. »Mescalito lehrt dich die richtige Art zu leben. Und du kannst ihn sehen, denn er ist außerhalb von dir. Der Rauch andererseits ist ein Verbündeter. Er verwandelt dich und gibt dir Macht, ohne sich je selbst zu zeigen. Du kannst nicht mit ihm sprechen. Aber du weißt, daß er da ist, weil er deinen Körper fortträgt und dich so leicht wie Luft macht.

Doch du siehst ihn nie. Aber er ist da und gibt dir die Macht, unvorstellbare Dinge zu erreichen, so, als wenn er deinen Körper fortträgt.«
»Ich habe wirklich gemeint, meinen Körper verloren zu haben, Don Juan.«
»Ja, so war es.«
»Du meinst, ich hatte wirklich keinen Körper?«
»Was glaubst *du selbst*?«
»Na ja, ich weiß nicht. Ich kann nur sagen, was ich empfunden habe.«
»Das ist alles, was in Wirklichkeit da ist – das, was du gefühlt hast.«
»Aber wie hast du mich gesehen, Don Juan? Wie habe ich mich gezeigt?«
»Wie ich dich gesehen habe, ist unbedeutend. Es ist wie das eine Mal, als du den Pfahl ergriffst. Du fühltest, daß er nicht da sei und gingst um ihn herum, um sicher zu sein, daß er da sei. Aber als du auf ihn zusprangst, fühltest du wieder, daß er nicht wirklich da war.«
»Aber du hast mich so gesehen, wie ich jetzt bin, nicht wahr?«
»Nein! Du warst *nicht* so, wie du jetzt bist!«
»Das stimmt! Das gebe ich zu. Aber ich hatte meinen Körper, nicht wahr, obwohl *ich* ihn nicht fühlen konnte?«
»Nein! Verdammt nochmal! Du hattest keinen Körper, nicht so einen, wie du ihn jetzt hast!«
»Was geschah dann mit meinem Körper?«
»Ich dachte, du hättest verstanden. Der kleine Rauch nahm deinen Körper.«
»Aber wohin verschwand er?«
»Woher zum Teufel, glaubst du, soll ich das wissen?«
Es war sinnlos, weiter zu versuchen, eine »rationale« Erklärung zu bekommen. Ich sagte ihm, ich wollte nicht streiten oder dumme Fragen stellen, aber wenn ich für richtig annahm, daß es möglich sei, meinen Körper zu verlieren, würde ich mein ganzes rationales Denken verlieren.
Er fand, daß ich wie gewöhnlich übertrieb und daß ich durch den kleinen Rauch nichts verloren hatte noch verlieren würde.

Dienstag, 28. Januar 1964

Ich fragte Don Juan, was er davon hielt, wenn man den Rauch jedem gäbe, der diese Erfahrung machen wollte.
Er antwortete empört, daß man den Rauch nicht jedem geben könnte, da es das gleiche wäre, wie ihn umzubringen, denn er hätte niemanden, der ihn leiten konnte. Ich bat Don Juan, mir zu erklären, was er meinte. Er sagte, ich sei *hier*, ich lebte, spräche mit ihm, weil er mich zurückgebracht hatte. Er hatte meinen Körper wiederhergestellt. Ohne ihn wäre ich nicht aufgewacht.

»Wie hast du meinen Körper wiederhergestellt, Don Juan?«
»Das wirst du später lernen, aber du wirst lernen müssen, es ganz allein zu tun. Aus diesem Grund möchte ich, daß du soviel als möglich lernst, solange ich noch da bin. Du hast genug Zeit vergeudet, dumme, unsinnige Fragen zu stellen. Aber vielleicht bist du nicht dazu bestimmt, alles über den kleinen Rauch zu lernen.«
»Ja, was soll ich dann tun?«
»Laß den Rauch dich soviel lehren, wie du lernen kannst.«
»Lehrt denn der Rauch auch?«
»Natürlich lehrt er.«
»Lehrt er so wie Mescalito?«
»Nein, er ist kein Lehrer wie Mescalito. Er zeigt nicht dieselben Dinge.«
»Aber was lehrt dann der Rauch?«
»Er zeigt dir, wie du mit seiner Macht umzugehen hast und daß du ihn, so oft du kannst, nehmen mußt.«
»Dein Verbündeter ist sehr erschreckend, Don Juan. Es war anders als alles, was ich je zuvor erlebt habe. Ich glaubte, meinen Verstand verloren zu haben.«
Aus irgendeinem Grund war dies das beunruhigendste Bild, das mir einfiel. Ich betrachtete das ganze Ereignis unter dem besonderen Blickwinkel meiner anderen halluzinogenen Erfahrungen, die ich als Vergleich nahm, und das einzige, was mir wieder und wieder einfiel, war, daß man durch den Rauch den Verstand verlieren würde.
Don Juan ließ meinen Vergleich nicht gelten und sagte, daß das, was ich fühlte, seine unvorstellbare Macht sei. Um mit dieser Macht umzugehen, sagte er, muß man ein überzeugendes Leben führen. Die Vorstellung von einem überzeugenden Leben betrifft nicht nur die Vorbereitungszeit, sondern sie schließt auch die Haltung des Mannes nach der Erfahrung ein. Er sagte, der Rauch sei so stark, daß man ihm nur Stärke entgegensetzen könne; denn sonst würde das Leben eines Mannes in Stücke zerspringen.
Ich fragte ihn, ob der Rauch auf jeden die gleiche Wirkung hätte. Er sagte, daß er eine Verwandlung hervorrufe, aber nicht in jedem.
»Was ist dann der besondere Grund dafür, daß der Rauch die Verwandlung in mir hervorgerufen hat?« fragte ich.
»Ich glaube, das ist eine sehr dumme Frage. Du hast jeden notwendigen Schritt befolgt. Es ist kein Wunder, daß der Rauch dich verwandelt hat.«
Ich bat ihn noch, mir etwas über meine Erscheinung zu sagen. Ich wollte wissen, wie ich aussah, denn das Bild körperlosen Wesens, das er mir in den Kopf gesetzt hatte, war verständlicherweise unerträglich.
Um die Wahrheit zu sagen, erwiderte er, hatte er Angst gehabt, mich anzusehen; es sei ihm so ergangen, wie es seinem Wohl-

täter ergangen sein mußte, als er ihn, Don Juan, zum ersten Mal rauchen sah.
»Warum hattest du Angst? War ich so furchterregend?« fragte ich.
»Ich hatte nie zuvor jemanden rauchen sehen.«
»Hast du nicht deinen Wohltäter rauchen sehen?«
»Nein.«
»Hast du auch dich selbst niemals dabei gesehen?«
»Wie könnte ich das?«
»Du könntest vor einem Spiegel rauchen.«
Er antwortete nicht, starrte mich nur an und schüttelte den Kopf. Ich fragte ihn dann noch, ob es möglich sei, dabei in einen Spiegel zu sehen. Er sagte, es sei möglich, obwohl es sinnlos sei, denn man würde wahrscheinlich, wenn nicht vor Angst, dann aus anderen Gründen sterben.
Ich sagte: »Dann muß man erschreckend aussehen.«
»Ich habe mich mein ganzes Leben über dieselbe Sache gewundert«, sagte er. »Ich habe jedoch nicht gefragt noch habe ich in einen Spiegel gesehen. Ich habe nicht einmal daran gedacht.«
»Wie kann ich es dann herausfinden?«
»Du wirst so wie ich warten müssen, bis du den Rauch an jemanden weitergibst – natürlich nur, wenn du ihn jemals meisterst. Dann wirst du sehen, wie ein Mann aussieht. Das ist die Regel.«
»Was würde geschehen, wenn ich vor einer Kamera rauchen und von mir selbst eine Aufnahme machen würde?«
»Ich weiß nicht. Der Rauch würde sich wahrscheinlich gegen dich wenden. Ich vermute, daß du ihn für so harmlos hältst, daß du glaubst, mit ihm spielen zu können.«
Ich sagte ihm, daß ich nicht spielen wollte, aber daß er mir gesagt hatte, der Rauch verlange keine Schritte und daß ich glaubte, es könne nichts schaden, wissen zu wollen, wie man aussieht. Er korrigierte mich und sagte, daß er gemeint habe, es sei nicht nötig einer bestimmten Ordnung zu folgen, so wie es sie beim Teufelskraut gibt. Für den Rauch sei nur die richtige Haltung notwendig, sagte er. In dieser Hinsicht müsse man die Regel sehr genau befolgen. Er erklärte mir an einem Beispiel, daß es unwichtig sei, welche Zutat für die Mixtur zuerst gepflückt wurde, solange die Menge stimmte.
Ich fragte ihn, ob es Schaden anrichten würde, wenn ich anderen über meine Erfahrung erzählte. Er antwortete, die einzigen Geheimnisse, die niemals verraten werden sollten, seien die Zubereitung der Mixtur und die Art, wie man sich bewegte und wie man zurückkam; alles andere, was damit zu tun hätte, sei unwichtig.

Meine letzte Begegnung mit Mescalito war eine Folge von vier Treffen, die an vier aufeinanderfolgenden Tagen stattfanden. Don Juan nannte dieses lange Treffen ein *mitote*. Es war eine Peyote-Zeremonie für *peyoteros* und Lernende. Es waren zwei ältere Männer anwesend, ungefähr in Don Juans Alter, von denen einer der Anführer war, und mit mir fünf jüngere Männer.
Die Zeremonie fand in Chihuahua, Mexiko, nahe der texanischen Grenze statt. Sie bestand im Singen und dem Einnehmen von Peyote während der Nacht. Tagsüber versorgten Frauen, die sich außerhalb des Zeremonienortes aufhielten, jeden Mann mit Wasser, und nur eine symbolische Menge ritueller Nahrung wurde jeden Tag verzehrt.

Sonnabend, 12. September 1964

Während der ersten Nacht der Zeremonie, am Donnerstag, dem 3. September, nahm ich acht Peyote-*buttons* zu mir. Sie hatten keine oder jedenfalls nur eine sehr schwache Wirkung auf mich. Ich hielt fast die ganze Nacht meine Augen geschlossen. Ich fühlte mich viel besser so. Ich schlief nicht ein und war auch nicht müde. Am Schluß dieses Treffens wurde das Singen merkwürdig. Für einen kurzen Moment fühlte ich mich mitgerissen und wollte weinen, aber als das Lied endete, verschwand das Gefühl.
Wir standen alle auf und gingen nach draußen. Die Frauen gaben uns Wasser. Einige der Männer spülten sich nur den Mund, andere tranken. Die Männer sagten überhaupt nichts, aber die Frauen schwatzten und kicherten den ganzen Tag. Die rituelle Nahrung wurde mittags gereicht. Es war gekochter Mais.
Das zweite Treffen begann am Freitag, dem 4. September, bei Sonnenuntergang. Der Anführer sang sein Peyotelied, und der Zyklus des Singens und des Einnehmens der Peyote-*buttons* begann von neuem. Es endete am Morgen, als jeder im Einklang mit den anderen sein eigenes Lied sang.
Als ich hinausging, sah ich nicht so viele Frauen wie am Tag zuvor. Jemand gab mir Wasser, aber meine Umgebung beschäftigte mich nicht mehr. Ich hatte wieder acht *buttons* genommen, aber die Wirkung war anders.
Es muß gegen Ende des Treffens gewesen sein, als sich das Singen ungewöhnlich steigerte und alle auf einmal sangen. Ich bemerkte, daß etwas oder jemand außerhalb des Hauses war und hereinkommen wollte. Ich konnte nicht sagen, ob das Singen »es« am Hereinstürmen hindern oder es hereinlocken sollte.
Ich war der einzige, der kein Lied hatte. Sie schienen mich alle fragend anzusehen, besonders die jungen Männer. Ich wurde verlegen und schloß die Augen.

Dann erkannte ich, daß ich viel besser wahrnehmen konnte, was vor sich ging, wenn ich meine Augen geschlossen hielt. Diese Vorstellung nahm mich ganz gefangen. Ich schloß die Augen und sah die Männer vor mir. Ich öffnete die Augen, und das Bild war unverändert. Was mich umgab, war mit offenen oder geschlossenen Augen genau dasselbe.

Plötzlich verschwand alles oder zerfiel, und die mannähnliche Gestalt Mescalitos tauchte auf, so wie ich sie zwei Jahre zuvor gesehen hatte. Ich sah ihn im Profil in einiger Entfernung sitzen. Ich starrte unverwandt auf ihn, aber er sah mich nicht an, er drehte sich nicht einmal um.

Ich glaubte, etwas Falsches zu tun, etwas, das ihn fernhielt. Ich stand auf und ging auf ihn zu, um ihn zu fragen. Aber die Bewegung vertrieb das Bild, es begann schwächer zu werden, und die Gestalten der anwesenden Männer überlagerten es. Wieder hörte ich das laute, wahnsinnige Singen.

Ich ging eine Weile in die nahen Büsche. Alles war in klaren Umrissen zu sehen. Ich merkte, daß ich im Dunkeln sah, aber diesmal war es kaum von Bedeutung. Die wichtige Frage war, warum mied mich Mescalito?

Ich ging, um mich wieder der Gruppe anzuschließen, und als ich grade das Haus betreten wollte, hörte ich ein schweres Dröhnen und fühlte ein Zittern. Die Erde bebte. Es war das gleiche Geräusch, das ich vor zwei Jahren in dem Peyote-Tal gehört hatte. Ich rannte in die Büsche zurück. Ich war überzeugt, daß Mescalito dort war und daß ich ihn finden würde. Aber er war nicht dort. Ich wartete bis zum Morgen und ging zu den anderen zurück, kurz bevor das Treffen endete.

Der übliche Ablauf wiederholte sich am dritten Tag. Ich war nicht müde, schlief aber während des Nachmittags.

Am Sonnabend, dem 5. September, sang der alte Mann abends sein Peyotelied, um den Zyklus noch einmal zu beginnen. Während dieses Treffens kaute ich nur einen *button*; ich hörte weder den Liedern zu, noch achtete ich darauf, was um mich vorging. Vom ersten Augenblick an war mein ganzes Wesen auf einzigartige Weise auf einen Punkt konzentriert. Ich wußte, daß etwas schrecklich Wichtiges für mein Wohlbefinden fehlte. Während die Männer sangen, bat ich Mescalito mit lauter Stimme, mich ein Lied zu lehren. Mein Bitten vermischte sich mit dem lauten Singen der Männer. Ich hörte sofort ein Lied in meinem Ohr. Ich drehte mich mit dem Rücken zur Gruppe und hörte zu. Ich hörte die Worte und die Melodie wieder und wieder, und ich wiederholte sie, bis ich das ganze Lied gelernt hatte. Es war ein langes spanisches Lied. Dann sang ich es der Gruppe mehrere Male vor. Und bald darauf kam ein neues Lied in meine Ohren. Am Morgen hatte ich beide Lieder unzählige Male gesungen. Ich fühlte mich wie neugeboren, gestärkt.

Nachdem uns das Wasser gegeben worden war, gab mir Don Juan einen Beutel, und wir gingen alle in die Hügel. Es war ein langer, anstrengender Weg zu einem flachen Tafelberg. Dort sah ich mehrere Peyote-Pflanzen. Aber aus irgendeinem Grund wollte ich sie nicht ansehen. Nachdem wir den Tafelberg überquert hatten, löste sich die Gruppe auf. Don Juan und ich gingen zurück und sammelten Peyote-*buttons*, genauso wie wir es getan hatten, als ich ihm zum ersten Mal half.
Wir kamen am späten Sonntagnachmittag des 6. September zurück. Am Abend eröffnete der Anführer wieder den Zyklus. Niemand hatte ein Wort gesagt, aber ich wußte sehr gut, daß es das letzte Treffen war. Diesmal sang der alte Mann ein neues Lied. Ein Sack mit frischen Peyote-*buttons* wurde herumgereicht. Ich probierte zum ersten Mal einen frischen *button*. Er war fleischig, aber schwer zu kauen. Er glich einer harten, grünen Frucht und war schärfer und bitterer als die getrockneten *buttons*. Ich fand die frischen *buttons* unendlich viel kräftiger.
Ich kaute vierzehn *buttons*. Ich zählte sie sorgfältig. Ich kaute den letzten nicht zu Ende, denn ich hörte das vertraute Dröhnen, das die Gegenwart von Mescalito anzeigte. Alle sangen wie rasend, und ich wußte, daß Don Juan und alle anderen das Geräusch wirklich gehört hatten. Ich konnte mir nicht denken, daß ihre Reaktion auf ein von jemand gegebenes Zeichen erfolgt war und lediglich dazu diente, mich zu täuschen.
In diesem Augenblick fühlte ich, wie mich eine große Woge der Weisheit verschlang. Eine Mutmaßung, mit der ich drei Jahre gespielt hatte, wurde jetzt zur Gewißheit. Ich hatte drei Jahre gebraucht, um zu erkennen oder vielmehr herauszufinden, daß, was immer in dem Kaktus *Lophophora williamsii* enthalten sein mochte, unabhängig von mir als Wesen existierte; es existierte dort draußen aus sich selbst, als ein Ganzes. Jetzt wußte ich es. Ich sang fieberhaft, bis ich die Worte nicht länger aussprechen konnte. Mir war, als existierten die Lieder in meinem Körper und erschütterten mich unbändig. Ich mußte hinausgehen und Mescalito finden, oder ich würde zerspringen. Ich ging auf das Peyote-Feld zu. Ich sang weiter meine Lieder. Ich wußte, sie gehörten allein mir – der unzweifelhafte Beweis meiner Individualität. Ich spürte jeden meiner Schritte. Sie hallten auf dem Boden wider, ihr Echo rief das unbeschreibliche Glücksgefühl hervor, ein Mensch zu sein.
Jede der Peyote-Pflanzen auf dem Feld leuchtete in einem blauen funkelnden Licht. Eine Pflanze hatte ein sehr helles Licht. Ich setzte mich vor sie und sang ihr meine Lieder. Während ich sang, kam Mescalito aus der Pflanze – dieselbe menschenähnliche Gestalt, die ich zuvor gesehen hatte. Er sah mich an. Mit großem Mut, gemessen an meinem Temperament, sang ich zu ihm. Ich hörte Klänge von Flöten oder von Wind, es war eine vertraute

Klangvibration. Er schien wie vor zwei Jahren gesagt zu haben: »Was willst du?«
Ich sprach sehr laut. Ich sagte, daß ich wüßte, daß etwas in meinem Leben und meinen Handlungen nicht in Ordnung sei, aber ich könne nicht herausfinden, was es sei. Ich flehte ihn an, mir zu sagen, was mit mir nicht stimmte, und ich bat ihn, mir seinen Namen zu sagen, so daß ich ihn rufen könne, wenn ich ihn brauchte. Er sah mich an, dehnte seinen Mund wie eine Trompete bis an mein Ohr und sagte mir dann seinen Namen. Plötzlich sah ich meinen eigenen Vater in der Mitte des Peyote-Feldes stehen, aber das Feld war verschwunden, und das Bild war mein altes Zuhause, das Zuhause meiner Kindheit. Mein Vater und ich standen an einem Feigenbaum. Ich umarmte meinen Vater und begann, ihm hastig Dinge zu erzählen, die ich nie zuvor hatte sagen können. Jeder meiner Gedanken war prägnant und genau. Es war, als hätten wir wirklich keine Zeit und ich müßte alles auf einmal sagen. Ich sagte phantastische Dinge über meine Gefühle zu ihm, Dinge die ich unter gewöhnlichen Umständen niemals hätte aussprechen können.
Mein Vater sprach nicht. Er hörte nur zu und wurde dann gezogen oder fortgesogen. Ich war wieder allein. Ich weinte vor Reue und Traurigkeit.
Ich ging durch das Peyote-Feld und rief den Namen, den Mescalito mich gelehrt hatte. Etwas tauchte aus einem seltsamen, sternförmigen Licht einer Peyote-Pflanze auf. Es war ein langes, glänzendes Objekt – ein leuchtender Lichtstab in der Größe eines Mannes. Einen Augenblick lang erleuchtete er das ganze Feld in einem starken gelblichen oder bernsteinfarbenen Licht, dann erleuchtete er den ganzen Himmel darüber zu einem gewaltigen, herrlichen Anblick. Ich dachte, ich würde erblinden, wenn ich es weiter ansah. Ich bedeckte meine Augen und vergrub meinen Kopf in meinen Armen.
Ich hatte eine klare Vorstellung, daß Mescalito mich aufgefordert hatte, noch einen Peyote-*button* zu nehmen. Ich dachte: »Ich kann es nicht tun, denn ich habe kein Messer, um ihn zu schneiden.«
»Iß einen vom Boden«, sagte er auf die gleiche, merkwürdige Art zu mir.
Ich lag auf dem Bauch und kaute die Spitze einer Pflanze. Sie entbrannte in mir. Sie erfüllte jeden Winkel meines Körpers mit Wärme und Offenheit. Alles lebte. Alles hatte herrliche und verwirrende Augenblicke und doch war alles so einfach. Ich war überall, ich konnte hinauf, hinunter und um mich sehen, alles zur gleichen Zeit.
Dieses Gefühl dauerte so lange, daß ich es bewußt erlebte. Dann verwandelte es sich in grausame Furcht, Furcht, die mich nicht plötzlich, sondern irgendwie flüchtig überfiel. Zuerst wurde meine herrliche Welt des Schweigens durch scharfe Geräusche erschüt-

tert, aber ich machte mir keine Gedanken. Dann wurden die Geräusche lauter und blieben ununterbrochen, so als wollten sie mich einschließen. Langsam verlor ich das Gefühl, in einer Welt zu treiben, die geschlossen, unempfindlich und herrlich war. Die Geräusche wurden zu riesigen Schritten. Etwas Gewaltiges atmete und bewegte sich neben mir. Ich glaubte, es war hinter mir her.
Ich rannte und versteckte mich hinter einem Felsen und versuchte, von dort festzustellen, was mir folgte. Für einen Augenblick kroch ich aus meinem Versteck, um zu sehen. Aber wer immer mein Verfolger war, er überwältigte mich. Er war wie Seetang. Er warf sich auf mich. Ich glaubte, sein Gewicht würde mich zerschmettern, aber ich fand mich in einem Rohr oder einer Mulde wieder. Ich sah deutlich, daß der Tang nicht die ganze Fläche um mich bedeckt hatte. Unter dem Felsen war ein Stück des Bodens freigeblieben. Ich begann unter ihn zu kriechen. Ich sah große Tropfen Flüssigkeit von dem Tang fallen. Ich »wußte«, daß er Verdauungssäfte ausschied, die mich auflösen sollten. Ein Tropfen fiel auf meinen Arm, ich versuchte die Säure mit Erde und Speichel abzureiben, während ich weitergrub. Einmal war ich beinahe körperlos. Ich wurde zu einem Licht in die Höhe gestoßen. Ich glaubte, der Tang hätte mich aufgelöst. Ich erkannte verschwommen ein Licht, das heller wurde. Es schob sich unter der Erde hervor, bis es schließlich ausbrach und ich die Sonne erkannte, die hinter den Bergen aufstieg.
Langsam setzten meine gewöhnlichen Sinneswahrnehmungen wieder ein. Ich lag auf dem Bauch, das Kinn auf meinen übereinanderliegenden Armen. Die Peyote-Pflanze vor mir leuchtete wieder hell, und bevor ich meine Augen fortnehmen konnte, tauchte das lange Licht wieder auf. Es schwebte über mir. Ich setzte mich. Das Licht berührte meinen ganzen Körper mit stiller Gewalt, und dann rollte es fort, bis ich es nicht mehr sah.
Ich rannte den ganzen Weg bis zu dem Platz, wo die anderen Männer waren. Wir kehrten alle in die Stadt zurück. Don Juan und ich blieben noch einen Tag mit Don Roberto, dem Peyote-Anführer, zusammen. Ich schlief die ganze Zeit, die wir dort waren. Als wir grade gehen wollten, kamen die jungen Männer zu mir, die an den Peyote-Treffen teilgenommen hatten. Sie umarmten mich einer nach dem anderen und lachten leise. Jeder sagte mir seinen Namen. Ich redete stundenlang mit ihnen, jedoch nicht über die Peyote-Treffen.
Don Juan sagte, es sei Zeit zu gehen. Die jungen Männer umarmten mich wieder. »Komm zurück«, sagte einer. »Wir warten auf dich«, sagte ein anderer. Ich fuhr langsam los und versuchte, auch die älteren Männer noch zu sehen, aber keiner von ihnen war da.

Donnerstag, 10. September 1964

Um Don Juan über ein Erlebnis zu berichten, mußte ich es mir jedesmal Stufe für Stufe ins Gedächtnis zurückrufen. Dies schien mir die einzige Möglichkeit, das Ganze zu rekonstruieren.

Heute erzählte ich ihm die Einzelheiten meiner letzten Begegnung mit Mescalito. Er hörte meiner Geschichte aufmerksam zu bis zu dem Punkt, an dem Mescalito mir seinen Namen nannte. Hier unterbrach mich Don Juan.

»Du stehst jetzt auf eigenen Füßen«, sagte er. »Der Beschützer hat dich angenommen. Von jetzt an werde ich sehr wenig helfen können. Du mußt nichts mehr über deine Beziehung zu ihm erzählen. Du weißt jetzt seinen Namen, und weder sein Name, noch sein Umgang mit ihm, sollten jemals vor einem lebenden Wesen erwähnt werden.«

Ich bestand darauf, ihm alle Einzelheiten meiner Erfahrung mitzuteilen, denn ich verstand seine Bemerkung nicht. Ich sagte ihm, ich brauchte seine Hilfe, um zu erkennen, was ich gesehen hatte. Er sagte, ich könnte es allein tun; es sei besser für mich, wenn ich anfinge, selbständig zu denken. Ich erwiderte, daß mich seine Ansicht interessierte, weil ich allein zu lange brauchte und nicht wüßte, wie ich vorgehen sollte.

Ich sagte: »Denk zum Beispiel an die Lieder. Was bedeuten sie?«

»Das kannst nur du entscheiden«, sagte er. »Wie könnte ich wissen, was sie bedeuten? Der Beschützer allein kann es dir sagen, genauso, wie er allein dich seine Lieder lehren kann. Wenn ich dir sagen würde, was sie bedeuten, wäre es so, als würdest du die Lieder eines anderen lernen.«

»Was meinst du damit, Don Juan?«

»Du kannst die Heuchler erkennen, indem du die Leute die Lieder des Beschützers singen hörst. Nur die Lieder mit Seele sind sein und wurden von ihm gelehrt. Die anderen sind Kopien von Liedern anderer Männer. Manchmal sind eben die Leute so falsch. Sie singen die Lieder der anderen, ohne auch nur zu wissen, was die Lieder sagen.«

Ich sagte, daß ich ihn hatte fragen wollen, zu welchem Zweck die Lieder gebraucht wurden. Er antwortete, daß die Lieder, die ich gelernt hatte, zum Anrufen des Beschützers dienten und daß ich sie immer in Verbindung mit seinem Namen gebrauchen sollte, wenn ich ihn rief. Später würde mich Mescalito wahrscheinlich andere Lieder zu anderen Zwecken lehren, sagte Don Juan.

Ich fragte ihn, ob er glaube, daß der Beschützer mich völlig angenommen hatte. Er lachte, als sei meine Frage albern. Er sagte, der Beschützer hätte mich angenommen und um mir sicher zu zeigen, daß er mich angenommen hatte, sei er mir zweimal als ein Licht erschienen. Don Juan schien sehr beeindruckt, daß ich das Licht zweimal gesehen hatte. Er betonte diesen Aspekt meiner Begegnung mit Mescalito.

Ich sagte ihm, ich könne nicht verstehen, wie es möglich sei, von dem Beschützer angenommen zu sein und doch gleichzeitig von ihm erschreckt zu werden.
Er antwortete sehr lange nicht. Er schien bestürzt. Schließlich sagte er: »Es ist so klar. Was er wollte, ist so klar, daß ich nicht begreifen kann, wie du es mißverstehen kannst.«
»Alles ist für mich noch immer unverständlich, Don Juan.«
»Du brauchst Zeit, um wirklich zu sehen und zu verstehen, was Mescalito sagen will, du solltest über seine Lektionen nachdenken, bis sie dir klarwerden.«

Freitag, 11. September 1964

Wieder drang ich darauf, daß Don Juan mir meine visionären Erlebnisse deuten solle. Er zögerte eine Weile. Dann sprach er, als wären wir mitten in einem Gespräch über Mescalito.
»Siehst du jetzt, wie dumm es ist, zu fragen, ob er wie eine Person ist, zu der du sprechen kannst?« sagte Don Juan. »Er ist mit nichts vergleichbar, was du je gesehen hast. Er ist wie ein Mann, aber gleichzeitig ist er überhaupt nicht wie ein Mann. Es ist schwierig, dies Leuten zu erklären, die nichts über ihn wissen und alles auf einmal über ihn wissen wollen. Und dann sind seine Lektionen so geheimnisvoll, wie er es selbst ist. Soweit ich weiß, kann kein Mann seine Handlungen voraussagen. Du stellst ihm eine Frage, und er zeigt dir den Weg, aber er sagt es dir nicht auf die gleiche Weise, wie du und ich miteinander sprechen. Verstehst du jetzt, was er tut?«
»Ich glaube nicht, daß ich Schwierigkeiten habe, das zu verstehen. Was ich nicht herausfinden kann, ist seine Bedeutung.«
»Du hast ihn gebeten, dir zu sagen, was mit dir nicht stimmt, und er gab dir die ganze Beschreibung. Daran kann kein Zweifel sein! Du kannst nicht so tun, als hättest du nicht verstanden. Es war kein Gespräch und doch war es eins. Dann fragtest du ihn etwas anderes, und er antwortete dir genau in der gleichen Weise. Ich bin nicht sicher, ob ich verstehe, was er gemeint hat, weil du es vorgezogen hast, mir deine Frage nicht zu sagen.« Ich wiederholte sorgfältig die Fragen, an die ich mich erinnerte; ich ordnete sie so, wie ich sie ausgesprochen hatte: »Tue ich das Richtige? Bin ich auf dem richtigen Weg? Was soll ich mit meinem Leben anfangen?« Don Juan sagte, daß die Fragen, die ich gestellt hatte, nur Worte seien; es sei besser, die Fragen nicht auszusprechen, sondern sie von innen heraus zu stellen. Er sagte mir, daß es die Absicht des Beschützers gewesen sei, mir eine Lektion zu geben, und um zu beweisen, daß er mir eine Lektion geben und mich nicht erschrecken wollte, zeigte er sich das zweite Mal als Licht.
Ich sagte, daß ich noch immer nicht verstand, warum mich Mescalito erschreckte, wenn er mich angenommen hatte. Ich erinnerte Don Juan, daß grade seinen Aussagen nach, von Mescalito ange-

nommen zu sein, bedeute, daß seine Gestalt gleichbleibe und nicht von Glück zu Alptraum schwanke. Don Juan lachte mich wieder aus und sagte, wenn ich über die Frage nachdächte, die ich in meinem Herzen gehabt hatte, als ich mit Mescalito sprach, dann würde ich die Lektion selbst verstehen.
Über die Frage nachzudenken, die ich in meinem »Herzen« gehabt hatte, war ein schwieriges Problem. Ich sagte Don Juan, daß ich an viele Dinge gedacht hatte. Als ich fragte, ob ich auf dem richtigen Weg sei, meinte ich: Stehe ich mit einem Fuß in jeder der beiden Welten? Welche Welt ist die richtige? Welchen Weg sollte mein Leben nehmen?
Don Juan hörte meinen Erklärungen zu und schloß, daß ich keine klare Sicht der Welt hätte und daß der Beschützer mir eine wunderschöne, klare Lektion gegeben hätte.
Er sagte: »Du glaubst, es gäbe zwei Welten für dich – zwei Wege. Aber es gibt nur eine. Der Beschützer hat dir das mit unglaublicher Klarheit gezeigt. Die einzige Welt, die dir offensteht, ist die Welt der Menschen, und du hast nicht die Wahl, sie zu verlassen. Du bist ein Mensch! Der Beschützer zeigte dir die Welt des Glücks, in der es keinen Unterschied zwischen den Dingen gibt, weil niemand da ist, der nach dem Unterschied fragt. Aber das ist nicht die Welt der Menschen. Der Beschützer hat dich aus ihr aufgerüttelt und dir gezeigt, wie ein Mann denkt und kämpft. *Das* ist die Welt des Menschen. Und ein Mensch zu sein bedeutet, zu dieser Welt verdammt zu sein. Du hast die Eitelkeit, zu glauben, du lebtest in zwei Welten, aber das ist nur deine Eitelkeit. Es gibt nur eine Welt für uns. Wir sind Menschen und müssen mit der Welt der Menschen auskommen.
Ich glaube, das war die Lektion!«

9

Don Juan schien zu wünschen, daß ich so viel als möglich mit dem Teufelskraut arbeitete. Seine Einstellung stand im Widerspruch zu seiner Abneigung gegen die Macht. Die Zeit sei nah, sagte er, in der ich wieder rauchen müßte, und bis dahin sollte ich ein besseres Verständnis der Macht des Teufelskrauts haben. Er schlug wiederholt vor, daß ich wenigstens noch einmal das Teufelskraut zusammen mit der Zauberei der Eidechsen versuchen sollte. Ich überlegte mir diesen Vorschlag lange. Don Juans Drängen wurde so fordernd, daß ich mich verpflichtet fühlte, seiner Bitte nachzukommen. Und eines Tages entschloß ich mich zur Weissagung über einige gestohlene Dinge.

Montag, 28. Dezember 1964

Am Sonnabend, dem 19. Dezember, schnitt ich die *Datura*-Wurzel. Ich wartete, bis es ziemlich dunkel war und tanzte dann um die Pflanze. Ich bereitete den Wurzelextrakt während der Nacht vor, und am Sonntag um sechs Uhr morgens ging ich zu der Stelle meiner *Datura*. Ich setzte mich vor die Pflanze. Ich hatte von Don Juans Lehren sorgfältige Notizen über das Vorgehen gemacht. Ich las meine Notizen wieder und merkte, daß ich den Samen nicht hier zu mahlen brauchte. Irgendwie gab mir die Nähe der Pflanze ein seltsames Gefühl emotionalen Gleichgewichts, eine Klarheit der Gedanken oder eine Kraft, mich auf meine Handlungen zu konzentrieren, die mir gewöhnlich fehlte.

Ich folgte allen Anweisungen sehr genau und teilte meine Arbeit so ein, daß die Paste und die Wurzel am späten Nachmittag vorbereitet waren. Ungefähr um fünf versuchte ich ein paar Eidechsen einzufangen. Anderthalb Stunden lang versuchte ich es auf jede erdenkliche Weise, aber jedesmal versagte ich.

Ich saß vor meiner *Datura*-Pflanze und versuchte, über den richtigen Weg, meinen Zweck zu erreichen, nachzudenken, als mir plötzlich einfiel, daß Don Juan gesagt hatte, man müsse zu den Eidechsen sprechen. Zuerst kam ich mir lächerlich vor, als ich zu den Eidechsen sprach. Es war wie die Verlegenheit beim Sprechen vor einem Publikum. Bald verschwand das Gefühl, und ich sprach weiter. Es war beinahe dunkel. Ich hob einen Stein. Eine Eidechse war unter ihm. Sie schien wie gelähmt. Ich hob sie auf. Und dann sah ich eine weitere steife Eidechse unter einem anderen Stein. Sie wand sich nicht einmal.

Das Zunähen des Mundes und der Augen war die schwierigste Aufgabe. Ich merkte, daß Don Juan meinen Handlungen einen unwiderruflichen Sinn gegeben hatte. Er glaubte, daß man etwas, was angefangen war, nicht abbrechen konnte. Wenn ich jedoch aufhören wollte, gab es nichts, was mich hindern konnte. Vielleicht wollte ich nicht aufhören.

Ich ließ eine Eidechse frei, und sie lief in nordöstlicher Richtung – das Zeichen einer guten, aber schwierigen Erfahrung. Ich band die andere Eidechse auf meine Schulter und rieb meine Schläfen wie vorgeschrieben ein. Die Eidechse war steif; ich glaubte einen Augenblick, sie sei tot. Don Juan hatte mir erzählt, was ich in so einem Fall tun mußte. Aber die Eidechse war nur starr. Ich nahm den Trank und wartete etwas. Ich fühlte nichts Ungewöhnliches. Ich begann, die Paste auf meine Schläfen zu reiben. Ich nahm sie fünfundzwanzig Mal. Als wäre ich mit meinen Gedanken woanders, rieb ich sie mechanisch wiederholt über meine ganze Stirn. Ich merkte meinen Fehler und wischte die Stirn schnell wieder ab. Meine Stirn war feucht; ich fieberte. Große Furcht erfaßte mich, denn Don Juan hatte mir eindringlich geraten, die Paste nicht auf meine Stirn zu reiben. Die Furcht wurde zu einem

Gefühl absoluter Einsamkeit, einem Gefühl, verloren zu sein. Ich war ganz allein hier. Wenn mir etwas Schlimmes passierte, wäre niemand hier, mir zu helfen. Ich wollte weglaufen. Ich hatte ein beunruhigendes Gefühl der Unentschlossenheit, ich wußte nicht, was ich tun sollte. Eine Flut von Gedanken kam mir schnell und blitzartig in den Sinn. Es waren merkwürdige Gedanken, d. h. sie waren insofern merkwürdig, als sie mir anders als gewöhnliche Gedanken einfielen. Ich kenne meine Art zu denken. Meine Gedanken haben eine bestimmte Ordnung, die meine eigene ist, und jede Abweichung ist wahrnehmbar.

Einer der fremden Gedanken betraf eine von einem Autor gegebene Darstellung. Ich erinnere mich undeutlich, daß es mehr wie eine Stimme war oder etwas, das irgendwie im Hintergrund gesprochen wurde. Es geschah so schnell, daß es mich erschreckte. Ich wollte überlegen, was es war, aber es veränderte sich zu einem gewöhnlichen Gedanken. Ich war sicher, daß ich die Darstellung gelesen hatte, aber mir fiel der Name des Autors nicht ein. Plötzlich erinnerte ich mich, daß es Alfred Kroeber war. Dann tauchte ein anderer fremder Gedanke auf und »sagte«, daß es nicht Kroeber, sondern Georg Simmel war, von dem diese Darstellung sei. Ich bestand darauf, daß es Kroeber war und gleich darauf wußte ich, daß ich mitten in einem Streit mit mir selbst war. Das Gefühl, verloren zu sein, hatte ich vergessen.

Meine Augenlider waren so schwer, als hätte ich Schlaftabletten genommen. Obwohl ich nie welche genommen hatte, fiel mir dieses Bild ein. Ich begann einzuschlafen. Ich wollte zu meinem Auto gehen und hineinkriechen, aber ich konnte mich nicht bewegen.

Dann wachte ich plötzlich auf, oder vielmehr hatte ich das deutliche Gefühl, erwacht zu sein. Mein erster Gedanke war die Tageszeit. Ich sah mich um. Ich befand mich nicht vor meiner *Datura*-Pflanze. Gleichgültig akzeptierte ich die Tatsache, daß ich eine neue Erfahrung der Weissagung machte. Auf einer Uhr über meinem Kopf war es 12.39 Uhr. Ich wußte, es war Nachmittag. Ich sah einen jungen Mann, der einen Stapel Papier trug. Ich berührte ihn fast. Ich sah die Adern auf seinem Hals pulsieren und hörte das schnelle Schlagen seines Herzens. Ich war so in das vertieft gewesen, was ich sah, daß mir die Eigenart meiner Gedanken bis dahin nicht bewußt geworden war. Dann hörte ich eine »Stimme« in meinem Ohr die Szene beschreiben, und ich erkannte, daß die Stimme der fremde Gedanke in meinem Verstand war.

Ich war so im Zuhören gefangen, daß die Szene ihren visuellen Reiz verlor. Ich hörte die Stimme in meinem rechten Ohr über meiner Schulter. In Wirklichkeit rief sie die Szene hervor, indem sie sie beschrieb, aber sie gehorchte meinem Willen, denn ich konnte sie jederzeit unterbrechen und die Einzelheiten dessen, was sie sagte, behutsam prüfen. Ich »hörte-sah« die ganze Folge der Handlungen des jungen Mannes. Die Stimme erklärte sie in allen Einzelheiten, aber irgendwie war die Handlung nicht wichtig. Die leise Stimme war das ungewöhnliche Ereignis. Dreimal im Verlauf des Erlebnisses versuchte ich mich umzudrehen, um zu sehen, wer sprach. Ich versuchte, meinen Kopf ganz nach rechts zu drehen oder mich plötzlich unerwartet umzudrehen, um zu sehen, ob jemand da sei. Aber jedesmal, wenn ich es tat, verwischte sich, was ich sah. Ich dachte: »Der Grund dafür, daß ich mich nicht umdrehen kann, liegt darin, daß die Szene nicht im Bereich alltäglicher Wirklichkeit ist.« Und dieser Gedanke war mein eigener.

Von da an lenkte ich meine Aufmerksamkeit allein auf die Stimme. Sie schien von meiner Schulter zu kommen. Sie war vollkommen klar, obwohl es eine schwache Stimme war. Es war jedoch keine Kinder- oder Fistelstimme, sondern die winzige Stimme eines Mannes. Es war auch nicht meine Stimme. Ich vermutete, daß es Englisch war, was ich hörte. Jedesmal wenn ich vorsichtig versuchte, die Stimme zu fangen, nahm sie ganz ab oder wurde undeutlich, und die Szene verblaßte. Ich dachte an einen Vergleich. Die Stimme war wie das Bild, das durch Staubteilchen auf den Wimpern entsteht, oder durch die Blutgefäße auf der Hornhaut des Auges; eine wurmartige Form, die man sieht, solange man sie nicht direkt anblickt, aber sobald man versucht, sie direkt anzusehen, schiebt sie sich mit der Bewegung des Augapfels aus dem Blickfeld.

Ich verlor jegliches Interesse an der Handlung. Während ich zuhörte, wurde die Stimme komplexer. Was ich für eine Stimme hielt, war mehr wie etwas, das mir Gedanken ins Ohr flüsterte. Aber das stimmte nicht. Etwas *dachte* für mich. Die Gedanken waren außerhalb von mir. Ich wußte, daß es so war, denn ich konnte meine eigenen Gedanken und die Gedanken des »anderen« gleichzeitig erfassen.

An einem Punkt rief die Stimme Szenen hervor, die von dem jungen Mann ausgeführt wurden und nichts mit meiner eigentlichen Frage über die verlorenen Dinge zu tun hatten. Der junge Mann führte komplizierte Handlungen aus. Die Handlung war wieder wichtig geworden, und ich achtete nicht mehr auf die Stimme. Ich begann die Geduld zu verlieren; ich wollte aufhören. »Wie kann ich das abbrechen?« dachte ich. Die Stimme in meinem Ohr sagte, ich sollte zum Canyon zurückgehen. Ich fragte wie, und die Stimme antwortete, daß ich an meine Pflanze denken sollte.

Ich dachte an meine Pflanze. Gewöhnlich saß ich vor ihr. Ich hatte es so oft getan, daß es ganz einfach war, es mir vorzustellen. Ich glaubte, das es so, wie ich sie in diesem Augenblick sah, eine weitere Halluzination sei, aber die Stimme sagte, ich sei »zurück«!

Angestrengt hörte ich. Aber es war nur still. Die *Datura*-Pflanze vor mir schien so wirklich zu sein, wie alles andere, was ich gesehen hatte, aber ich konnte sie berühren, und ich konnte mich bewegen.
Ich stand auf und ging zu meinem Auto. Die Anstrengung erschöpfte mich, und ich setzte mich und schloß die Augen. Mir wurde schwindlig, und ich wollte mich übergeben. In meinen Ohren dröhnte es.
Etwas glitt auf meine Brust. Es war die Eidechse. Ich erinnerte mich an Don Juans Ermahnung, sie freizulassen. Ich ging zur Pflanze zurück und band die Eidechse los. Ich wollte nicht sehen, ob sie tot war oder lebte. Ich zerbrach den Tontopf mit der Paste und scharrte etwas Erde darüber. Ich stieg in mein Auto und schlief ein.

Donnerstag, 24. Dezember 1964

Heute erzählte ich Don Juan das ganze Erlebnis. Wie gewöhnlich hörte er zu, ohne mich zu unterbrechen. Am Ende hatten wir das folgende Gespräch.
»Du hast etwas ganz falsch gemacht.«
»Ich weiß. Es war ein sehr dummer Fehler von mir, ein Versehen.«
»Es gibt keine Versehen, wenn du es mit Teufelskraut zu tun hast. Ich sage dir, sie würde dich bis zum Äußersten prüfen. Aber wie ich sehe, bist du entweder sehr stark, oder das Teufelskraut hat dich wirklich gern. Die Mitte der Stirn ist nur für die großen *brujos*, die mit ihrer Macht umzugehen wissen.«
»Was passiert denn gewöhnlich, wenn ein Mann seine Stirn mit der Paste einreibt, Don Juan?«
»Wenn er kein großer *brujo* ist, wird er niemals von seiner Reise zurückkehren.«
»Hast du jemals die Paste auf deine Stirn gerieben, Don Juan?«
»Niemals! Mein Wohltäter hat mir gesagt, daß sehr wenige Leute von so einer Reise zurückkommen. Ein Mann könnte für Monate fort sein und müßte von anderen betreut werden. Mein Wohltäter sagte, daß die Eidechsen einen Mann an das Ende der Welt mitnehmen und ihm auf seine Bitte die wunderbarsten Geheimnisse zeigen könnten.«
»Kennst du jemanden, der je diese Reise gemacht hat?«
»Ja, mein Wohltäter. Aber er hat mir nie gesagt, wie man zurückkehrt.«
»Ist es so sehr schwierig, zurückzukehren, Don Juan?«
»Ja. Darum ist deine Handlung auch so erstaunlich für mich. Du hattest keine Schritte, denen du folgen konntest, und wir müssen bestimmten Schritten folgen, weil es die Schritte sind, in denen der Mensch Kraft findet. Ohne sie sind wir nichts.« Wir schwiegen stundenlang. Er schien in sehr tiefes Nachdenken versunken.

Sonnabend, 26. Dezember 1964

Don Juan fragte mich, ob ich die Eidechsen gesucht hätte. Ich sagte ihm, daß ich es versucht hätte, aber sie nicht finden konnte. Ich fragte ihn, was geschehen wäre, wenn eine der Eidechsen in meiner Hand gestorben wäre. Er sagte, der Tod einer Eidechse wäre ein unglückliches Ereignis. Wenn die Eidechse mit dem zusammengenähten Mund zu irgendeinem Zeitpunkt gestorben wäre, wäre es sinnlos gewesen, die Zauberei fortzusetzen. Es hätte gleichfalls bedeutet, daß die Eidechsen ihre Freundschaft gelöst hätten, und ich hätte für lange Zeit aufhören müssen, über das Teufelskraut zu lernen.

»Wie lange, Don Juan?«

»Zwei Jahre oder länger.«

»Was wäre geschehen, wenn die andere Eidechse gestorben wäre?«

»Wenn die zweite Eidechse gestorben wäre, hättest du dich in wirklicher Gefahr befunden. Du wärst allein gewesen, ohne einen Führer. Wenn sie gestorben wäre, bevor du die Zauberei begannst, hättest du sie abbrechen können, aber wenn du aufgibst, mußt du auch das Teufelskraut für immer aufgeben. Wenn die Eidechse auf deiner Schulter gestorben wäre, nachdem du mit der Zauberei begonnen hattest, hättest du weitermachen müssen, und das wäre wirklich Wahnsinn gewesen.«

»Warum wäre es Wahnsinn gewesen?«

»Weil unter solchen Bedingungen alles sinnlos ist. Du bist allein, ohne einen Führer, und du siehst erschreckende, unsinnige Dinge.«

»Was meinst du mit ›unsinnige Dinge‹?«

»Dinge, die wir allein sehen. Dinge, die wir sehen, wenn wir kein Ziel haben. Es bedeutet, daß das Teufelskraut versucht, dich loszuwerden und dich schließlich fortstoßen wird.«

»Kennst du jemanden, der das je erfahren hat?«

»Ja. *Ich* habe es erfahren. Ohne die Weisheit der Eidechsen wäre ich wahnsinnig.«

»Was hast du gesehen, Don Juan?«

»Eine Menge Unsinn. Was hätte ich ohne Ziel sonst sehen können?«

Montag, 28. Dezember 1964

»Du hast mir gesagt, Don Juan, daß das Teufelskraut die Menschen prüft. Was hast du damit gemeint?«

»Das Teufelskraut ist wie eine Frau, und wie eine Frau schmeichelt es den Männern. An jeder Ecke stellt es ihnen Fallen auf. Dir hat es eine gestellt, als es dich zwang, die Paste auf die Stirn zu reiben. Es wird dies wieder versuchen, und du wirst wahrscheinlich darauf hereinfallen. Ich warne dich davor. Nimm es nicht mit Leidenschaft; das Teufelskraut ist nur *ein* Weg zu den Geheimnissen eines Wissenden. Es gibt andere Wege. Aber seine

Falle besteht darin, dich glauben zu machen, sein Weg sei der einzige. Ich sage, es ist sinnlos, dein Leben auf einem Weg zu verschwenden, besonders wenn dieser Weg nicht ein Weg mit Herz ist.«

»Aber wie weißt du, wann ein Weg nicht ein Weg mit Herz ist, Don Juan?«

»Bevor du dich auf ihn begibst, stell dir die Frage: ist dies ein Weg mit Herz? Wenn die Antwort nein ist, wirst du es wissen, und dann mußt du einen anderen Weg wählen.«

»Aber wie werde ich mit Sicherheit wissen, ob es ein Weg mit Herz ist oder nicht?«

»Jeder würde das wissen. Das Problem ist, es stellt niemand die Frage, und wenn ein Mann schließlich erkennt, daß er einen Weg genommen hat, der kein Weg ist, der Herz hat, ist der Weg bereit, ihn zu töten. An diesem Punkt können sehr wenige Menschen innehalten, um nachzudenken und den Weg zu verlassen.«

»Wie soll ich vorgehen, um die Frage richtig zu stellen, Don Juan?«

»Stell sie einfach.«

»Ich meine, gibt es eine richtige Methode, so daß ich mich nicht belügen und glauben würde, die Antwort sei ja, wenn sie in Wirklichkeit nein ist?«

»Warum solltest du lügen?«

»Weil der Weg vielleicht in diesem Augenblick verführerisch und schön ist.«

»Das ist Unsinn. Ein Weg, der kein Herz hat, ist niemals schön. Du mußt hart arbeiten, um ihn auch nur einzuschlagen. Andererseits ist ein Weg mit Herz sehr einfach; um ihn gerne zu haben, mußt du nicht arbeiten.«

Don Juan wechselte plötzlich die Richtung des Gesprächs und sagte mir geradeheraus, er sei der Ansicht, daß ich das Teufelskraut mochte. Ich mußte zugeben, daß ich es zumindest vorzog. Er fragte mich, was ich über seinen Verbündeten, den Rauch, empfand, und ich mußte ihm sagen, daß ich schon bei dem Gedanken daran vor Furcht außer mir sei.

»Ich habe dir gesagt, daß du bei der Wahl des Weges frei von Furcht und Ehrgeiz sein mußt. Aber der Rauch macht dich blind vor Furcht und das Teufelskraut macht dich blind vor Ehrgeiz.«

Ich wandte dagegen ein, man müsse, um überhaupt einen Weg einzuschlagen, ehrgeizig sein, und seine Behauptung, man müsse frei von Ehrgeiz sein, sei nicht einleuchtend. Ein Mensch müsse Ehrgeiz haben, um lernen zu können. »Das Verlangen zu lernen ist nicht Ehrgeiz«, sagte er. »Es ist unser Menschenschicksal, wissen zu wollen, aber das Teufelskraut zu suchen, bedeutet, auf die Macht zu setzen, und das ist Ehrgeiz; denn du setzt nicht darauf, um zu wissen. Laß dich nicht von dem Teufelskraut blenden. Es hat dich schon geködert. Es verführt Männer und gibt ihnen einen Geschmack der Macht, es gibt ihnen das Gefühl, Dinge tun zu können, die kein gewöhnlicher Mensch tun kann. Aber das ist seine Falle. Und als nächstes wird der Weg, der nicht der Weg mit Herz ist, sich gegen die Menschen wenden und sie zerstören. Es ist nicht viel nötig, um zu sterben, und den Tod zu suchen, heißt, nichts zu suchen.«

10

1964 im Dezember gingen Don Juan und ich hinaus, um die verschiedenen Pflanzen zu sammeln, die zum Herstellen der Rauchmixtur gebraucht wurden. Es war der vierte Zyklus. Don Juan überwachte nur meine Handlungen. Er empfahl mir eindringlich, mir Zeit zu lassen, zu beobachten und zu überlegen, bevor ich irgendeine Pflanze pflückte. Sobald die Zutaten gesammelt und aufbewahrt waren, drängte er mich, seinen Verbündeten wieder zu treffen.

Donnerstag, 31. Dezember 1964

»Jetzt, da du ein bißchen mehr über das Teufelskraut und den Rauch weißt, kannst du besser beurteilen, ob du das eine oder den anderen lieber magst«, sagte Don Juan.

»Der Rauch erschreckt mich wirklich, Don Juan. Ich weiß nicht genau warum, aber ich habe kein Gefühl dabei.«

»Du magst Schmeichelei, und das Teufelskraut schmeichelt dir. Wie eine Frau gibt es dir ein gutes Gefühl. Der Rauch jedoch ist die erhabenste Macht, er hat das reinste Herz. Er verführt die Männer nicht oder macht sie zu Gefangenen, noch liebt oder haßt er. Er verlangt nichts außer Kraft. Das Teufelskraut verlangt auch Kraft, aber eine andere Art. Es ist mehr wie die Stärke gegenüber den Frauen. Die Stärke jedoch, die der Rauch verlangt, ist die Stärke des Herzens. Du hast sie nicht! Aber sehr wenige Männer haben sie. Darum rate ich dir, mehr über den Rauch zu lernen. Er gibt dem Herzen Kraft. Er ist nicht wie das Teufelskraut voller Leidenschaft, Eifersucht und Gewalt. Der Rauch ist beständig. Du brauchst dir keine Sorgen darum zu machen, irgendwann etwas zu vergessen.«

Mittwoch, 27. Januar 1965

Am Dienstag, dem 19. Januar, rauchte ich wieder die halluzinogene Mixtur. Ich hatte Don Juan gesagt, daß ich mich vor dem Rauch fürchtete und daß er mich erschreckte. Er sagte, ich müsse ihn wieder versuchen, um ihn gerecht beurteilen zu können. Wir gingen in sein Zimmer. Es war fast zwei Uhr nachmittags. Er holte die Pfeife heraus. Ich brachte die Holzkohlen, dann saßen wir uns gegenüber. Er sagte, er würde die Pfeife erwärmen und sie erwecken, und wenn ich genau zusehen würde, könne ich sie glimmen sehen. Er nahm die Pfeife drei- oder viermal an die Lippen und sog an ihr. Er rieb sie zärtlich. Plötzlich nickte er fast unmerklich, um mir zu zeigen, ich solle jetzt dem Erwachen der Pfeife zusehen. Ich beobachtete sie, aber ich konnte es nicht sehen.

Er gab mir die Pfeife. Ich füllte den Pfeifenkopf mit meiner eigenen Mixtur, und dann hob ich ein brennendes Stück Holzkohle mit einer Art Wäscheklammer auf, die ich mir dafür aufgehoben hatte. Don Juan sah auf meine Pinzette und begann zu lachen. Ich zögerte einen Moment, und die Holzkohle klemmte in der Pinzette. Ich hatte Angst, sie gegen den Pfeifenkopf zu klopfen, und ich mußte auf die Holzkohle spucken, um sie auszumachen.

Don Juan drehte seinen Kopf zur Seite und bedeckte sein Gesicht mit dem Arm. Sein Körper schüttelte sich. Einen Augenblick lang glaubte ich, er weine, aber er lachte still vor sich hin. Es trat eine lange Pause ein, dann hob er selbst schnell ein Stück Holzkohle auf, legte es in den Pfeifenkopf und forderte mich zum Rauchen auf. Es verlangte erhebliche Anstrengung, an der Mixtur zu ziehen, sie schien sehr fest zu sein. Nach dem ersten Versuch glaubte ich, das feine Pulver in meinen Mund gesogen zu haben. Es betäubte meinen Mund augenblicklich. Ich sah das Glimmen im Pfeifenkopf, aber ich empfand den Rauch nicht so, wie man Zigarettenrauch schmeckt. Und doch hatte ich das Gefühl, etwas zu inhalieren, etwas, das zuerst meine Lunge füllte und dann hinunterdrang, um meinen ganzen Körper zu füllen. Ich zählte zwanzig Züge, und dann war mir das Zählen nicht länger wichtig. Ich begann zu schwitzen; Don Juan sah mich unverwandt an; ich solle keine Angst haben, sagte er, und ihm genau folgen. Ich versuchte, »ja, gut« zu sagen, aber statt dessen machte ich ein unheimlich heulendes Geräusch. Es hallte wider, nachdem ich meinen Mund geschlossen hatte. Das Geräusch überraschte Don Juan, der einen neuen Lachanfall bekam. Ich wollte mit meinem Kopf »ja« nicken, aber ich konnte mich nicht bewegen. Don Juan öffnete sanft meine Hände und nahm mir die Pfeife weg. Er forderte mich auf, auf dem Boden zu liegen, aber nicht einzuschlafen. Ich fragte mich, ob er mir beim Hinlegen helfen würde, aber er tat es nicht. Er starrte mich nur ununterbrochen an. Ganz plötzlich sah ich den Raum stürzen, und auf der Seite liegend sah ich Don Juan. Von da an verschwammen die Bilder seltsam wie in einem Traum. Ich kann mich undeutlich erinnern, wie Don Juan sehr viel mit mir sprach, während ich unbeweglich saß.

Ich empfand weder Angst noch Unbehagen in diesem Zustand, mir war auch nicht schlecht, als ich am nächsten Tag erwachte. Das einzig Ungewöhnliche war, daß ich längere Zeit, nachdem ich aufgewacht war, nicht klar denken konnte. Dann wurde ich allmählich innerhalb von vier oder fünf Stunden langsam wieder ich selbst.

Mittwoch, 20. Januar 1965

Don Juan sprach nicht über mein Erlebnis und bat mich auch nicht, es ihm zu erzählen. Er bemerkte nur, daß ich zu früh eingeschlafen war.
»Man muß ein Vogel oder eine Grille oder etwas ähnliches werden, das ist der einzige Weg wachzubleiben«, sagte er.
»Wie machst du das, Don Juan?«
»Das ist, was ich dich lehre. Erinnerst du dich, was ich dir gesagt habe, als du ohne deinen Körper warst?«
»Ich kann mich nicht klar erinnern.«
»Ich bin eine Krähe. Ich zeige dir, wie du eine Krähe wirst. Wenn du das lernst, wirst du wach bleiben, und du wirst dich frei bewegen, sonst wirst du ständig am Boden kleben, wo immer du fällst.«

Sonntag, 7. Februar 1965

Mein zweiter Versuch mit dem Rauch fand ungefähr mittags, am Sonntag, dem 31. Januar, statt. Ich wachte am frühen Abend des folgenden Tages auf. Ich hatte das Gefühl, ungewöhnliche Kraft zu besitzen, mich an alles zu erinnern, was Don Juan mir während des Erlebnisses gesagt hatte. Seine Worte waren in meinen Verstand eingeprägt. Ich hörte sie immer noch mit außerordentlicher Klarheit und Beharrlichkeit. Während dieses Versuchs war mir eine andere Tatsache klargeworden: mein ganzer Körper war bald gefühllos geworden, nachdem ich das feine Pulver geschluckt hatte, das jedesmal, wenn ich an der Pfeife zog, in meinen Mund drang. So inhalierte ich nicht nur den Rauch, sondern nahm auch von der Mixtur zu mir.
Ich versuchte, Don Juan mein Erlebnis zu erzählen; er sagte, ich hätte nichts Wichtiges getan. Ich erwähnte, daß ich mich an alles, was passiert war, erinnern könne, aber er wollte nichts davon hören. Jede Erinnerung war genau und unmißverständlich. Die Rauchmixtur war genau dieselbe wie im vorangegangenen Versuch. Es war beinahe, als könnte man die beiden Erlebnisse zusammenfügen, und meine Erinnerung könnte dort einsetzen, wo das erste Erlebnis aufhörte. Ich erinnere mich genau, daß ich von dem Zeitpunkt an, als ich seitlich zu Boden fiel, ohne jedes Gefühl und ohne jeden Gedanken war. Und doch war meine Klarheit in keiner Weise beeinträchtigt. Ich erinnere mich, meinen letzten Gedanken ungefähr in dem Augenblick gefaßt zu haben, als der Raum zu einer senkrechten Fläche wurde: »Ich muß mit dem Kopf auf den Boden gestoßen sein, und doch empfinde ich keinen Schmerz.«

Von da an konnte ich nur sehen und hören. Ich konnte jedes Wort wiederholen, das Don Juan gesagt hatte. Ich folgte jeder seiner Anweisungen. Sie schienen klar, logisch und einfach. Er sagte, daß mein Körper verschwand und daß nur mein Kopf übrigbleiben würde, und um in einer derartigen Lage wachzubleiben und mich bewegen zu können, müßte ich eine Krähe werden. Ich mußte mich anstrengen und blinzeln, und er fügte hinzu, daß ich dann, wenn ich es fertig brächte, zu blinzeln, weitermachen könnte. Dann sagte er, daß mein Körper völlig verschwunden war und daß ich nur meinen Kopf hatte; er sagte, der Kopf verschwindet nie, weil es der Kopf ist, der zur Krähe wird. Ich sollte blinzeln. Er muß diese und all seine anderen Aufforderungen unzählige Male wiederholt haben, weil ich mich an sie alle mit außergewöhnlicher Klarheit erinnern konnte. Ich muß geblinzelt haben, denn er sagte, ich sei jetzt bereit. Er forderte mich auf, den Kopf aufzurichten und ihn auf mein Kinn zu legen. Er sagte, daß im Kinn die Krähenbeine seien. Ich mußte die Beine fühlen und beobachten, wie sie langsam herauskamen. Dann sagte er, daß ich noch nicht vollständig sei, daß ich mir einen Schwanz wachsen lassen mußte und daß der Schwanz aus meinem Hals kommen würde. Er forderte mich auf, den Schwanz wie einen Fächer auszubreiten und zu fühlen, wie er über den Boden glitt.
Dann sprach er über die Flügel der Krähe und sagte, sie würden aus meinen Backenknochen kommen. Er sagte, es würde anstrengend und schmerzhaft sein. Er forderte mich auf, sie auszubreiten. Er sagte, sie müßten außerordentlich lang sein, so lang wie ich sie strecken konnte, sonst würde ich nicht fliegen können. Er sagte mir, die Flügel kämen heraus und wären lang und sehr schön und daß ich sie schlagen müßte, bis sie zu wirklichen Flügeln würden.
Dann sprach er über meinen Schädel und sagte, er sei noch sehr groß und schwer, und seine Masse würde mich am Fliegen hindern. Er sagte mir, daß ich seine Masse durch Blinzeln verringern könne; mit jedem Blinzeln würde mein Kopf kleiner werden. Er forderte mich auf zu blinzeln, bis die Kopflast verschwunden wäre und ich frei springen könnte. Dann sagte er mir, ich hätte meinen Kopf zur Größe eines Krähenkopfes verringert und müsse nun umherlaufen und springen, bis ich meine Starre verloren hätte.
Bevor ich fliegen könnte, hätte ich noch eine letzte Sache zu ändern, sagte er. Es sei die schwierigste Veränderung, und um sie auszuführen, müßte ich gut zuhören und genau tun, was er mir sagte. Ich müßte lernen, wie eine Krähe zu sehen. Er sagte, daß mein Mund und meine Nase zwischen meinen Augen wachsen würden, bis ich einen starken Schnabel hätte. Er sagte, daß Krähen starr zur Seite sehen, und ich müßte meinen Kopf drehen und ihn mit einem Auge anblicken. Er sagte, wenn ich wechseln und

mit dem anderen Auge sehen wollte, müßte ich meinen Schnabel schütteln, und durch diese Bewegung könnte ich mit dem anderen Auge sehen. Ich mußte von einem Auge zum anderen wechseln. Und dann sagte er, ich sei bereit zu fliegen, und um loszufliegen, müßte ich mich von ihm in die Luft werfen lassen.
Ich hatte überhaupt keine Schwierigkeiten, zu jeder seiner Aufforderungen die entsprechenden Empfindungen auszulösen. Ich nahm das Wachsen der Vogelbeine wahr, die zuerst schwach und wacklig waren. Ich merkte einen Schwanz aus meinem Nacken und Flügel aus meinen Wangenknochen wachsen. Die Flügel waren eng gefaltet. Ich fühlte sie allmählich herauskommen. Der Vorgang war anstrengend, aber nicht schmerzhaft. Dann blinzelte ich meinen Kopf zur Größe einer Krähe. Aber die erstaunlichste Wirkung vollbrachten meine Augen. Meine Augen sahen wie Vogelaugen!
Als mich Don Juan aufforderte, einen Schnabel wachsen zu lassen, hatte ich das bedrückende Gefühl von Atemnot. Dann schwoll etwas heraus und bildete einen Klotz vor mir. Aber erst als Don Juan mich anwies, zur Seite zu blicken, waren meine Augen wirklich fähig, die seitliche Richtung voll zu erfassen. Ich konnte mit jedem Auge einzeln blinzeln und die Schärfeeinstellung von einem Auge aufs andere verlagern. Aber die Ansicht des Raumes und all der Dinge darin waren nicht wie eine gewöhnliche Ansicht. Es war jedoch unmöglich zu sagen, auf welche Weise sie sich von dieser unterschied. Vielleicht war sie schief, oder die Dinge waren unscharf. Don Juan wurde sehr groß und leuchtete. Etwas an ihm war beruhigend und beschützend. Dann wurden die Bilder unscharf, sie verloren ihre Konturen und wurden scharfkonturierte abstrakte Muster, die eine Weile flimmerten.

Sonntag, 28. März 1965

Am Donnerstag, dem 18. März, rauchte ich wieder die halluzinogene Mixtur. Der einleitende Vorgang unterschied sich in geringen Einzelheiten. Ich mußte den Pfeifenkopf einmal nachfüllen. Nachdem ich die erste Füllung verbraucht hatte, mußte ich den Pfeifenkopf reinigen, aber Don Juan schüttete die Mixtur selbst in den Pfeifenkopf, denn ich konnte meine Muskelreaktionen nicht kontrollieren. Es strengte mich sehr an, meine Arme zu bewegen. In meinem Beutel war genug Mixtur für eine neue Füllung. Don Juan sah den Beutel an und sagte, dies sei bis zum nächsten Jahr mein letzter Versuch mit dem Rauch, denn ich hatte all meine Vorräte verbraucht.
Er kehrte den kleinen Beutel um und schüttete den Staub auf die Schale mit den Holzkohlen. Es brannte leuchtend orange, so als hätte er ein Blatt transparenten Materials über die Holzkohlen gelegt. Das Blatt ging in Flammen auf und zerfiel dann in verschlungene Linienmuster. Etwas beschrieb mit großer Geschwin-

digkeit Zickzack-Linien. Don Juan bat mich, auf die Bewegungen der Linien zu achten. Ich sah etwas, das wie eine kleine Murmel aussah, die in dem glühenden Bereich hin- und herrollte. Er beugte sich vor, griff mit der Hand in die Glut, nahm die Murmel heraus und legte sie in den Pfeifenkopf. Ich mußte einen Zug machen. Ich hatte den deutlichen Eindruck, daß er die kleine Kugel in den Pfeifenkopf gelegt hatte, so daß ich sie einsaugen würde. In einem Augenblick verlor der Raum seine waagerechte Lage. Ich fühlte eine tiefe Erstarrung, ein Gefühl von Schwere.

Als ich erwachte, lag ich mit dem Rücken auf dem Boden eines flachen Bewässerungsgrabens, bis zum Kinn im Wasser. Jemand hielt meinen Kopf hoch. Es war Don Juan. Mein erster Gedanke war, daß das Wasser in dem Kanal eine ungewöhnliche Eigenschaft hatte; es war kalt und schwer. Es schlug leicht gegen mich und mit jeder seiner Bewegungen wurden meine Gedanken klarer. Zuerst hatte das Wasser einen hellen, grünen Lichtschein oder es fluoreszierte; bald verschwand diese Erscheinung und ließ nur einen gewöhnlichen Wasserfluß zurück.

Ich fragte Don Juan nach der Tageszeit. Er sagte, es sei früher Morgen. Nach einer Weile war ich völlig wach und stieg aus dem Wasser.

»Du mußt mir alles erzählen, was du gesehen hast«, sagte Don Juan, als wir zu seinem Haus kamen. Er sagte auch, daß er drei Tage lang versucht habe mich »zurückzubringen« und daß es sehr schwierig gewesen sei. Ich machte zahlreiche Versuche, zu beschreiben, was ich gesehen hatte, aber ich konnte mich nicht konzentrieren. Später, während des frühen Abends, fühlte ich mich bereit, mit Don Juan zu sprechen, und ich begann ihm zu erzählen, woran ich mich erinnerte, als ich auf die Seite gefallen war, aber davon wollte er nichts hören. Er sagte, der einzig interessante Abschnitt sei, was ich sah und was ich tat, nachdem er »mich in die Luft geworfen hatte und ich fortgeflogen war«. Ich konnte mich nur an eine Folge traumähnlicher Bilder oder Szenen erinnern. Sie hatten keine logische Folge. Ich hatte den Eindruck, daß jedes von ihnen wie eine einzelne Luftblase war, die mir vor Augen schwebte und sich dann wieder entfernte. Es waren jedoch nicht nur Szenen zum Ansehen. Ich befand mich in ihnen. Ich nahm an ihnen teil. Als ich anfangs versuchte, mich an sie zu erinnern, hatte ich den Eindruck, sie seien schwache, verschwommene Blitze, aber als ich über sie nachdachte, merkte ich, daß jedes von ihnen äußerst klar war, obwohl es nichts mit dem gewöhnlichen Sehen zu tun hatte – daher die Empfindung der Undeutlichkeit. Es waren wenige und einfache Bilder.

In dem Augenblick, als Don Juan erwähnte, daß er »mich in die Luft geworfen hatte«, erinnerte ich mich schwach an eine völlig klare Szene, in der ich ihn aus einiger Entfernung direkt ansah. Ich sah nur sein Gesicht an. Es war von monumentaler Größe.

Es war flach und leuchtete stark. Sein Haar war gelblich und bewegte sich. Jeder Teil seines Gesichts bewegte sich allein und strahlte eine Art bernsteinfarbenes Licht aus.

Im nächsten Bild hatte mich Don Juan wirklich hochgeworfen oder nach vorn geschleudert. Ich erinnere mich, daß ich »meine Flügel ausbreitete und flog«. Ich fühlte mich allein, als ich in schmerzlicher Vorwärtsbewegung durch die Luft glitt. Es war mehr wie Gehen als Fliegen. Es ermüdete meinen Körper. Es war kein Gefühl des freien Schwebens – der Überschwenglichkeit.

Dann erinnerte ich mich an einen Augenblick, in dem ich bewegungslos war und auf eine Masse scharfer, dunkler Kanten sah in einem Gebiet, das in dumpfes, melancholisches Licht getaucht war; dann sah ich ein Feld mit einer unendlichen Vielzahl von Lichtern. Die Lichter bewegten sich, flimmerten und änderten ihre Helligkeit. Sie waren fast wie Farben. Ihre Intensität blendete mich.

In einem anderen Augenblick berührte ein Objekt fast mein Auge. Es war ein dickes, an den Enden spitzes Objekt; es hatte einen klaren rosa Glanz. Ich fühlte ein plötzliches Zittern irgendwo in meinem Körper und sah eine Vielzahl ähnlicher rosa Formen auf mich zukommen. Sie alle bewegten sich auf mich zu. Ich sprang fort.

Das letzte Bild, an das ich mich erinnere, waren drei silberne Vögel. Sie strahlten ein leuchtendes, metallenes Licht aus, beinahe wie nichtrostender Stahl, aber stark, sehr lebhaft und bewegt. Ich mochte die Vögel, wir flogen zusammen.

Don Juan machte gar keine Bemerkungen zu meinem Bericht.

Dienstag, 23. März 1965

Das folgende Gespräch hatten wir einen Tag, nachdem ich mein Erlebnis erzählt hatte.

Don Juan sagte: »Es ist nicht viel nötig, um eine Krähe zu werden. Du bist eine geworden und jetzt wirst du immer eine sein.«

»Was ist passiert, nachdem ich eine Krähe geworden war, Don Juan? Bin ich drei Tage lang geflogen?«

»Nein, du bist in der Abenddämmerung, so wie ich es dir gesagt habe, zurückgekommen.«

»Aber wie bin ich zurückgekommen?«

»Du warst sehr müde und bist eingeschlafen. Das ist alles.«

»Ich meine, bin ich zurückgeflogen?«

»Ich habe es dir schon gesagt. Du hast mir gehorcht und bist zum Haus zurückgekommen. Aber sorge dich nicht wegen dieser Sache. Sie ist unwichtig.«

»Was ist dann wichtig?«

»In dieser ganzen Reise war nur eine einzige Sache von großem Wert – die silbernen Vögel!«

»Was ist so Besonderes an ihnen? Es waren nur Vögel.«
»Nicht einfach Vögel – es waren Krähen.«
»Waren es weiße Krähen, Don Juan?«
»Die schwarzen Federn einer Krähe sind in Wirklichkeit silbern. Die Krähen leuchten so stark, daß sie von anderen Vögeln nicht belästigt werden.«
»Warum sahen ihre Federn silbern aus?«
»Weil du sie sahst, wie eine Krähe sieht. Ein Vogel, der uns dunkel erscheint, erscheint einer Krähe weiß. Die weißen Tauben zum Beispiel, erscheinen einer Krähe rosa oder bläulich; Seemöwen sind gelb. Versuche dich jetzt zu erinnern, wie du dich ihnen angeschlossen hast.«
Ich dachte darüber nach, aber die Vögel waren ein schwaches, unzusammenhängendes Bild, das keine Kontinuität hatte. Ich sagte ihm, ich könne mich nicht erinnern, gefühlt zu haben, daß ich mit ihnen geflogen wäre. Er fragte mich, ob ich mich ihnen in der Luft oder am Boden angeschlossen hätte, aber ich konnte die Frage nicht beantworten. Er wurde fast zornig. Er verlangte, daß ich darüber nachdächte. Er sagte: »All das wird nicht die geringste Bedeutung haben und nur ein verrückter Traum sein, wenn du dich nicht genau erinnerst.« Ich strengte mich an, mich an alles zu erinnern, aber ich konnte es nicht.

Sonnabend, 3. April 1965

Heute dachte ich an ein anderes Bild in meinem »Traum« von den silbernen Vögeln. Ich erinnerte mich, eine dunkle Masse mit unzähligen Nadellöchern gesehen zu haben. Wirklich war die Masse ein dunkler Haufen kleiner Löcher. Ich weiß nicht, warum ich sie für weich hielt. Als ich sie ansah, flogen drei Vögel direkt auf mich zu. Einer von ihnen machte ein Geräusch; dann waren alle drei neben mir auf der Erde.
Ich schilderte Don Juan das Bild. Er fragte mich, aus welcher Richtung die Vögel gekommen wären. Ich sagte, ich könne es unmöglich bestimmen. Er wurde ziemlich ungeduldig und warf mir vor, starr und einseitig zu denken. Er sagte, ich würde mich sehr wohl erinnern können, wenn ich es versuchte, und daß ich bloß Angst davor hätte, etwas von meiner unbeugsamen Haltung aufzugeben. Er sagte, ich dächte in Begriffen von Mensch und Krähe, sei aber in der Zeit, an die ich mich erinnern wollte, weder ein Mann noch eine Krähe gewesen.
Ich sollte mir ins Gedächtnis zurückrufen, was die Krähe mir gesagt hatte. Ich versuchte, darüber nachzudenken, aber meine Gedanken spielten statt dessen mit einer Vielzahl anderer Dinge. Ich konnte mich nicht konzentrieren.

Sonntag, 4. April 1965

Heute machte ich einen langen Spaziergang. Es war schon ziemlich dunkel, als ich Don Juans Haus erreichte. Ich dachte über die Krähen nach, als mir plötzlich ein sehr seltsamer »Gedanke« einfiel. Es war mehr ein Eindruck oder ein Gefühl als ein Gedanke. Der Vogel der das Geräusch gemacht hatte, sagte, sie kämen aus dem Norden und zögen gen Süden, und wenn wir uns wiederträfen, würden sie denselben Weg kommen.

Ich sagte Don Juan, was ich mir ausgedacht oder woran ich mich vielleicht erinnert hatte. Er sagte: »Denk nicht darüber nach, ob du dich daran erinnert oder ob du es erfunden hast. Solche Gedanken passen nur zu Menschen. Sie passen nicht zu Krähen, besonders nicht zu denen, die du gesehen hast, denn sie sind die Sendboten deines Schicksals. Du bist bereits eine Krähe. Das wirst du nie ändern. Von jetzt an werden dir die Krähen mit ihrem Flug jede Wendung deines Schicksals erzählen. In welcher Richtung bist du mit ihnen geflogen?«

»Wie kann ich das wissen, Don Juan?«

»Wenn du richtig nachdenkst, wirst du dich erinnern. Setz dich auf den Boden und sag mir, wo du dich befandest, als die Vögel zu dir kamen. Schließ die Augen und mach einen Strich auf den Boden.« Ich folgte seinem Vorschlag und bestimmte den Punkt.

»Öffne deine Augen noch nicht!« Er fuhr fort: »In welche Richtung seid ihr von diesem Punkt aus geflogen?«

Ich machte eine andere Markierung auf dem Boden.

Don Juan bezog sich auf diese Orientierungspunkte und deutete die verschiedenen Flugmuster, nach denen sich die Krähen richten würden, um meine persönliche Zukunft oder mein Schicksal vorauszusagen. Er bestimmte die vier Punkte des Kompasses als Achse für die Krähenflüge.

Ich fragte ihn, ob die Krähen immer den Himmelsrichtungen folgten, um das Schicksal eines Mannes vorherzusagen. Er sagte, daß die Orientierung nur allein auf mich zuträfe; was immer die Krähen in meiner ersten Begegnung mit ihnen taten, sei von entscheidender Bedeutung. Er bestand darauf, daß ich mich an jede Einzelheit erinnerte, denn die Botschaft und das Muster der »Sendboten« sei eine individuelle, persönliche Sache.

An noch etwas anderes sollte ich mich erinnern, und das war die Tageszeit, zu der die Sendboten mich verließen. Ich sollte an den Unterschied im Licht um mich denken zwischen der Zeit, als »ich zu fliegen begann« und der Zeit, als die silbernen Vögel »mit mir flogen«. Als ich zuerst die Empfindung des schmerzhaften Fliegens hatte, war es dunkel. Aber als ich die Vögel sah, war alles rötlich – hellrot, oder vielleicht orange.

Er sagte: »Das bedeutet, es war später Tag; die Sonne war noch nicht untergegangen. Wenn es völlig dunkel ist, ist die Krähe vor Weiß blind und nicht vor Dunkelheit, wie dies bei uns der Fall

ist. Dieser zeitliche Anhaltspunkt verweist deine letzten Sendboten an das Ende des Tages. Sie werden dich rufen, und wenn sie über deinen Kopf fliegen, werden sie silbrig hell werden; du wirst sie gegen den Himmel leuchten sehen, und es wird bedeuten, daß deine Zeit um ist. Es wird bedeuten, daß du sterben und selbst eine Krähe werden wirst.«
»Was geschieht, wenn ich sie am Morgen sehe?«
»Du wirst sie nicht am Morgen sehen!«
»Aber Krähen fliegen den ganzen Tag.«
»Nicht deine Sendboten, du Narr!«
»Was ist mit *deinen* Sendboten, Don Juan?«
»Meine werden am Morgen kommen. Es werden ebenfalls drei sein. Mein Wohltäter sagte mir, daß man sie in die Schwärze zurückschreien könne, wenn man nicht sterben will. Aber jetzt weiß ich, daß es nicht geht. Mein Wohltäter war dem Rufen und all dem Gerede und der Leidenschaft des Teufelskrauts verfallen. Ich weiß, daß der Rauch anders ist, denn er ist ohne Leidenschaft. Er ist gerecht. Wenn deine silbernen Sendboten zu dir kommen, dann ist es nicht nötig, mit ihnen zu schreien. Fliege nur mit ihnen, so wie du es schon getan hast. Nachdem sie dich abgeholt haben, werden sie ihre Richtung umkehren, und es werden vier sein, die davonfliegen.«

Sonnabend, 10. April 1965

Ich erlebte kurze Momente der Verwirrung oder leichte Zustände nicht-alltäglicher Wirklichkeit.
Ein Element der halluzinogenen Erfahrung mit den Pilzen tauchte immer wieder in meinen Gedanken auf: die weiche, dunkle Masse der Nadellöcher. Ich sah sie immer wieder als eine Fett- oder Ölblase, die mich in ihre Mitte zu ziehen begann. Es war beinahe so, als würde die Mitte sich öffnen und mich verschlucken, und für sehr kurze Momente erlebte ich so etwas wie einen Zustand nicht-alltäglicher Wirklichkeit. Als Resultat stellten sich Momente tiefer Erregung, Angst und Unbehagen ein, und ich bemühte mich angestrengt, die Beobachtungen zu beenden, sobald sie begannen.
Heute diskutierte ich diese Erfahrungen mit Don Juan. Ich bat ihn um Hilfe. Er schien nicht beunruhigt und riet mir, diese Erfahrungen nicht zu beachten, denn sie seien bedeutungslos oder vielmehr wertlos. Er sagte, die einzigen Erlebnisse, die meiner Anstrengung und Besorgnis wert seien, wären die, in denen ich eine Krähe sah; jede andere Art von »Vision« sei lediglich das Ergebnis meiner Furcht. Er ermahnte mich wieder, daß ein starkes, ruhiges Leben nötig sei, um den Rauch einzunehmen. Ich selbst schien eine gefährliche Schwelle erreicht zu haben. Ich sagte ihm, daß ich wirklich glaubte, nicht weitermachen zu können; die Pilze hätten etwas wirklich Erschreckendes.

Beim Überdenken der Bilder aus meiner halluzinogenen Erfahrung war ich zu dem unvermeidlichen Schluß gekommen, daß ich die Welt in einer Weise gesehen hatte, die sich strukturell von gewöhnlicher Sicht unterschied. In anderen Zuständen nicht-alltäglicher Wirklichkeit, die ich erfahren hatte, waren die Formen und Muster, die ich sah, immer innerhalb meiner visuellen Vorstellung der Welt. Aber unter dem Einfluß der halluzinogenen Rauchmixtur war die Empfindung des Sehens nicht die gleiche. Alles, was ich sah, war vor mir in einer direkten Linie des Sehens; nichts lag über oder unter dieser Sehlinie.
Jedes Bild hatte eine irrisierend dünne Fläche und dennoch eine beunruhigende, dunkle Tiefe. Vielleicht wäre es genauer zu sagen, daß die Bilder ein Konglomerat unglaublich scharfer Einzelheiten waren, die in Feldern unterschiedlichen Lichts lagen; das Licht in den Feldern bewegte sich und erzeugte einen Rotationseffekt.
Nach den Versuchen und Anstrengungen, mich zu erinnern, war ich gezwungen, eine Reihe von Analogien und Gleichnissen aufzustellen, um zu »verstehen«, was ich »gesehen« hatte. Don Juans Gesicht zum Beispiel sah aus, als wäre er unter Wasser getaucht worden. Das Wasser schien sich in ununterbrochenem Fluß über sein Gesicht und seine Haare zu bewegen. Das Wasser vergrößerte Gesicht und Haare, so daß ich jede Pore seiner Haut und jedes Haar auf seinem Kopf sehen konnte, wann immer ich meinen Blick darauf lenkte. Andererseits sah ich Substanzmengen, die flach und voller Ecken waren, sich aber nicht bewegten, weil das Licht, das von ihnen ausging, sich nicht veränderte.
Ich fragte Don Juan, was die Dinge waren, die ich gesehen hatte. Er sagte, die Bilder seien nicht klar oder wichtig, weil es das erste Mal war, daß ich als Krähe gesehen hatte und daß ich später mit einiger Übung alles würde erkennen können.
Ich brachte den Unterschied zur Sprache, den ich in der Bewegung des Lichts entdeckt hatte. »Dinge, die leben«, sagte er, »bewegen sich innen, und eine Krähe kann leicht sehen, wenn etwas tot ist oder grade stirbt, weil die Bewegung aufgehört hat oder langsam zum Stillstand kommt. Eine Krähe kann auch sagen, wenn sich etwas zu schnell bewegt, und durch dieselben Zeichen kann eine Krähe sagen, wenn sich etwas genau richtig bewegt.«
»Was bedeutet es, daß sich etwas zu schnell oder grade richtig bewegt?«
»Es bedeutet, daß eine Krähe wirklich sagen kann, was zu vermeiden und was zu suchen ist. Wenn sich innen etwas zu schnell bewegt, bedeutet es, daß es gleich heftig explodieren oder vorwärts springen wird, und eine Krähe wird es meiden. Wenn es sich innen gerade richtig bewegt, dann ist es ein beruhigender Anblick, und eine Krähe wird es suchen.«
»Bewegen sich Felsen innen?«

»Nein, weder Steine, noch tote Tiere oder tote Bäume. Aber sie sind schön anzusehen. Darum halten sich Krähen bei toten Gegenständen auf. Sie sehen sie gerne an. In ihnen bewegt sich kein Licht.«
»Aber wenn das Fleisch verwest, verändert oder bewegt es sich nicht?«
»Ja, aber das ist eine andere Bewegung. Eine Krähe sieht dann Millionen von Dingen, die sich mit ihrem eigenen Licht im Fleisch bewegen, und das sieht eine Krähe gern. Es ist wirklich ein unvergeßlicher Anblick.«
»Hast du es selbst gesehen, Don Juan?«
»Jeder, der lernt, eine Krähe zu werden, kann es sehen. Du wirst es selbst sehen.«
An diesem Punkt stellte ich Don Juan die unvermeidliche Frage. »Wurde ich wirklich eine Krähe? Ich meine, würde jeder, der mich sah, gedacht haben, ich sei eine gewöhnliche Krähe?«
»Nein. So kannst du nicht denken, wenn du dich mit der Macht der Verbündeten befaßt. Solche Fragen sind sinnlos, und doch ist es das einfachste aller Dinge, eine Krähe zu werden. Es ist fast wie ein lustiger Streich; es hat nur wenig Nutzen. Ich habe dir schon gesagt, der Rauch ist nicht für jene, die Macht suchen. Er ist nur für die, die zu sehen verlangen. Ich habe gelernt, eine Krähe zu werden, weil diese Vögel von allen die kräftigsten sind. Keine anderen Vögel belästigen sie, außer vielleicht die großen hungrigen Adler, aber Krähen fliegen in Gruppen und können sich verteidigen. Auch die Menschen belästigen die Krähen nicht, und das ist ein wichtiger Punkt. Jeder Mensch kann einen großen Adler unterscheiden, besonders einen ungewöhnlichen Adler oder jeden anderen ungewöhnlichen Vogel, wer aber kümmert sich um eine Krähe? Eine Krähe ist sicher. Sie hat die richtige Größe und Anlage. Sie kann sicher jeden Platz einnehmen, ohne Aufmerksamkeit zu erregen. Andererseits ist es möglich, ein Löwe oder ein Bär zu werden, aber das ist ziemlich gefährlich. Solch ein Wesen ist zu groß; es ist zu viel Energie nötig, es zu werden. Man kann auch eine Grille oder eine Eidechse oder sogar eine Ameise werden, aber das ist sogar noch gefährlicher, denn die großen Tiere lauern kleinen Wesen auf.«
Ich erwiderte, daß das, was er sagte, bedeute, daß man wirklich zur Krähe, zur Grille oder zu irgend etwas anderem werde. Aber er blieb dabei, daß ich ihn falsch verstünde.
»Es dauert sehr lange, bis man lernt, eine richtige Krähe zu werden«, sagte er. »Aber du hast dich nicht verändert, noch hast du aufgehört, ein Mensch zu sein. Es ist etwas anderes.«
»Kannst du mir sagen, was dieses andere ist, Don Juan?«
»Vielleicht weißt du es inzwischen selbst. Wenn du nicht so viel Angst hättest, wahnsinnig zu werden oder deinen Körper zu ver-

lieren, würdest du dieses wunderbare Geheimnis vielleicht verstehen. Aber vielleicht mußt du warten, bis du deine Furcht verlierst, um zu verstehen, was ich meine.«

11

Das letzte Ereignis, das ich in meinen Notizen aufzeichnete, fand im September 1965 statt. Es war die letzte von Don Juans Lehren. Ich nannte es »einen speziellen Zustand nicht-alltäglicher Wirklichkeit«, denn es war nicht die Folge einer der Pflanzen, die ich zuvor genommen hatte. Es schien, als riefe Don Juan diesen Zustand durch eine sorgfältige Manipulation seiner eigenen Merkmale hervor; man kann auch sagen, er verhielt sich so geschickt vor mir, daß er den klaren und nachdrücklichen Eindruck erweckte, nicht wirklich er selbst zu sein, sondern jemand, der ihn verkörperte. Als Ergebnis erlebte ich ein tiefes Gefühl des Widerspruchs; ich wollte glauben, daß es Don Juan sei, und doch konnte ich dessen nicht sicher sein. Die Nebenwirkung des Widerspruchs war eine bewußte Angst, die so heftig war, daß sie meine Gesundheit für mehrere Wochen beeinträchtigte. Später glaubte ich, es wäre klug gewesen, meine Unterweisung damals abzubrechen. Seit dieser Zeit habe ich mich nie wieder beteiligt, doch Don Juan hat nicht aufgehört, mich als seinen Schüler zu betrachten. Er hat mein Weggehen nur als eine notwendige Periode der Rekapitulation betrachtet, einen weiteren Schritt des Lernens, der von unbestimmter Dauer sein mochte. Seit dieser Zeit jedoch hat er nie über sein Wissen gesprochen.

Ich schrieb den ausführlichen Bericht meiner letzten Erfahrung fast einen Monat nach den Ereignissen, obwohl ich schon viele Notizen über die bedeutendsten Punkte am folgenden Tag gemacht hatte, während der Stunden großer emotionaler Erregung, die dem Höhepunkt meiner Furcht vorausgingen.

Freitag, 29. Oktober 1965

Am Donnerstag, den 30 September, ging ich zu Don Juan. Die kurzen, leichten Zustände nicht-alltäglicher Wirklichkeit waren geblieben, trotz meiner wohlüberlegten Versuche, sie zu beenden oder abzuschütteln, so wie es Don Juan vorgeschlagen hatte. Ich merkte, daß meine Verfassung schlimmer wurde, denn die Dauer derartiger Zustände nahm zu. Ich wurde deutlich auf das Geräusch von Flugzeugen aufmerksam. Das Geräusch ihrer Motoren über mir zog unwillkürlich meine Aufmerksamkeit auf sich und hielt sie bis zu dem Punkt fest, an dem ich glaubte, dem Flugzeug zu folgen, als wäre ich in ihm oder flöge neben ihm her.

Diese Empfindung war sehr beunruhigend. Meine Unfähigkeit, sie abzuschütteln, rief tiefe Angst in mir hervor.
Nachdem Don Juan aufmerksam allen Einzelheiten zugehört hatte, schloß er daraus, daß ich unter dem Verlust der Seele litt. Ich sagte ihm, daß ich diese Halluzinationen erlebte, seitdem ich die Pilze rauchte, aber er bestand darauf, daß es eine neue Entwicklung sei. Er sagte, daß ich früher ängstlicher gewesen sei und nur »unsinnige Dinge geträumt« hätte, aber das ich jetzt wirklich verhext sei. Der Beweis dafür sei das Geräusch fliegender Flugzeuge, das mich forttragen konnte. Gewöhnlich, sagte er, kann das Geräusch eines Baches oder eines Flusses einen behexten Menschen, der seine Seele verloren hat, einfangen, und ihn zu seinem Tod forttragen. Dann bat er mich, all meine Handlungen während der Zeit zu beschreiben, bevor ich die Halluzinationen erlebte. Ich erzählte alle Handlungen auf, an die ich mich erinnern konnte. Aus meinem Bericht bestimmte er den Platz, wo ich meine Seele verloren hatte.
Don Juan schien sehr in Gedanken versunken, etwas, das für ihn sehr ungewöhnlich war. Es vergrößerte natürlich meine Furcht. Er sagte, er wüßte nicht genau, wer meine Seele gefangen hätte, aber wer immer es war, er hatte zweifellos vor, mich zu töten oder mich sehr krank zu machen. Dann gab er mir genaue Anweisungen über eine »Kampfhaltung«, eine besondere körperliche Haltung, die ich einzunehmen hatte, solange ich mich auf meiner bevorzugten Stelle aufhielt. Ich *mußte* diese Haltung, die er eine Kampfstellung nannte (*una forma para pelear*), beibehalten.
Ich fragte ihn, wozu das alles sei und gegen wen ich kämpfen würde. Er antwortete, daß er fortgehen werde, um zu sehen, wer meine Seele genommen hatte und herausfinden wolle, ob es möglich sei, sie zurückzuholen. In der Zwischenzeit sollte ich bis zu seiner Rückkehr auf meiner Stelle bleiben. Die Kampfhaltung war in Wirklichkeit eine Vorsichtsmaßnahme, sagte er, falls etwas während seiner Abwesenheit passierte, und sie mußte angewandt werden, falls ich angegriffen würde. Sie bestand im Schlagen der Wade und des Oberschenkels meines rechten Beines und dem Aufstampfen des linken Fußes in einer Art Tanz, den ich tanzen mußte, während ich dem Angreifer gegenüberstand.
Er ermahnte mich, diese Haltung nur in Momenten äußerster Gefahr einzunehmen, aber solange keine Gefahr bestand, sollte ich einfach mit gekreuzten Beinen auf meiner Stelle sitzen. In Augenblicken äußerster Gefahr jedoch, sagte er, könne ich zu einem letzten Mittel der Verteidigung greifen – einen Gegenstand gegen den Feind schleudern. Er sagte, daß man gewöhnlich ein Macht-Objekt wirft, aber da ich keines besaß, war ich gezwungen, irgendeinen kleinen Stein zu nehmen, der in die Fläche meiner rechten Hand paßte. Es mußte ein Stein sein, den ich mit dem

Daumen gegen die Handfläche pressen konnte. Er sagte, daß man diese Methode nur anwenden soll, wenn man unbestreitbar in Gefahr sei, das Leben zu verlieren. Das Schleudern des Objekts mußte von einem Kriegsschrei begleitet werden, ein Schrei, der die Eigenschaft hatte, das Objekt auf sein Ziel zu lenken. Entschieden ermahnte er mich, mit dem Schrei vorsichtig und überlegt zu sein, ihn nicht blindlings anzuwenden, sondern nur »im genauen Bewußtsein der ernsten Situation«.

Ich fragte ihn, was er mit dem »genauen Bewußtsein der ernsten Situation« meinte. Er sagte, daß der Ausruf oder Kriegsschrei etwas sei, das einem Menschen für die Dauer seines Lebens bleibe; deshalb müsse er von Anfang an gut sein. Er müsse richtig begonnen, das heißt, die angeborene Furcht und Hast unterdrückt werden, bis man völlig mit Kraft durchdrungen sei, und dann würde der Schrei mit Ziel und Kraft ausbrechen. Er sagte, dies sei das Bewußtsein der ernsten Situation, das notwendig sei, um den Schrei auszustoßen.

Ich bat ihn, mir die Kraft zu erklären, von der man vor dem Ausruf durchdrungen sein sollte. Er sagte, das sei etwas, das vom Boden, auf dem man stand, durch den Körper lief; es sei eine Art Kraft, die, genau gesagt, von der bevorzugten Stelle ausging. Es sei eine Kraft, die den Schrei ausstieß. Wenn so eine Kraft richtig gehandhabt würde, wäre der Kampfschrei vollkommen.

Ich fragte ihn wieder, ob er glaube, daß mir etwas passieren würde. Er sagte, er wüßte nichts darüber und ermahnte mich eindringlich, solange es nötig war, fest auf meiner Stelle zu bleiben, denn dies sei der einzige Schutz, den ich gegen alles hätte, was passieren könnte.

Ich begann mich zu fürchten; ich bat ihn, mir mehr zu sagen. Er sagte, er wüßte nur, daß ich mich unter gar keinen Umständen bewegen sollte; ich sollte weder ins Haus noch in die Büsche gehen. Vor allem, sagte er, solle ich kein einziges Wort sprechen, nicht einmal zu ihm. Er sagte, ich könnte meine Mescalitolieder singen, wenn ich mich zu sehr fürchtete, und dann fügte er hinzu, daß ich schon zuviel über diese Dinge wüßte, um noch über die Wichtigkeit gewissenhaften Handelns wie ein Kind belehrt werden zu müssen.

Seine Ermahnungen riefen einen Zustand tiefer Angst in mir hervor. Ich war sicher, er erwartete, daß irgend etwas passieren würde. Ich fragte ihn, warum er mir riet, die Mescalitolieder zu singen und was mich seiner Meinung nach erschrecken würde. Er lachte und sagte, ich könnte Angst davor bekommen, allein zu sein. Er ging ins Haus und schloß die Tür hinter sich. Ich sah auf meine Uhr. Es war 7 Uhr abends. Ich saß lange Zeit still. Aus Don Juans Raum kamen keine Geräusche. Alles war still. Es war windig. Ich dachte daran, aus meinem Auto schnell meine Windjacke zu holen, aber ich wagte es nicht, gegen Don

Juans Rat zu handeln. Ich war nicht schläfrig, aber erschöpft; der kalte Wind hinderte mich auszuruhen.
Vier Stunden später hörte ich Don Juan ums Haus gehen. Ich dachte, er könnte, um in den Büschen zu urinieren, zur Hintertür hinausgegangen sein. Dann rief er mich laut.
»He Junge! He Junge! Ich brauch dich hier«, sagte er.
Ich wäre beinahe aufgestanden, um zu ihm zu gehen. Es war seine Stimme, aber weder sein Tonfall noch seine gewöhnlichen Worte. Don Juan hatte mich nie »He Junge!« gerufen. Ich blieb, wo ich war. Schauer liefen meinen Rücken herauf. Er begann wieder, mit demselben oder einem ähnlichen Ausdruck zu rufen.
Ich hörte ihn hinten ums Haus gehen. Er stolperte über einen Holzhaufen, als wüßte er nicht, daß er dort sei. Dann kam er zu der Veranda und setzte sich neben die Tür mit dem Rücken zur Wand. Er schien schwerer als gewöhnlich. Seine Bewegungan waren nicht langsam oder unbeholfen, nur schwerer. Er ließ sich auf den Boden fallen, statt geschickt auf den Boden zu gleiten, wie er es gewöhnlich tat. Außerdem war es nicht seine Stelle, und Don Juan würde unter gar keinen Umständen irgendwo anders sitzen.
Dann sprach er wieder mit mir. Er fragte mich, warum ich nicht gekommen sei, als er mich brauchte. Er sprach laut. Ich wollte ihn nicht ansehen, und doch hatte ich das zwingende Verlangen, ihn zu beobachten. Er begann, sich leicht von Seite zu Seite zu wiegen. Ich änderte meine Position, nahm die Kampfhaltung ein, die er mich gelehrt hatte und drehte mich ihm direkt zu. Meine Muskeln waren steif und seltsam angespannt. Ich wußte nicht, was mich veranlaßte, die Kampfhaltung einzunehmen, vielleicht, weil ich glaubte, Don Juan versuche absichtlich, mich zu erschrecken, indem er den Eindruck schuf, daß die Person, die ich sah, nicht wirklich er selbst war. Ich hatte das Gefühl, daß er sich bewußt ungewohnt verhielte, um Zweifel in mir hervorzurufen. Ich fürchtete mich, aber ich fühlte mich der Situation noch gewachsen, da ich das ganze Geschehen tatsächlich aufmerksam beobachtete und analysierte.
In diesem Augenblick stand Don Juan auf. Seine Bewegungen waren äußerst ungewöhnlich. Er hielt seine Arme vor dem Körper und drückte sich mit dem Gesäß vom Boden ab; dann griff er nach der Tür und richtete den Oberkörper auf. Ich war erstaunt, wie ungemein vertraut ich mit seinen Bewegungen war und was für ein schreckliches Gefühl er hervorgerufen hatte, indem er mich einen Don Juan sehen ließ, der sich nicht wie Don Juan bewegte.
Er machte einige Schritte auf mich zu. Er hielt sich mit beiden Händen den Rücken, als versuche er, sich aufzurichten oder als hätte er Schmerzen. Er wimmerte und schnaufte. Seine Nase schien verstopft zu sein. Er sagte, er würde mich mit sich nehmen

und befahl mir, aufzustehen und ihm zu folgen. Er ging zur Westseite des Hauses. Ich veränderte meine Haltung in seine Richtung. Er drehte sich nach mir um. Ich bewegte mich nicht von meiner Stelle; ich war an ihr festgeklebt.
Er brüllte, »he Junge! Ich hab dir gesagt, du sollst mitkommen. Wenn du nicht kommst, dann hole ich dich!«
Er ging auf mich zu. Ich begann auf Wade und Schenkel zu schlagen und tanzte schnell. Er kam bis zur Ecke der Veranda vor mir und berührte mich fast. Fieberhaft schnell bereitete ich meinen Körper vor, um die Wurfhaltung einnehmen zu können, aber er wechselte die Richtung und bewegte sich von mir weg in Richtung der Büsche auf meiner linken Seite. Während er wegging, drehte er sich in einem Augenblick plötzlich um, aber ich saß ihm direkt gegenüber.
Er verschwand. Ich blieb noch eine Weile in der Kampfhaltung, aber als ich ihn nicht mehr sah, setzte ich mich mit gekreuzten Beinen mit dem Rücken zum Felsen. Aber dann fürchtete ich mich wirklich. Ich wollte fortlaufen, aber der Gedanke erschreckte mich noch mehr. Ich glaubte, ich wäre ihm ganz ausgeliefert, wenn er mich auf dem Weg zu meinem Auto fing. Ich begann die Peyotelieder zu singen, die ich kannte. Aber irgendwie fühlte ich, daß sie hier wirkungslos seien. Sie wirkten nur beruhigend und besänftigend. Ich sang sie wieder und wieder.
Ungefähr um 2.45 Uhr morgens hörte ich ein Geräusch im Haus. Ich änderte sofort meine Haltung. Die Tür schwang auf, und Don Juan stolperte heraus. Er keuchte und hielt sich die Kehle. Er kniete sich vor mich und stöhnte. Er bat mich mit hoher, wimmernder Stimme, zu kommen und ihm zu helfen. Er machte gurgelnde Geräusche. Er flehte mich an, zu kommen und ihm zu helfen, weil er an etwas ersticke. Er kroch auf Händen und Füßen, bis er fast einen Meter von mir entfernt war. Er streckte seine Hände nach mir aus. Er sagte, »komm her!« Dann stand er auf. Seine Arme waren nach mir ausgestreckt. Er schien bereit, mich zu greifen. Ich stampfte mit dem Fuß auf den Boden und schlug Wade und Schenkel zusammen. Ich war außer mir vor Furcht.
Er blieb stehen und ging dann an der Seite des Hauses in die Büsche. Ich veränderte meine Lage in seine Richtung. Dann setzte ich mich wieder. Ich wollte nicht mehr singen. Meine Energie schien nachzulassen. Mein ganzer Körper schmerzte; all meine Muskeln waren steif und schmerzhaft angespannt. Ich wußte nicht, was ich denken sollte. Ich konnte mich nicht entscheiden, ob ich auf Don Juan wütend sein sollte oder nicht. Ich dachte daran, ihn anzufallen, aber irgendwie wußte ich, daß er mich wie eine Wanze zertreten hätte. Ich wollte in Tränen ausbrechen. Ich empfand tiefe Verzweiflung; ich wollte weinen bei dem Gedanken, daß Don Juan alles daran setzte, mich zu

erschrecken. Ich war unfähig, einen Grund für seine gewaltige schauspielerische Darstellung zu finden; seine Bewegungen waren so verschlagen, daß ich verwirrt wurde. Es war, als versuche er, sich wie eine Frau zu bewegen; es war, als versuche eine Frau, sich wie Don Juan zu bewegen. Ich hatte den Eindruck, daß sie wirklich versuchte, sich mit Don Juans Behutsamheit zu bewegen und zu gehen, aber sie war zu schwer und nicht so gelenkig wie Don Juan. Wer immer vor mir war, rief den Eindruck hervor, eine jüngere, schwere Frau zu sein, die versuchte, die langsamen Bewegungen eines beweglichen, alten Mannes nachzuahmen.

Diese Gedanken stürzten mich in einen Zustand der Panik. Ganz in meiner Nähe begann eine Grille laut zu rufen. Ich bemerkte die Fülle ihres Tons; ich stellte sie mir mit einer Baritonstimme vor. Der Ruf begann zu verblassen. Plötzlich zuckte mein ganzer Körper. Ich nahm die Kampfhaltung wieder ein und drehte mich in die Richtung, aus der der Grillenruf gekommen war. Der Klang trug mich fort; er hatte schon begonnen mich einzufangen, bevor ich merkte, daß er einem Grillenruf nur ähnlich war. Der Klang kam wieder näher. Er wurde schrecklich laut. Ich begann meine Peyotelieder lauter und lauter zu singen. Plötzlich verstummte die Grille. Ich setzte mich sofort hin, sang aber weiter. Einen Augenblick später sah ich die Gestalt eines Mannes auf mich zurennen. Er kam aus der Richtung, die dem Grillenruf entgegengesetzt war. Ich schlug meine Hände auf Schenkel und Wade und stampfte wild und rasend. Die Gestalt zog sehr schnell an mir vor bei und berührte mich fast. Sie sah wie ein Hund aus. Ich erlebte eine so schreckliche Furcht, daß ich wie betäubt war. Ich kann mich nicht erinnern, irgend etwas anderes gefühlt oder gedacht zu haben.

Der Morgentau war erfrischend. Ich fühlte mich besser. Was immer das Phänomen war, es schien sich zurückgezogen zu haben. Es war 5.48 Uhr morgens, als Don Juan leise die Tür öffnete und herauskam. Er streckte die Arme, gähnte, und sein Blick streifte mich. Er machte zwei Schritte auf mich zu, während er immer noch gähnte. Ich sah seine Augen durch halbgeschlossene Lider blicken. Ich sprang auf; jetzt wußte ich: Wer oder was auch immer vor mir stand – Don Juan war es nicht.

Ich nahm einen kleinen, scharfkantigen Stein vom Boden. Er lag neben meiner rechten Hand. Ich sah ihn nicht an; ich hielt ihn nur, indem ich ihn mit meinem Daumen gegen meine ausgestreckten Finger preßte. Ich nahm die Haltung ein, die Don Juan mir gezeigt hatte. Ich fühlte in Sekundenschnelle eine merkwürdige Kraft in mir aufsteigen. Dann schrie ich und warf den Stein nach ihm. Es war ein unglaublicher Aufschrei. In diesem Augenblick war es mir egal, ob ich lebte oder starb. Ich fühlte, daß der Schrei in seiner Gewalt furchterregend war. Er war durchdringend und lang und lenkte wirklich auf mein Ziel. Die Gestalt vor mir schwankte, kreischte und taumelte zur Seite des Hauses und wieder in die Büsche. Ich brauchte Sekunden, um mich zu beruhigen. Ich konnte nicht mehr sitzen; ich ging an einer Stelle hin und her. Ich mußte durch den Mund atmen, um genug Luft zu kriegen.

Um 11 Uhr vormittags kam Don Juan wieder heraus. Ich wollte hochspringen, aber es waren *seine* Bewegungen. Er ging direkt zu seiner Stelle und setzte sich, so wie er es immer tat. Er sah mich an und lächelte. Er war Don Juan! Ich ging zu ihm, und statt zornig zu sein, küßte ich seine Hand. Ich glaubte nun wirklich, daß er mir nichts vorgespielt hatte, um einen dramatischen Effekt zu erreichen, sondern daß jemand ihn verkörpert hatte, um mir zu schaden oder mich zu töten.

Das Gespräch begann mit Vermutungen über die Identität einer *weiblichen* Person, die angeblich meine Seele genommen hatte. Dann bat mich Don Juan, ihm jede Einzelheit meiner Erfahrung zu erzählen.

Ich erzählte sehr behutsam die ganze Folge der Ereignisse. Er lachte die ganze Zeit, so als sei es ein Scherz. Als ich fertig war, sagte er: »Du hast es gut gemacht. Du hast den Kampf um deine Seele gewonnen. Aber diese Sache ist ernster, als ich dachte. Dein Leben war keinen Pfennig wert letzte Nacht. Man kann von Glück reden, daß du in der Vergangenheit etwas gelernt hast. Wenn du nicht ein wenig Übung gehabt hättest, wärest du jetzt tot, denn wen immer du letzte Nacht gesehen hast, er wollte dich erledigen.«

»Wie ist es möglich, Don Juan, daß sie deine Stelle einnehmen konnte?«

»Sehr einfach. Sie ist eine *diablera* und hat einen guten Helfer auf der anderen Seite. Aber sie hat mich nicht allzugut nachgeahmt, und du hast ihre Tricks durchschaut.«

»Ist ein Helfer auf der anderen Seite das gleiche wie ein Verbündeter?«

»Nein, ein Helfer ist die Stütze eines *diablero*. Ein Helfer ist ein Geist, der auf der anderen Seite der Welt lebt und einem *diablero* hilft, Krankheit und Schmerzen zu verursachen. Er hilft ihm zu töten.«

»Kann ein *diablero* auch einen Verbündeten haben, Don Juan?«

»Es sind die *diableros*, die Verbündete haben, aber bevor ein *diablero* einen Verbündeten zähmen kann, hat er gewöhnlich einen Helfer bei seinen Aufgaben.«

»Was ist mit der Frau, die deine Gestalt annahm, Don Juan? Hat sie nur einen Helfer und keinen Verbündeten?«

»Ich weiß nicht, ob sie einen Verbündeten hat oder nicht. Einige Leute mögen die Macht eines Verbündeten nicht und bevorzugen einen Helfer. Einen Verbündeten zu zähmen ist harte

Arbeit. Es ist einfacher, einen Helfer auf der anderen Seite zu gewinnen.«
»Glaubst du, *ich* könnte einen Helfer bekommen?«
»Um das zu wissen, mußt du viel mehr lernen. Wir sind wieder am Anfang, es ist beinahe wie am ersten Tag, als du gekommen bist und mich gebeten hast, von Mescalito zu erzählen, und ich konnte es nicht, weil du es nicht verstanden hättest. Jene andere Seite ist die Welt der *diableros*. Ich glaube, es ist am besten, ich erzähle dir meine eigenen Gefühle genau so, wie mir mein Wohltäter seine erzählt hat. Er war ein *diablero* und ein Krieger; sein Leben richtete sich auf die Kraft und die Gewalt der Welt. Aber ich bin weder das eine noch das andere. Das ist meine Veranlagung. Du hast meine Welt von Anfang an gesehen. Wenn ich dir die Welt meines Wohltäters zeigen soll, kann ich dich nur an die Schwelle führen, und du wirst allein zu entscheiden haben; nur deine eigene Bemühung wird dich etwas über sie erfahren lassen. Ich muß zugeben, daß ich einen Fehler gemacht habe. Ich sehe jetzt, daß es viel besser ist, so anzufangen, wie ich angefangen habe. Dann ist es leichter zu erkennen, wie einfach und doch tiefreichend der Unterschied ist. Ein *diablero* ist ein *diablero* und ein Krieger ist ein Krieger. Oder ein Mann kann beides sein. Es gibt genug Leute, die beides sind. Aber ein Mann, der nur auf den Wegen des Lebens geht, ist alles. Heute bin ich weder ein Krieger, noch ein *diablero*. Für mich gibt es nur das Reisen auf Wegen, die Herz haben, auf jedem Weg reise ich, der vielleicht ein Weg ist, der Herz hat. Dort reise ich, und die einzig lohnende Herausforderung ist, seine ganze Länge zu gehen. Und dort reise ich und sehe und sehe atemlos.«
Er hielt inne. Sein Gesicht verriet eine besondere Stimmung; er schien ungewöhnlich ernst. Ich wußte nicht, was ich fragen oder sagen sollte. Er fuhr fort:
»Das Besondere zu lernen bedeutet, wie man den Riß zwischen den Welten erreicht und wie man die andere Welt betritt. Es gibt einen Riß zwischen den zwei Welten, der Welt der *diableros* und der Welt der lebenden Menschen. Es gibt einen Ort, wo sich die beiden Welten überschneiden. Dort ist der Riß. Er öffnet und schließt sich wie eine Tür im Wind. Um dorthin zu gelangen, muß ein Mensch seinen Willen üben. Ich würde sagen, er muß ein unbezähmbares Verlangen danach entwickeln – eine zielstrebige Hingabe. Aber er muß es ohne die Hilfe irgendeiner Macht oder irgendeines Menschen tun. Der Mensch muß allein nachdenken und es bis zu einem Augenblick wünschen, in dem sein Körper bereit ist, die Reise aufzunehmen. Dieser Augenblick wird durch anhaltendes Zittern der Glieder und heftiges Erbrechen angekündigt. Der Mann kann gewöhnlich weder schlafen noch essen – es geht ihm immer schlechter. Wenn die Krämpfe nicht aufhören, ist der Mann bereit zu gehen, und der

Riß zwischen den Welten erscheint direkt vor seinen Augen, wie eine riesige Tür, ein Riß, der nach oben und unten geht. Wenn der Riß sich öffnet, muß der Mann durch ihn hindurchgleiten. Es ist schwierig, auf der anderen Seite der Grenze zu sehen. Es ist windig wie bei einem Sandsturm. Der Wind wirbelt umher. Der Mann muß dann in irgendeine Richtung gehen. Je nach seiner Willensstärke wird es eine kurze oder eine lange Reise sein. Ein willensstarker Mann reist kurze Zeit. Ein unentschlossener, schwacher Mann reist lange und gefährlich. Nach dieser Reise kommt der Mann an eine Art Plateau. Es ist möglich, einige seiner Merkmale klar zu unterscheiden. Es ist eine Ebene über dem Boden. Es ist möglich, sie am Wind zu erkennen, der dort noch wilder wird und überall pfeift und dröhnt. Auf den Höhen dieses Plateaus ist der Eingang zu jener anderen Welt. Und dort befindet sich eine Haut, die die zwei Welten trennt; tote Männer durchqueren sie ohne Geräusch, aber wir müssen sie mit einem Aufschrei durchbrechen. Der Wind nimmt an Stärke zu, der gleiche, widerspenstige Wind, der auf dem Plateau weht. Wenn der Wind genug Kraft gesammelt hat, muß der Mensch schreien, und der Wind wird ihn hindurchstoßen. Auch hier muß sein Wille unbeugsam sein, damit er gegen den Wind ankämpfen kann. Er braucht nur einen leichten Schub; er muß nicht an das Ende jener anderen Welt geblasen werden. Wenn er einmal auf der anderen Seite ist, wird der Mann umherwandern müssen. Sein großes Glück wäre es, in der Nähe einen Helfer zu finden – nicht zu weit von dem Eingang. Der Mann muß ihn um Hilfe bitten. Mit seinen eigenen Worten muß er den Helfer bitten, ihn zu unterweisen und ihn zu einem *diablero* zu machen. Wenn der Helfer zustimmt, tötet er den Mann auf der Stelle, und sobald er tot ist, unterweist er ihn. Wenn du die Reise selbst machst, könntest du, je nach deinem Glück, einen großen *diablero* in dem Helfer finden, der dich töten und unterweisen wird. Aber meistens trifft man geringere *brujos*, die sehr wenig zu lehren haben. Aber weder du noch sie haben die Macht abzulehnen. Das Beste wäre es, einen männlichen Helfer zu finden, damit man nicht die Beute einer *diablera* wird, die dich auf unglaubliche Weise leiden lassen kann. Frauen sind immer so. Aber das hängt allein vom Glück ab, es sei denn, man hat einen Wohltäter, der selbst ein großer *diablero* ist; in diesem Fall wird er viele Helfer in der anderen Welt haben und kann einen zu einem besonderen Helfer schicken. Mein Wohltäter war solch ein Mann. Er führte mich zu einem Treffen mit seinem helfenden Geist. Nach deiner Rückkehr wirst du nicht derselbe Mensch sein. Du bist verpflichtet, zurückzukommen und deinen Helfer oft zu sehen. Und du bist verpflichtet, dich weiter und weiter von dem Eingang zu entfernen, bis du schließlich eines Tages zu weit gehen wirst und unfähig bist zurückzukehren. Manchmal fängt ein *diablero* vielleicht eine Seele und schiebt sie durch den Eingang und läßt sie in der Obhut seines Helfers, bis er die Person ihrer Willenskraft beraubt hat. In anderen Fällen, wie zum Beispiel in deinem, gehört die Seele einer willensstarken Person, und der *diablero* behält sie vielleicht in seinem Beutel, weil sie anders zu schwierig zu tragen ist. In solchen Fällen wie in deinem könnte ein Kampf das Problem lösen – ein Kampf, in dem der *diablero* entweder alles gewinnt oder alles verliert. Diesmal verlor sie den Kampf und mußte deine Seele freigeben. Hätte sie gewonnen, hätte sie sie für immer zu ihrem Helfer gebracht.«

»Aber wie habe ich gewonnen?«

»Du hast dich nicht von deiner Stelle gerührt. Hättest du dich einen Zentimeter fortbewegt, wärest du zerstört worden. Sie wählte den Augenblick, als ich fort war, als die beste Zeit zum Zuschlagen, und sie machte es gut. Sie verlor, weil sie nicht mit deiner eigenen, heftigen Natur rechnete, und sie verlor auch, weil du dich nicht von der Stelle bewegtest, auf der du unbesiegbar bist.«

»Wie hätte sie mich getötet, wenn ich mich bewegt hätte?«

»Sie hätte dich wie ein Donnerschlag getroffen. Vor allem aber hätte sie deine Seele behalten, und du wärst dahingesiecht.«

»Was wird jetzt geschehen, Don Juan?«

»Nichts. Du hast deine Seele zurückgewonnen. Es war ein guter Kampf. Du hast letzte Nacht sehr viel gelernt.«

Später begannen wir den Stein zu suchen, den ich geworfen hatte. Er sagte, wenn wir ihn fänden, könnten wir absolut sicher sein, daß die Sache beendet sei. Wir suchten beinahe drei Stunden lang. Ich hatte das Gefühl, ich würde ihn wiedererkennen, aber ich fand ihn nicht.

Früh am Abend desselben Tages nahm mich Don Juan zu den Hügeln um sein Haus mit. Dort gab er mir lange und ausführliche Anweisungen über besondere Kampfhaltungen. In einem Augenblick, während ich bestimmte, vorgeschriebene Schritte wiederholte, war ich plötzlich allein. Ich war einen Hang hinaufgelaufen und ganz außer Atem. Ich schwitzte sehr, obwohl es kalt war. Ich rief Don Juan mehrere Male, aber er antwortete nicht, und ich begann eine seltsame Furcht zu erleben. Ich hörte ein Rascheln im Untergehölz, als ob jemand auf mich zukäme. Ich hörte aufmerksam hin, aber das Geräusch verstummte. Dann hörte ich es wieder, lauter und näher. In diesem Augenblick kam mir der Gedanke, daß sich die Ereignisse der letzten Nacht wiederholen würden. Innerhalb weniger Sekunden stieg meine Furcht über alle Maßen. Das Rascheln im Untergehölz kam näher, und meine Kraft schwand. Ich wollte schreien oder weinen, fortlaufen oder versinken. Meine Knie gaben nach; ich fiel weinend auf den Boden. Ich konnte nicht einmal die Augen schließen. Danach erinnere ich mich nur, daß Don Juan ein

Feuer machte und die verkrampften Muskeln meiner Arme und Beine rieb.
Mehrere Stunden lang hielt der Zustand tiefer Verzweiflung an. Später erklärte mir Don Juan, daß meine unverhältnismäßige Reaktion eine gewöhnliche Erscheinung sei. Ich sagte, ich könnte mir nicht logisch erklären, was meine Panik verursacht hatte, und er erwiderte, daß dies nicht die Furcht vor dem Sterben, sondern vielmehr die Furcht davor sei, meine Seele zu verlieren – eine Furcht, die bei Männern, die keinen unbeugsamen Willen haben, häufig ist.«

Dieses Erlebnis war die letzte von Don Juans Lehren. Seit jener Zeit habe ich seine Lehren nicht mehr gesucht. Und obwohl Don Juan seine beschützende Haltung mir gegenüber nicht geändert hat, glaube ich, daß ich dem ersten Feind eines Wissenden unterlag.

Zweiter Teil: Eine strukturelle Analyse

Die folgende strukturelle Analyse habe ich aus den Notizen über die Zustände nicht-alltäglicher Wirklichkeit gewonnen, wie ich sie im vorangegangenen Teil dieser Arbeit aufgezeichnet habe, und ich verstehe sie als einen Versuch, den inneren Zusammenhang und die Überzeugungskraft der Lehren Don Juans aufzuzeigen. So wie ich diese Struktur sehe, setzt sie sich aus vier Begriffen zusammen, welche die Haupteinheiten bilden: (1) der Wissende; (2) ein Wissender hatte einen Verbündeten; (3) ein Verbündeter hatte eine Regel; und (4) die Regel wurde durch speziellen Konsens bekräftigt. Diese vier Einheiten wiederum setzen sich aus einer Anzahl ergänzender Gedanken zusammen; so umfaßt die ganze Struktur alle bedeutenden Begriffe, die ich bis zum Abbruch meiner Unterweisungen kennengelernt habe. In gewisser Hinsicht stellen diese Einheiten fortschreitende Ebenen der Analyse dar, und jede Ebene modifiziert die vorangegangene.*

Da diese begriffliche Struktur völlig von der Bedeutung aller ihrer Einheiten abhängig ist, scheint die folgende Erläuterung angebracht: In dieser ganzen Arbeit ist Bedeutung so wiedergegeben, wie ich sie verstanden habe. Die Begriffe, aus denen sich Don Juans Wissen zusammensetzte, konnten – so wie ich sie hier dargestellt habe – kein genaues Abbild dessen sein, was er selbst gesagt hatte. Trotz all meiner Anstrengung, diese Begriffe so getreu wie möglich wiederzugeben, wurde ihre Bedeutung durch meine eigenen Versuche, sie zu klassifizieren, beeinflußt. Die Anordnung der vier Haupteinheiten dieses strukturellen Schemas indes ist eine logische Abfolge, die frei von dem Einfluß meiner von außen herangebrachten klassifizierenden Mittel zu sein scheint. Was aber die Gedanken betrifft, aus denen sich jede Haupteinheit zusammensetzt, so war es unmöglich, meinen persönlichen Einfluß auszuschließen. An gewissen Punkten sind von außen herangebrachte Klassifizierungen notwendig, um die Phänomene verständlich zu machen. Und wenn so eine Aufgabe hier zu erfüllen war, dann hatte dies durch Hin- und Herpendeln zwischen den vorgeblichen Bedeutungen und dem klassifizierenden Schema des Lehrers einerseits und den Bedeutungen und klassifizierenden Mitteln des Schülers andererseits zu geschehen.

*Zum Aufbau der Einheiten meiner strukturellen Analyse, siehe Appendix B.

Die operative Ordnung

Die erste Einheit

Der Wissende

Zu einem sehr frühen Zeitpunkt meiner Unterweisung machte Don Juan die Bemerkung, das Ziel seiner Lehren sei es, »zu zeigen, wie man ein Wissender wird«. Diese Bemerkung ist mein Ausgangspunkt. Es ist klar, daß es ein operationales Ziel war, ein Wissender zu werden. Und es ist auch klar, daß jeder Teil von Don Juans methodischen Lehren darauf abgestellt war, dieses Ziel auf die eine oder andere Weise zu erreichen. Mein Argument hier ist, daß unter jenen Umständen »der Wissende« – als operationales Ziel – unentbehrlich zur Erklärung irgendeiner »operativen Ordnung« gewesen sein muß. Dann ist es auch gerechtfertigt, anzunehmen, daß man, um diese operative Ordnung zu verstehen, ihr Ziel verstehen muß: der Wissende.

Nachdem »der Wissende« als erste strukturelle Einheit feststand, konnte ich mit Sicherheit die folgenden sieben Begriffe als ihre eigentlichen Komponenten einordnen: (1) ein Wissender zu werden war eine Sache des Lernens; (2) ein Wissender hatte einen unbeugsamen Vorsatz; (3) ein Wissender hatte einen klaren Verstand; (4) ein Wissender zu werden war eine Sache anstrengender Arbeit; (5) ein Wissender war ein Krieger; (6) ein Wissender zu werden war ein unaufhörlicher Prozeß; und (7) ein Wissender hatte einen Verbündeten.

Diese sieben Begriffe waren Schwerpunkte. Sie zogen sich durch die Lehren und bestimmten den Charakter von Don Juans ganzem Wissen. Insofern es das operationale Ziel seiner Lehren war, einen Wissenden hervorzubringen, war alles, was er lehrte, durchtränkt von den spezifischen Charakteristiken jedes der sieben Schwerpunkte. Zusammen bildeten sie den Begriff »der Wissende« als eine Art Selbstdisziplin, als eine Verhaltensweise, die das Endresultat langer, gefährlicher Übungen war. »Der Wissende« war jedoch kein Wegweiser des Verhaltens, sondern ein Satz von Prinzipien, der all die ungewöhnlichen Umstände erfaßte, welche zu dem vermittelten Wissen gehörten.

Jeder der sieben Schwerpunkte setzte sich wiederum aus verschiedenen anderen Begriffen zusammen, die ihre verschiedenen Aspekte umfaßten.

Es war möglich, aus Don Juans Bemerkungen zu entnehmen, daß ein Wissender ein *diablero*, das heißt, ein Schwarzmagier sein konnte. Er bemerkte, daß sein Lehrer ein *diablero* gewesen sei und daß auch er in der Vergangenheit einer gewesen sei, obwohl er aufgehört hatte, sich mit bestimmten Aspekten der Zauberpraxis zu beschäftigen. Da es das Ziel seiner Lehren war, zu zeigen, wie man ein Wissender wird, und da sein Wissen darin bestand, ein *diablero* zu sein, mag es einen inneren Zusammenhang zwischen einem Wissenden und einem *diablero* geben. Obwohl Don Juan diese zwei Begriffe niemals als füreinander stehend benutzte, waren sie wahrscheinlich miteinander verbunden, und möglicherweise umfaßte »der Wissende« mit seinen sieben Schwerpunkten und den Begriffen, aus denen sie sich zusammensetzten, theoretisch alle Umstände, die auf dem Weg, ein *diablero* zu werden, eintreten können.

Ein Wissender zu werden war eine Sache des Lernens

Zum ersten Schwerpunkt gehörte es, daß das Lernen der einzig mögliche Weg war, ein Wissender zu werden, und dies wiederum setzte eine entschlossene Bemühung voraus, an ein Ziel zu gelangen. Ein Wissender zu werden war das Endresultat eines Prozesses, im Gegensatz zu einem unmittelbaren Gewinn durch einen Gnadenakt oder durch das Geschenk übernatürlicher Kräfte. Es war also einleuchtend, daß man lernen konnte, ein Wissender zu werden, und dies rechtfertigte die Existenz eines Systems, das einen lehrte, wie dies zu erreichen sei.
Der erste Schwerpunkt hatte drei Komponenten: (1) es gab keine offenkundigen Erfordernisse, um ein Wissender zu werden; (2) es gab einige versteckte Erfordernisse; (3) die Entscheidung darüber, wer lernen könne, ein Wissender zu werden, wurde von einer unpersönlichen Macht getroffen.
Augenscheinlich gab es keine offenkundigen Vorbedingungen, die bestimmt hätten, wer (oder wer nicht) qualifiziert war zu lernen, wie man ein Wissender wird. Im Idealfall war die Aufgabe jedem offen, der sie auf sich nehmen wollte. In der Praxis jedoch war eine solche Auffassung unvereinbar mit der Tatsache, daß Don Juan seine Schüler auswählte.
Tatsächlich hätte jeder Lehrer unter diesen Umständen seine Schüler ausgewählt, indem er sie an irgendwelchen versteckten Vorbedingungen maß. Die besondere Natur dieser Vorbedingungen wurde nie fest umrissen; Don Juan gab nur zur verstehen, daß es bestimmte Hinweise gab, die man beim Prüfen eines zukünftigen Schülers zu berücksichtigen hatte. Die Hinweise, auf die er anspielte, sollten aufzeigen, ob der Kandidat eine bestimmte Charakterveranlagung, die Don Juan »unbeugsamen Vorsatz« nannte, besaß oder nicht.
Dennoch lag die letzte Entscheidung darüber, ob ein Mann lernen könnte, ein Wissender zu werden, bei einer unpersönlichen Macht, die Don Juan kannte, die aber außerhalb seines Willensbereichs lag. Der unpersönlichen Macht wurde das Aussuchen der richtigen Person zugeschrieben, indem sie ihr erlaubte, eine ungewöhnliche Tat auszuführen oder indem sie eine Reihe unge-

wöhnlicher Umstände um diese Person schuf. So bestand niemals ein Widerspruch zwischen dem Fehlen von offenkundigen Vorbedingungen und der Existenz von heimlichen, versteckten Vorbedingungen.
Der Mann, der auf diese Weise ausgesucht war, wurde der Schüler. Don Juan nannte ihn den *escogido*, den, »der erwählt war«. Aber ein *escogido* zu sein bedeutete mehr, als nur ein Schüler zu sein. Ein *escogido* wurde durch die bloße Tatsache, von einer Macht auserwählt zu sein, bereits von gewöhnlichen Menschen unterschieden. Er wurde bereits als der Empfänger einer Mindestmenge an Macht betrachtet, von der man annahm, daß sie durch Lernen erweitert wurde.
Aber Lernen war ein Prozeß nie endenden Strebens, und von der Macht, die die ursprüngliche Entscheidung getroffen hatte, oder von einer ähnlichen Macht wurden ähnliche Entscheidungen über die Frage erwartet, ob ein *escogido* weiterlernen könne oder ob er besiegt worden war. Diese Entscheidungen wurden durch Omen offenbar, die an jedem Punkt der Lehren auftraten. In dieser Hinsicht wurden alle besonderen Umstände, die den Schüler umgaben, als solche Omen betrachtet.

Ein Wissender hatte einen unbeugsamen Vorsatz

Der Gedanke, daß ein Wissender einen unbeugsamen Vorsatz brauchte, bezog sich auf die Willensübung. Ein unbeugsamer Vorsatz war soviel wie der Wille zur Durchführung einer notwendigen Prozedur, wobei man sich ständig streng innerhalb der Grenzen des vermittelten Wissens zu halten hatte. Ein Wissender brauchte einen entschlossenen Willen, um die Qualität des Obligatorischen zu ertragen, die jeder Handlung innewohnte, wenn sie im Kontext seines Wissens ausgeführt wurde.
Die Qualität des Obligatorischen aller Handlungen, die in einem solchen Kontext ausgeführt wurden, und ihre Starrheit und Vorherbestimmtheit waren zweifellos für jeden Mann unangenehm, und aus diesem Grund wurde von einem zukünftigen Schüler ein Mindestmaß unbeugsamen Vorsatzes als einziges verstecktes Erfordernis verlangt.
Ein unbeugsamer Vorsatz setzte sich zusammen aus (1) Zurückhaltung, (2) gesundem Urteil und (3) Mangel an Freiheit zu Neuerungen.
Ein Wissender brauchte Zurückhaltung, weil die Mehrzahl der dem Zwang unterworfenen Handlungen* mit Fällen oder Elementen zu tun hatte, die entweder außerhalb der Grenzen gewöhnlichen Alltagslebens lagen oder nicht in gewöhnlichen Handlungen vorkamen. Der Mann, der in Übereinstimmung

*obligatory acts; Anm. d. Ü.

mit ihnen zu handeln hatte, mußte jedesmal wenn er handelte eine außerordentliche Anstrengung aufbringen. Es verstand sich von selbst, daß man zu einer so außerordentlichen Anstrengung nur fähig war, wenn man in jeder anderen Aktivität, die nicht mit solchen vorherbestimmten Handlungen zu tun hatte, Zurückhaltung übte.

Da alle Handlungen vorherbestimmt und dem Zwang unterworfen waren, brauchte ein Wissender ein gesundes Urteil. Dieser Begriff schloß nicht gesunden Menschenverstand ein, sehr wohl aber die Fähigkeit, die Umstände einzuschätzen, die jede Notwendigkeit zu handeln umgaben. Ein Wegweiser für eine solche Einschätzung ergab sich, wenn man als Grundprinzipien all die Teile der Lehren zusammenfaßte, die man in jenem gegebenen Augenblick beherrschte, in dem irgendeine Handlung ausgeführt werden mußte. So veränderte sich der Wegweiser ständig, während mehr Teile gelernt wurden; doch schloß er immer die Überzeugung ein, daß jede dem Zwang unterworfene Handlung, die man vielleicht auszuführen gehabt hätte, unter den jeweiligen Umständen immer die angemessenste war.

Da alle Handlungen vorherbestimmt und verpflichtend waren, bedeutete der Zwang, sie auszuführen, Mangel an Freiheit zu Neuerungen. Don Juans System, Wissen mitzuteilen, war so gut etabliert, daß es keine Möglichkeit gab, es auf irgendeine Weise zu verändern.

Ein Wissender hatte einen klaren Verstand

Klarer Verstand war der Schwerpunkt, der Sinn für Richtung spendete. Die Tatsache, daß alle Handlungen vorherbestimmt waren, bedeutete, daß die Orientierung innerhalb des vermittelten Wissens gleichfalls vorherbestimmt war; als Konsequenz verlieh ein klarer Verstand nur einen Sinn für Richtung. Er bestätigte unaufhörlich die Verläßlichkeit des eingeschlagenen Kurses durch die Gedanken: (1) Freiheit, einen Weg zu suchen, (2) Wissen um die spezifische Absicht und (3) Beweglichkeit*, aus denen er sich zusammensetzte.

Es wurde angenommen, daß man die Freiheit hatte, einen Weg zu suchen. Die Freiheit der Wahl stand nicht im Widerspruch zu dem Mangel an Freiheit zu Neuerungen; diese beiden Gedanken waren weder gegensätzlich noch beeinflußten sie einander. Freiheit, einen Weg zu suchen, bezog sich auf die Ungebundenheit, zwischen verschiedenen Möglichkeiten der Handlung zu wählen, die gleich wirksam und brauchbar waren. Das Kriterium der Wahl war der Vorteil einer Möglichkeit vor anderen, der sich auf der eigenen Vorliebe gründete. Tatsächlich verlieh die Freiheit,

*being fluid; Anm. d. Ü.

einen Weg zu wählen, einen Sinn für Richtung durch den Ausdruck persönlicher Neigungen.
Ein anderer Weg, einen Sinn für Richtung hervorzurufen, bestand in der Vorstellung, daß eine spezifische Absicht in jeder Handlung lag, die im Kontext des mitgeteilten Wissens ausgeführt wurde. Also brauchte ein Wissender einen klaren Verstand, um seine eigenen spezifischen Gründe zum Handeln der spezifischen Absicht jeder Handlung gegenüberzustellen. Das Wissen um die spezifische Absicht jeder Handlung war der Wegweiser, den er brauchte, um die Umstände, die jede Notwendigkeit zu handeln umgaben, zu ermessen.
Ein anderer Aspekt des klaren Verstandes war die Vorstellung, daß ein Wissender alle Mittel einzusetzen hatte, über die er aus den Lehren verfügte, um die Wirkung der dem Zwang unterworfenen Handlungen zu verstärken. Dies war die Vorstellung von der Beweglichkeit. Sie schuf einen Sinn für Richtung, indem sie einem das Gefühl gab, formbar und findig zu sein. Die Qualität der Zwangshaftigkeit aller Handlungen hätte jeden mit einem Gefühl der Starre und Sterilität erfüllt, wenn nicht die Vorstellung gewesen wäre, daß ein Wissender beweglich zu sein hatte.

Ein Wissender zu werden war eine Sache anstrengender Arbeit

Ein Wissender mußte eine umfassende Fähigkeit zu großen Anstrengungen besitzen, oder er mußte sie im Verlauf seiner Übungen entwickeln. Don Juan erklärte, ein Wissender zu werden sei eine Sache anstrengender Arbeit. Anstrengende Arbeit bedeutete die Fähigkeit, (1) dramatische Anstrengung aufzubringen; (2) Wirksamkeit zu erreichen; und (3) Herausforderung annehmen zu können.
Auf dem Weg des Wissenden war das Drama zweifellos der herausragende einzelne Punkt, und eine besondere Art Anstrengung war notwendig, um auf die Umstände zu reagieren, die dramatischen Einsatz verlangten; das heißt, ein Wissender mußte zu dramatischer Anstrengung fähig sein. Wenn man Don Juans Verhalten als Beispiel nahm, hätte es auf den ersten Blick so aussehen können, daß seine dramatische Anstrengung nur seine persönliche Vorliebe zur Theatralik war. Doch war seine dramatische Anstrengung immer viel mehr als nur Schauspielerei; sie war eher ein tiefes Überzeugtsein. Durch dramatische Anstrengung verlieh er allen seinen Handlungen die besondere Qualität der Endgültigkeit. Als Konsequenz vollzogen sich seine Handlungen auf einer Bühne, auf der der Tod einer der Hauptdarsteller war. Der Tod war auf Grund der an sich gefährlichen Natur der Dinge, mit welchen sich ein Wissender befaßte, als reale Möglichkeit stillschweigend in den Verlauf der Übungen miteinbezogen. Es war deshalb nur logisch, daß die dramatische

Anstrengung, die durch die Überzeugung hervorgerufen wurde, daß der Tod ein allgegenwärtiger Mitspieler sei, mehr als Theatralik war.
Anstrengung hatte nicht nur das Drama, sondern auch das Bedürfnis nach Wirksamkeit zur Folge. Die Anstrengung mußte wirksam sein; sie mußte richtig gelenkt und angemessen sein. Der Gedanke des drohenden Todes rief nicht nur die zu allgemeiner Eindrücklichkeit benötigte Dramatik hervor, sondern auch die Überzeugung, daß jede Handlung einen Kampf ums Überleben einschloß, die Überzeugung, daß Auslöschung folgen würde, falls die eigene Anstrengung der Anforderung zur Wirksamkeit nicht entspräche.
Anstrengung schloß auch den Gedanken der Herausforderung ein, das heißt, den Akt des Prüfens, ob, und des Beweises, daß einer fähig war, innerhalb der starren Grenzen des vermittelten Wissens eine richtige Handlung auszuführen.

Ein Wissender war ein Krieger

Das Leben eines Wissenden war ein unaufhörlicher Kampf, und die Vorstellung, ein Krieger zu sein und das Leben eines Kriegers zu führen, gab einem die Möglichkeit, emotionales Gleichgewicht zu erlangen. Die Vorstellung des Wissenden als eines im Krieg kämpfenden Mannes umschloß vier Begriffe: (1) ein Wissender mußte Ehrfurcht haben; (2) er mußte Furcht haben; (3) er mußte hellwach sein; (4) er mußte Selbstvertrauen haben. Ein Krieger zu sein war deshalb eine Form der Selbstdisziplin, die individuelle Könnerschaft betonte; und doch war es eine Einstellung, in der persönliche Interessen auf ein Minimum reduziert waren, so wie in den meisten Fällen persönliches Interesse unvereinbar war mit der Unerbittlichkeit, die zur Ausführung einer vorherbestimmten, dem Zwang unterworfenen Handlung erforderlich war.
In seiner Rolle als Krieger war ein Wissender verpflichtet, für die Dinge, mit denen er umging, eine ehrerbietige Aufmerksamkeit zu haben; er mußte gegenüber allem, was sich auf sein Wissen bezog, von tiefer Ehrfurcht erfüllt sein, um alles in eine bedeutungsvolle Perspektive zu stellen. Ehrfurcht zu haben entsprach der Einschätzung der eigenen unbedeutenden Mittel bei der Konfrontation mit dem Unbekannten.
Wenn man im Rahmen dieser Vorstellung blieb, wurde der Gedanke der Ehrfurcht logischerweise auf einen selbst erweitert, denn man war so unbekannt wie das Unbekannte selbst. Die Pflege eines so besonnen machenden Gefühls der Ehrfurcht ließ die Ausbildung in diesem besonderen Wissen, die sonst absurd erschienen wäre, zu einer sehr rationalen Möglichkeit werden.
Eine andere Verpflichtung im Leben eines Kriegers lag in der

Notwendigkeit, Furcht zu erfahren und sie sorgfältig zu bewerten. Im Idealfall hatte man trotz der Furcht mit dem Verlauf seiner Handlungen fortzufahren. Furcht sollte besiegt werden, und es kam angeblich eine Zeit im Leben eines Wissenden, zu der er sie besiegt haben würde, aber zuerst mußte man sich der Furcht bewußt werden und dieses Gefühl richtig zu bewerten wissen. Don Juan versicherte, daß man die Furcht nur besiegen könne, wenn man sich ihr stelle.

Als Krieger mußte ein Wissender auch hellwach sein. Ein Mann im Krieg mußte auf der Hut sein, um der meisten der Faktoren gewahr zu sein, die zu den hauptsächlichsten Aspekten der Bewußtheit gehörten: (1) Bewußtheit der Absicht und (2) Bewußtheit der erwarteten Veränderung.*

Bewußtheit der Absicht war die Kenntnis von den Faktoren, die in der Beziehung zwischen der spezifischen Absicht irgendeiner dem Zwang unterworfenen Handlung und der eigenen spezifischen Absicht zu handeln eine Rolle spielten. Da alle dem Zwang unterworfenen Handlungen einer bestimmten Absicht dienten, mußte ein Wissender hellwach sein; das heißt, er mußte zu allen Zeiten imstande sein, der bestimmten Absicht jeder dem Zwang unterworfenen Handlung die bestimmte Absicht gegenüberzustellen, die er in seinem Verlangen zu handeln im Sinn hatte.

Indem ein Wissender sich dieser Beziehung bewußt war, war er auch fähig zu erkennen, worin die erwartete Veränderung bestand. Was ich hier »Bewußtheit der erwarteten Veränderung« genannt habe, bezog sich auf die Gewißheit, daß man jederzeit fähig war, die wichtigen Variablen zu erkennen, die in der Beziehung zwischen der spezifischen Absicht jeder Handlung und der eigenen spezifischen Absicht zu handeln beteiligt waren. In der Bewußtheit der erwarteten Veränderung hatte man die subtilsten Abweichungen aufzuspüren. Diese klare Bewußtheit der Veränderung bewirkte Erkenntnis und Interpretation von Omen und anderen ungewöhnlichen Ereignissen.

Der letzte Aspekt der Vorstellung vom Verhalten eines Kriegers war die Notwendigkeit des Selbstvertrauens, das heißt der Sicherheit, daß die spezifische Absicht einer Handlung, zu deren Ausführung man sich vielleicht entschieden hatte, die einzig einleuchtende Möglichkeit für die eigenen spezifischen Absichten zum Handeln war. Ohne Selbstvertrauen wäre man nicht imstande gewesen, einen der wichtigsten Aspekte der Lehren zu entwickeln: Die Fähigkeit, Wissen als Macht zu beanspruchen.

*awareness of the expected flux; Anm. d. Ü.

Ein Wissender zu werden war ein unaufhörlicher Prozeß

Ein Wissender zu sein war kein Zustand, der Dauer verbürgte. Es bestand niemals die Gewißheit, daß man durch Ausführung der vorherbestimmten Schritte des vermittelten Wissens ein Wissender werden würde. Es wurde vorausgesetzt, daß die Funktion der Schritte nur darin bestand, zu zeigen, wie man ein Wissender wurde. Ein Wissender zu werden war darum eine Aufgabe, die nie ganz gelöst werden konnte; es war vielmehr ein unaufhörlicher Prozeß; er enthielt (1) den Gedanken, daß man das Bestreben, ein Wissender zu werden, ständig erneuern mußte; (2) den Gedanken der eigenen Vergänglichkeit; und (3) den Gedanken, daß man dem Weg mit Herz zu folgen hatte.

Die ständige Erneuerung des Bestrebens, ein Wissender zu werden, fand ihren Ausdruck in dem Thema der vier symbolischen Feinde, die auf dem Weg des Lernens angetroffen wurden: Furcht, Klarheit, Macht und Alter. Erneuerung des Bestrebens implizierte den Gewinn und die Erhaltung der Selbstkontrolle. Von einem wahrhaft Wissenden wurde erwartet, daß er jeden der vier Feinde bis zum letzten Augenblick seines Lebens nacheinander bekämpfte, um selbst aktiv daran mitzuwirken, ein Wissender zu werden. Trotz der wahren Erneuerung des Bestrebens sprachen die Umstände unvermeidlich gegen den Mann; er würde seinem letzten symbolischen Feind unterliegen. Dies war der Gedanke der Vergänglichkeit.

Der Gedanke, daß man dem »Weg mit Herz« folgen mußte, glich den negativen Wert der eigenen Vergänglichkeit aus. Der Weg mit Herz war eine metaphorische Art zu versichern, daß man trotz der eigenen Vergänglichkeit fortschreiten und fähig sein mußte, Befriedigung und persönliche Erfüllung in der Wahl der zugänglichsten Alternative zu finden und sich völlig mit ihr zu identifizieren.

Don Juan zog das Grundprinzip seines ganzen Wissens in der Metapher zusammen, daß es seiner Meinung nach das Wichtigste sei, einen Weg mit Herz zu finden und ihn dann zu Ende zu gehen, und das bedeutete, daß die Identifizierung mit der zugänglichsten Alternative genug für ihn war. Die Reise allein reichte aus; jede Hoffnung, zu einem Dauerzustand zu kommen, lag außerhalb der Grenzen seines Wissens.

Die zweite Einheit

Ein Wissender hatte einen Verbündeten

Der Gedanke, daß ein Wissender einen Verbündeten hatte, war der wichtigste der sieben Schwerpunkte, da er der einzige war, der zur Erklärung dessen, was ein Wissender ist, unerläßlich war. In Don Juans klassifizierendem Schema hatte ein Wissender einen Verbündeten, während der gewöhnliche Mann keinen hatte, und einen Verbündeten zu haben unterschied ihn vom gewöhnlichen Menschen.

Don Juan beschrieb einen Verbündeten als »eine Macht, fähig einen Menschen über seine eigenen Grenzen hinauszutragen«; das heißt, ein Verbündeter war eine Macht, die einem erlaubte, die Sphäre der alltäglichen Wirklichkeit zu überschreiten. Folglich bedeutete der Besitz eines Verbündeten den Besitz von Macht; und die Tatsache, daß ein Wissender einen Verbündeten hatte, war in sich selbst der Beweis, daß das operative Ziel der Lehren erfüllt worden war. Da es dieses Ziel war, zu zeigen, wie man ein Wissender wurde, und da ein Wissender jemand war, der einen Verbündeten hatte, ließe sich das operative Ziel von Don Juans Lehren auch damit beschreiben, daß man sagte, die Lehren zeigten unter anderem, wie man einen Verbündeten gewann. Der Begriff »der Wissende« als der theoretische Rahmen eines Zauberers war für jemanden, der in diesem Rahmen leben wollte, nur dann sinnvoll, wenn er einen Verbündeten hatte.

Ich habe diesen letzten Schwerpunkt des Begriffs »ein Wissender« als die zweite strukturelle Haupteinheit klassifiziert, weil sie zur Erklärung dessen, was ein Wissender war, unentbehrlich ist.

In Don Juans Lehren gab es zwei Verbündete. Der erste war in den *Datura*-Pflanzen enthalten, die allgemein als *Jimson Weed* bekannt sind. Don Juan nannte diesen Verbündeten mit einem der spanischen Namen für diese Pflanze *yerba del diablo* (Teufelskraut). Seiner Meinung nach war jede *Datura*-Art ein Träger des Verbündeten. Jeder Zauberer mußte jedoch ein Feld von einer Spezies anlegen, die er sein eigen nannte, nicht nur in dem Sinn, daß die Pflanzen sein privates Eigentum waren, sondern auch in dem Sinn, daß man sie mit ihm persönlich identifizierte.

Don Juans eigene Pflanzen gehörten zur Spezies *inoxia*; es schien jedoch zwischen dieser Tatsache und den Unterschieden, die zwischen den beiden ihm zugänglichen Spezies von *Datura* bestanden haben könnten, keine Wechselbeziehung zu geben.

Der zweite Verbündete war in einem Pilz enthalten, den ich zum Genus *Psilocybe* zählte; es war wahrscheinlich *Psilocybe mexicana*, aber die Klassifikation geschah nur versuchsweise, denn es gelang mir nicht, ein Exemplar zur Laboranalyse zu beschaffen. Don Juan nannte diesen Verbündeten *Humito* (kleiner

Rauch) und deutete damit an, daß der Verbündete dem Rauch glich oder der Rauchmixtur, die er aus dem Pilz herstellte. Er bezog sich auf den Rauch so, als sei dieser der wirkliche Träger, doch stellte er klar, daß die Macht nur mit einer einzigen Art von *Psilocybe* verbunden war; so war beim Sammeln besondere Aufmerksamkeit nötig, damit man sie nicht mit irgendeiner von einem Dutzend anderer Spezies desselben Genus verwechselte, die im selben Gebiet wuchsen.

Ein Verbündeter als Begriff enthielt die folgenden Vorstellungen und ihre Verzweigungen: (1) ein Verbündeter war gestaltlos; (2) ein Verbündeter wurde als eine Qualität wahrgenommen; (3) ein Verbündeter konnte gezähmt werden; (4) ein Verbündeter hatte eine Regel.

Ein Verbündeter war gestaltlos

Ein Verbündeter wurde für ein Wesen gehalten, das außerhalb und unabhängig von einem selbst existierte. Ein Verbündeter wurde für gestaltlos gehalten, obwohl er ein selbständiges Wesen war. Ich habe »Gestaltlosigkeit« als eine Beschaffenheit definiert, die das Gegenteil ist von »eine bestimmte Gestalt haben«. Diese Unterscheidung habe ich angesichts der Tatsache getroffen, daß es andere, einem Verbündeten ähnliche Mächte gab, die eine sicher wahrnehmbare Gestalt hatten. Die Beschaffenheit der Gestaltlosigkeit bei einem Verbündeten bedeutete, daß er keine deutliche oder schwach umrissene oder auch nur erkennbare Gestalt besaß; eine derartige Beschaffenheit implizierte, daß ein Verbündeter zu keiner Zeit sichtbar war.

Ein Verbündeter wurde als Qualität wahrgenommen

Eine Folge der Gestaltlosigkeit des Verbündeten war seine andere Beschaffenheit, die in dem Gedanken ausgedrückt wurde, daß er nur als eine Qualität der Sinne wahrgenommen wurde; das heißt, da er gestaltlos war, wurde seine Gegenwart nur durch seine Wirkungen auf den Zauberer bemerkt. Don Juan schrieb einigen dieser Wirkungen anthropomorphe Qualitäten zu. Er beschrieb einen Verbündeten so, als habe er die Eigenschaft eines menschlichen Wesens und implizierte damit, daß jeder einzelne Zauberer in der Lage sei, den geeignetsten Verbündeten zu wählen, indem er seinen eigenen Charakter mit den angeblichen anthropomorphen Eigenschaften eines Verbündeten verglich.

Die zwei Verbündeten, die in den Lehren auftreten, wurden von Don Juan so vorgestellt, als hätten sie gegensätzliche Qualitäten. Don Juan beschrieb den in *Datura inoxia* enthaltenen Verbündeten als einen, der zwei Qualitäten besaß: er war wie eine Frau, und er war Spender überreichlicher Macht. Er hielt diese beiden Qualitäten für äußerst unerwünscht. Seine Bemerkungen zu dem Thema waren bestimmt, aber gleichzeitig deutete er an, daß sein Werturteil über diese Sache bloß eine persönliche Auffassung sei. Die wichtigste Eigenschaft war zweifellos das, was Don Juan weiberähnliches Wesen nannte. Die Tatsache, daß der Verbündete als weiberähnlich dargestellt wurde, bedeutete jedoch nicht, daß er eine weibliche Macht war. Es schien, daß Don Juan die Analogie zu einer Frau nur als Metapher benutzte, um zu beschreiben, was er für die unangenehmen Wirkungen des Verbündeten hielt. Übrigens konnte auch das weibliche Geschlecht des spanischen Wortes für Kraut (*yerba*) zu diesem Analogieschluß beigetragen haben. Auf jeden Fall schrieb die Personifizierung dieses Verbündeten als weiberähnliche Macht ihm die folgenden anthropomorphen Qualitäten zu: (1) er war besitzergreifend; (2) er war leidenschaftlich; (3) er war unberechenbar; und (4) er hatte schädliche Wirkungen.

Don Juan glaubte, daß der Verbündete die Fähigkeit hatte, die Männer zu versklaven, die seine Anhänger wurden; er erklärte diese Fähigkeit mit dem Hang zur Besitzergreifung, den er mit dem Charakter des Weibes in Verbindung brachte. Der Verbündete »besaß« seine Anhänger, indem er ihnen Macht verlieh, indem er ein Gefühl der Abhängigkeit schuf und indem er ihnen körperliche Stärke und Wohlbefinden gab.

Gleichzeitig wurde dieser Verbündete für leidenschaftlich gehalten. Seine weiberähnliche Leidenschaftlichkeit drückte sich darin aus, daß er seine Anhänger zwang, zersetzende Handlungen brutaler Gewalt zu begehen. Und diese besondere Eigenschaft paßte am besten zu Männern mit ungestümem Charakter, die in der Leidenschaftlichkeit einen Schlüssel zur persönlichen Macht finden wollten.

Eine andere weiberähnliche Eigenschaft war die Unberechenbarkeit. Für Don Juan bedeutete dies, daß die Wirkungen des Verbündeten nie folgerichtig waren; vielmehr glaubte man, daß sie sich launenhaft änderten, und es gab keinen erkennbaren Weg, sie vorherzusagen. Der Unbeständigkeit des Verbündeten sollte durch des Zauberers übergenaue und dramatische Sorge für jedes Detail im Umgang mit ihm entgegengewirkt werden. Jede ungünstige Wendung, die als Folge eines Fehlers oder falscher Behandlung unerklärbar war, wurde als ein Resultat der weiberähnlichen Unberechenbarkeit des Verbündeten angesehen.

Wegen seines Hangs zur Besitzergreifung, wegen seiner Leidenschaftlichkeit und Unberechenbarkeit glaubte man, der Verbündete hätte eine allgemein schädliche Wirkung auf den Charakter seiner Anhänger. Don Juan glaubte, daß der Verbündete absichtlich danach strebte, seine weiberähnlichen Eigenschaften

zu übertragen und daß seine Anstrengungen auch tatsächlich Erfolg hatten.
Aber neben seiner weiberähnlichen Natur hatte dieser Verbündete eine andere Seite, die ebenfalls als Qualität wahrgenommen wurde: er war ein Spender überreichlicher Macht. Don Juan betonte diesen Punkt und meinte, daß der Verbündete als großzügiger Spender von Macht unübertroffen war. Dies bedeutete, daß er seine Anhänger mit körperlicher Kraft und mit jenem Gefühl der Verwegenheit und Tapferkeit ausstattete, das zu außergewöhnlichen Handlungen antrieb. Don Juan hielt diese ungewöhnliche Macht jedoch für überflüssig; er bemerkte, daß zumindest er selbst keinen Bedarf mehr daran hatte. Dennoch stellte er sie als einen großen Anreiz für einen zukünftigen Wissenden dar, falls dieser eine natürliche Neigung haben sollte, Macht zu suchen.
Nach Don Juans höchstpersönlicher Ansicht hatte andererseits der in *Psilocybe mexicana* enthaltene Verbündete die angemessensten und wertvollsten Eigenschaften: (1) er war mannähnlich und (2) er war ein Spender von Ekstase.
Er stellte ihn als die Antithese dem Verbündeten gegenüber, der in *Datura*-Pflanzen enthalten war. Er hielt ihn für mannähnlich, männlich. Seine männliche Beschaffenheit schien der frauenähnlichen Beschaffenheit des anderen Verbündeten analog; das heißt, er war keine männliche Macht, aber Don Juan klassifizierte die Wirkungen nach seinem Maßstab für männliches Verhalten. Auch in diesem Fall könnte ihm das männliche Geschlecht des spanischen Worts *humito* die Analogie zu einer männlichen Macht suggeriert haben.

Die anthropomorphen Qualitäten dieses Verbündeten, welche Don Juan als typisch männlich betrachtete, waren die folgenden: (1) er war leidenschaftslos; (2) er war sanft (3) er war berechenbar; und (4) er hatte wohltuende Wirkungen. Don Juans Vorstellung von der leidenschaftslosen Natur des Verbündeten drückte sich in dem Glauben aus, daß er gerecht war, daß er niemals wirklich übertriebene Handlungen von seinen Anhängern forderte. Er machte Menschen niemals zu Sklaven, denn er verlieh ihnen keine leicht erreichbare Macht; im Gegenteil, Humito war hart, aber gerecht zu seinen Anhängern.
Die Tatsache, daß der Verbündete kein offen leidenschaftliches Verhalten auslöste, ließ ihn sanft erscheinen. Es wurde angenommen, daß er das Gefühl der Körperlosigkeit hervorrufe, und Don Juan stellte ihn deshalb als ruhig, sanft und als Friedensspender dar.
Er war auch berechenbar. Don Juan beschrieb seine Wirkungen auf alle seine verschiedenen Anhänger und in den fortschreitenden Erfahrungen jedes einzelnen Mannes als konstant; mit

anderen Worten, seine Wirkungen waren unveränderlich, oder wenn sie sich änderten, waren sie sich so ähnlich, daß sie für die gleichen gehalten wurden.
Da er leidenschaftslos, sanft und berechenbar war, glaubte man von diesem Verbündeten, daß er eine weitere männliche Eigenschaft besitze: eine wohltuende Wirkung auf den Charakter seiner Anhänger. Humitos Männlichkeit schien in ihnen einen sehr seltenen Zustand emotionaler Stabilität hervorzurufen. Don Juan glaubte, daß man unter der Führung des Verbündeten sein Herz besänftigen und Gleichgewicht erlangen könne.
Eine natürliche Folge all der männlichen Eigenschaften des Verbündeten glaubte man in der Fähigkeit zu sehen, Ekstase zu spenden. Dieser andere Aspekt seiner Natur wurde auch als eine Qualität wahrgenommen. Man glaubte, daß Humito die Körper seiner Anhänger entferne und ihnen dadurch spezielle Formen von Aktivität erlaube, die zu einem Zustand der Körperlosigkeit gehören. Und Don Juan nahm an, daß diese speziellen Formen der Aktivität unweigerlich zu einem Zustand der Ekstase führten.
Von dem in *Psilocybe* enthaltenen Verbündeten wurde gesagt, daß er ideal für Männer sei, deren Wesen sie dazu bestimmte, Beschaulichkeit zu suchen.

Ein Verbündeter war zähmbar

Der Gedanke, daß ein Verbündeter zähmbar war, implizierte, daß er eventuell als Macht genutzt werden konnte. Don Juan erklärte es als die einem Verbündeten innewohnende Fähigkeit, nutzbar zu sein; nachdem ein Zauberer einen Verbündeten gezähmt hatte, so glaubte man, verfüge er über dessen besondere Macht; dies bedeutete, daß er sie zu seinem eigenen Vorteil manipulieren konnte. Die Möglichkeit, einen Verbündeten zu zähmen, wurde der Unmöglichkeit gegenübergestellt, andere Mächte zu zähmen, die einem Verbündeten ähnlich waren, außer daß sie sich nicht dazu hergaben, sich manipulieren zu lassen.
Die Manipulation eines Verbündeten hatte zwei Aspekte: (1) ein Verbündeter war ein Vehikel; (2) ein Verbündeter war ein Helfer.
Ein Verbündeter war insofern ein Vehikel, als er dazu diente, einen Zauberer in die Sphäre nicht-alltäglicher Wirklichkeit zu transportieren. Nach meiner eigenen Erfahrung dienten beide Verbündete als Vehikel, obwohl diese Funktion für jeden von ihnen etwas anderes bedeutete.
Die alles beherrschenden, unerwünschten Eigenschaften des in *Datura inoxia* enthaltenen Verbündeten, besonders seine Unberechenbarkeit, machten ihn zu einem gefährlichen, unzuverlässigen Vehikel. Das Ritual war der einzig mögliche Schutz gegen seine Unbeständigkeit, aber das war niemals genug, um die Stabilität des Verbündeten zu sichern; ein Zauberer, der diesen Verbünde-

ten als Vehikel benutzte, mußte auf günstige Omen warten, bevor er handelte.
Der in *Psilocybe mexicana* enthaltene Verbündete andererseits wurde wegen seiner wertvollen Eigenschaften für ein beständiges und berechenbares Vehikel gehalten. Infolge seiner Berechenbarkeit brauchte ein Zauberer, der diesen Verbündeten benutzte, sich nicht auf irgendeine Art vorbereitenden Rituals einzulassen.
Der andere Aspekt der Manipulierbarkeit eines Verbündeten wurde in dem Gedanken ausgedrückt, daß der Verbündete ein Helfer war. Dies bedeutete, daß er, nachdem er einem Zauberer als Vehikel gedient hatte, erneut dazu dienen konnte, ihm als Stütze oder Führer zur Erreichung aller Ziele beizustehen, die ihm vorschwebten, wenn er sich in den Bereich nicht-alltäglicher Wirklichkeit begab.
In ihrer Kapazität als Helfer besaßen die beiden Verbündeten verschiedene, einzigartige Eigenschaften. Die Vielfalt und die Verwendbarkeit dieser Eigenschaften vergrößerte sich, während man auf dem Weg des Lernens voranschritt. Allgemein gesehen aber hielt man den in *Datura inoxia* enthaltenen Verbündeten für einen außergewöhnlichen Helfer, und diese Fähigkeit dachte man sich als Folge seiner Neigung, überreichliche Macht zu verleihen. Den in *Psilocybe mexicana* enthaltenen Verbündeten jedoch hielt man für einen Helfer, der sogar noch außergewöhnlicher war. Don Juan hielt ihn für unvergleichlich in seiner Funktion als Helfer, die er als Erweiterung seiner allgemein wertvollen Qualitäten betrachtete.

Die dritte Einheit

Ein Verbündeter hatte eine Regel

Unter den Komponenten des Begriffs »Verbündeter« war allein der Gedanke, daß ein Verbündeter eine Regel hatte, unerläßlich zur Erklärung dessen, was ein Verbündeter war. Wegen dieser Unerläßlichkeit habe ich ihn als die dritte Haupteinheit in dieses strukturelle Schema aufgenommen.
Die Regel, die Don Juan auch das Gesetz nannte, war der unbewegliche gliedernde Begriff, der alle auszuführenden Handlungen und auch das Benehmen, welches in dem Prozeß des Umgangs mit einem Verbündeten zu beobachten war, regulierte. Die Regel wurde im Idealfall ohne Änderung verbal von Lehrer zu Schüler in ununterbrochener Interaktion weitergegeben. Die Regel war deshalb mehr als ein Corpus von Satzungen; sie war eher eine Reihe von Grundzügen der Aktivität, die den Weg bestimmten, der im Prozeß der Manipulation eines Verbündeten zu verfolgen war.

Zweifellos hätten viele Elemente Don Juans Definition eines Verbündeten als »einer Macht, die einen Mann über eigene Grenzen hinaustragen konnte«, erfüllt. Jeder, der diese Definition akzeptierte, hätte sich vernünftigerweise vorstellen können, daß alles, was eine solche Fähigkeit besaß, ein Verbündeter sein könne. Und folglich hätten sogar körperliche Zustände, die durch Hunger, Übermüdung, Krankheit und ähnliches hervorgerufen werden, als Verbündete dienen können, denn sie hätten vielleicht die Fähigkeit besessen, einen Mann aus dem Bereich alltäglicher Wirklichkeit zu transportieren. Aber der Gedanke, daß ein Verbündeter eine Regel hatte, schloß alle diese Möglichkeiten aus. Ein Verbündeter war eine Macht, die eine Regel hatte. Alle anderen Möglichkeiten konnten deshalb nicht als Verbündete betrachtet werden, weil sie keine Regel hatten.

Als Begriff schloß die Regel die folgenden Vorstellungen und ihre verschiedenen Komponenten ein: (1) die Regel war unabänderlich; (2) die Regel war nicht-akkumulativ; (3) die Regel wurde in alltäglicher Wirklichkeit bekräftigt; (4) die Regel wurde in nicht-alltäglicher Wirklichkeit bekräftigt; und (5) die Regel wurde durch speziellen Konsens bekräftigt.

Die Regel war unabänderlich

Die Grundzüge der Tätigkeit, die das Corpus der Regel bildeten, waren unvermeidliche Schritte, die man befolgen mußte, um das operationale Ziel der Lehren zu erreichen. Diese verpflichtende Qualität der Regel drückte sich in der Vorstellung von ihrer Unabänderlichkeit aus. Die Unabänderlichkeit der Regel war eng verknüpft mit dem Gedanken der Wirksamkeit. Dramatische Anstrengung erzeugte einen unaufhörlichen Kampf ums Überleben, und unter diesen Bedingungen konnte nur die wirksamste Handlung, zu der jemand fähig war, sein Überleben sichern. Da individuelle Bezugspunkte nicht erlaubt waren, schrieb die Regel die Handlungen vor, die die einzige Möglichkeit zu überleben bildeten. So mußte die Regel unabänderlich sein; sie mußte eine klare Erfüllung ihres Anspruchs verlangen. Die Fügsamkeit der Regel gegenüber war jedoch keine absolute Forderung. Im Verlauf der Lehren hielt ich einen Fall fest, in dem ihre Unabänderlichkeit aufgehoben war. Don Juan erklärte dieses Beispiel der Abweichung als besondere Gunst durch den direkten Eingriff eines Verbündeten. In diesem Fall war durch meinen unabsichtlichen Fehler beim Gebrauch des in *Datura inoxia* enthaltenen Verbündeten die Regel durchbrochen worden. Don Juan schloß aus dem Vorfall, daß ein Verbündeter die Fähigkeit hatte, direkt einzugreifen und die schädliche, gewöhnlich tödliche Wirkung abzuwehren, die aus der Nicht-Fügsamkeit seiner Regel gegenüber resultierte. Dieser Beweis der Flexibilität wurde immer für die Folge eines starken Bandes der Affinität zwischen dem Verbündeten und seinem Anhänger gehalten.

Die Regel war nicht-akkumulativ

Es wurde angenommen, daß alle erdenklichen Methoden der Manipulation eines Verbündeten bereits angewendet worden waren. Theoretisch war die Regel nicht-akkumulativ; es gab keine Möglichkeit, sie zu erweitern. Die Vorstellung von der nicht-akkumulativen Natur der Regel war ebenso mit dem Begriff der Wirksamkeit verbunden. Da die Regel die einzig wirksame Möglichkeit zum eigenen Überleben vorschrieb, wurde jeder Versuch, sie zu beeinflussen oder ihren Verlauf durch Neuerungen zu ändern, nicht nur für überflüssig, sondern für tödlich gehalten. Man hätte die Möglichkeit, das persönliche Wissen von der Regel zu vergrößern, entweder unter der Anleitung des Lehrers oder unter der besonderen Anleitung des Verbündeten selbst. Das letztere wurde für einen Fall des direkten Gewinns von Wissen gehalten, nicht für einen Zusatz zum Corpus der Regel.

Die Regel wurde in alltäglicher Wirklichkeit bekräftigt

Bekräftigung der Regel meinte den Akt ihrer Verifizierung, den Akt, ihre Gültigkeit durch pragmatische Bekräftigung in experimenteller Weise zu bezeugen. Da die Regel Situationen alltäglicher und nicht-alltäglicher Wirklichkeit umfaßte, fand ihre Bekräftigung in beiden Bereichen statt.
Die Situationen alltäglicher Wirklichkeit, die von der Regel betroffen wurden, waren meist bemerkenswert ungewöhnliche Situationen, aber wie ungewöhnlich sie auch waren, die Regel wurde in alltäglicher Wirklichkeit bekräftigt. Aus diesem Grund gehört diese Bekräftigung nicht in den Rahmen dieser Arbeit und sollte Thema einer anderen Untersuchung sein. Dieser Teil der Regel betraf die Einzelheiten der Vorgänge, die beim Erkennen, Sammeln, Mischen, Vorbereiten und Versorgen der Macht-Pflanzen angewendet wurden, in denen die Verbündeten enthalten waren; sie betrafen die Einzelheiten anderer Vorgänge, die bei dem Gebrauch solcher Macht-Pflanzen beteiligt waren, und ähnliche Einzelheiten.

Die Regel wurde in nicht-alltäglicher Wirklichkeit bekräftigt

Die Regel wurde auch in nicht-alltäglicher Wirklichkeit bekräftigt, und die Bekräftigung wurde in der gleichen pragmatischen, experimentellen Weise der Gültigkeitserklärung vollzogen wie in den Situationen alltäglicher Wirklichkeit. Der Gedanke einer pragmatischen Bekräftigung schloß zwei Begriffe ein: (1) Zusammenkünfte mit dem Verbündeten, die ich Zustände nicht-alltäglicher Wirklichkeit genannt habe; und (2) die spezifischen Absichten der Regel.

Die Zustände nicht-alltäglicher Wirklichkeit. – Die beiden Pflanzen, in denen die Verbündeten enthalten waren, erzeugten, wenn sie in Übereinstimmung mit den Regeln des jeweiligen Verbündeten gebraucht wurden, Zustände besonderer Wahrnehmung, die Don Juan als Zusammenkünfte mit dem Verbündeten klassifizierte. Er wies mit außerordentlicher Betonung darauf hin, wie wichtig es sei, sie hervorzurufen, und faßte dies in dem Gedanken zusammen, man müsse den Verbündeten so oft als möglich treffen, um seine Regel auf pragmatische, experimentelle Weise zu verifizieren. Es wurde angenommen, daß der Anteil der Regel, der vermutlich verifiziert werden würde, der Anzahl von Begegnungen mit dem Verbündeten direkt proportional war.

Die einzige Methode, eine Zusammenkunft mit dem Verbündeten hervozurufen, war natürlich der angemessene Gebrauch der Pflanze, in der der Verbündete enthalten war. Dennoch deutete Don Juan an, daß in einem bestimmten, vorgerückten Stadium des Lernens die Zusammenkünfte ohne den Gebrauch der Pflanze stattfinden, das heißt, allein durch den Willensakt hervorgerufen werden könnten.

Ich habe die Zusammenkünfte mit dem Verbündeten Zustände nicht-alltäglicher Wirklichkeit genannt. Ich habe den Ausdruck »nicht-alltägliche Wirklichkeit« gewählt, weil er mit Don Juans Behauptung übereinstimmte, daß solche Treffen in einem Kontinuum der Wirklichkeit stattfanden, einer Wirklichkeit, die sich nur leicht von der alltäglichen Wirklichkeit des normalen Lebens unterschied. Folglich hatte die nicht-alltägliche Wirklichkeit bestimmte Charakteristika, die jeder in wahrscheinlich gleichen Ausdrücken hätte umreißen können. Don Juan formulierte diese Charakteristika nie definitiv, aber seine Zurückhaltung schien von dem Gedanken geleitet zu sein, daß das zu erreichende Wissen für jeden Menschen von individueller Art sei.

Die folgenden Kategorien, die ich als die besonderen Charakteristika der nicht-alltäglichen Wirklichkeit betrachte, habe ich von meiner persönlichen Erfahrung abgeleitet. Trotz ihres scheinbar höchstpersönlichen Ursprungs wurden sie doch von Don Juan verstärkt und unter den Voraussetzungen seines Wissens ausgebaut; er trug seine Lehren vor, als seien die folgenden Charakteristika der nicht-alltäglichen Wirklichkeit inhärent: (1) nicht-alltägliche Wirklichkeit war verwertbar; (2) nicht-alltägliche Wirklichkeit setzte sich aus einzelnen Elementen zusammen. Die erste Eigenschaft – nicht-alltägliche Wirklichkeit war verwertbar – implizierte, daß sie zum tatsächlichen Gebrauch genutzt werden konnte. Don Juan erklärte wieder und wieder, daß das umfassendste Anliegen seines Wissens das Suchen nach praktischen Ergebnissen war und daß solch ein Suchen sich auf die alltägliche wie auch auf die nicht-alltägliche Wirklichkeit erstreckte. Er behauptete, daß in seinem Wissen die Mittel enthalten seien, nicht-alltägliche Wirklichkeit in der gleichen Art nutzbar zu machen wie alltägliche Wirklichkeit. Nach dieser Annahme wurden die Zustände, die von den Verbündeten hervorgerufen wurden, in der wohlerwogenen Absicht erzeugt, sie zu benutzen. Insbesondere war es Don Juans Prinzip, die Treffen mit den Verbündeten darauf einzurichten, ihre Geheimnisse zu erlernen, und dieses Prinzip diente als strenger Führer, der andere persönliche Motive ausschaltete, die man vielleicht hätte haben können, um Zustände nicht-alltäglicher Wirklichkeit zu suchen.

Die zweite Eigenschaft nicht-alltäglicher Wirklichkeit bestand darin, daß sie sich aus einzelnen Elementen zusammensetzte. Diese einzelnen Elemente waren die Dinge, die Handlungen und die Ereignisse, die man, scheinbar mit den Sinnen, als den Gehalt eines Zustands nicht-alltäglicher Wirklichkeit wahrnahm. Das vollständige Bild der nicht-alltäglichen Wirklichkeit setzte sich aus Elementen zusammen, die sowohl Qualitäten der Elemente alltäglicher Wirklichkeit als auch der Komponenten eines gewöhnlichen Traumes zu besitzen schienen, obwohl sie keinem von ihnen entsprachen.

Nach meinem persönlichen Urteil hatten die einzelnen Elemente nicht-alltäglicher Wirklichkeit drei einzigartige Eigenschaften: (1) Stabilität, (2) Singularität und (3) Fehlen des gewöhnlichen Konsenses. Diese Qualitäten machten sie zu selbständigen Einheiten, die eine unverkennbare Individualität besaßen.

Die einzelnen Elemente der nicht-alltäglichen Wirklichkeit hatten Stabilität, indem sie konstant waren. In dieser Hinsicht waren sie den einzelnen Elementen der alltäglichen Wirklichkeit ähnlich, da sie sich nicht veränderten oder verschwanden, wie es die einzelnen Elemente gewöhnlicher Träume tun würden. Es schien, als ob jedes Detail, das ein einzelnes Element der nicht-alltäglichen Wirklichkeit ausmachte, eine eigene Konkretheit besaß, eine Konkretheit, die ich als außergewöhnlich stabil wahrnahm. Diese Stabilität war so ausgeprägt, daß sie mir erlaubte, das Kriterium zu etablieren, daß man in nicht-alltäglicher Wirklichkeit immer die Fähigkeit besaß innezuhalten, um irgendeines der einzelnen Elemente für eine, wie es schien, unbegrenzt lange Zeit zu untersuchen. Die Anwendung dieses Kriteriums erlaubte mir, die von Don Juan gebrauchten Zustände nicht-alltäglicher Wirklichkeit von den anderen Zuständen besonderer Wahrnehmung zu unterscheiden, die vielleicht als nicht-alltägliche Wirklichkeit erschienen wären, aber diesem Kriterium nicht entsprachen.

Die zweite besondere Eigenschaft der einzelnen Elemente der nicht-alltäglichen Wirklichkeit – ihre Singularität – bedeutete, daß jedes Detail der einzelnen Elemente ein einzelnes, individuelles Ding war; es schien, als ob jedes Detail von anderen isoliert war oder als ob die Details nacheinander erschienen. Die Einzigartigkeit der einzelnen Elemente schien weiter eine besondere Notwendigkeit zu erzeugen, die vielleicht jedem bekannt ist: das zwingende Bedürfnis, den Drang, alle isolierten Details zu einer umfassenden Szene, einem umfassenden Ganzen zu verschmelzen. Don Juan kannte dieses Bedürfnis offensichtlich und wandte es bei jeder möglichen Gelegenheit an.
Die dritte besondere Eigenschaft der einzelnen Elemente, und die dramatischste von allen, war das Fehlen des Gewohnten Konsenses. Man nahm die einzelnen Elemente während eines Zustands völliger Einsamkeit wahr. Diese Einsamkeit war nicht die Einsamkeit des Träumens, sie war eher wie die Einsamkeit eines Mannes, der alleiniger Zeuge einer fremdartigen Szene innerhalb der alltäglichen Wirklichkeit ist. Da die Stabilität der einzelnen Elemente nicht-alltäglicher Wirklichkeit einen befähigte, innezuhalten und jedes von ihnen eine scheinbar unbegrenzt lange Zeit zu untersuchen, nahm man fast an, sie seien Elemente des alltäglichen Lebens; doch bestand der Unterschied zwischen den einzelnen Elementen der beiden Zustände der Wirklichkeit in ihrer Eignung zum gewohnten Konsens. Mit diesem meine ich die stillschweigende oder vorausgesetzte Übereinkunft über die einzelnen Elemente des alltäglichen Lebens, die Menschen miteinander auf vielfältige Weise treffen. Für die einzelnen Elemente nicht-alltäglicher Wirklichkeit war der übliche Konsens unerreichbar. In dieser Hinsicht war nicht-alltägliche Wirklichkeit einem Zustand des Träumens näher als alltägliche Wirklichkeit. Und doch hatten die einzelnen Elemente nicht-alltäglicher Wirklichkeit wegen ihrer besonderen Eigenschaften der Stabilität und Singularität eine überzeugende Qualität von der Wirklichkeit, welche das Bedürfnis nährte, ihre Existenz durch Konsens zu bestätigen.
Der spezifische Zweck der Regel. – Die andere Komponente der Vorstellung, daß die Regel in nicht-alltäglicher Wirklichkeit verifiziert wurde, war der Gedanke, daß sie einer spezifischen Absicht entsprach. Diese Absicht war, durch Gebrauch eines Verbündeten ein pragmatisches Ziel* zu erreichen. Im Kontext von Don Juans Lehren war vorausgesetzt, daß die Regel erlernt wurde, indem man sie in alltäglicher und nicht-alltäglicher Wirklichkeit bekräftigte. Der entscheidende Aspekt der Lehren war jedoch die Bekräftigung der Regel in den Zuständen nicht-alltäglicher Wirklichkeit; und das, was bekräftigt wurde durch

*utilitarian goal; Anm. d. Ü.

die in der nicht-alltäglichen Wirklichkeit wahrgenommenen Handlungen und Elemente, war eben der spezifische Zweck der Regel. Dieser hatte mit der Macht des Verbündeten zu tun, das heißt, mit der Manipulation eines Verbündeten als Vehikel und dann auch als Helfer, aber Don Juan behandelte jedes Auftreten des spezifischen Zwecks der Regel als eine einzelne Einheit, die die beiden Bereiche stillschweigend mit einschloß.

Da sich der spezifische Zweck auf die Manipulation der Macht des Verbündeten bezog, hatte sie eine davon nicht zu trennende Folge – die Techniken des Manipulierens.

Diese Techniken waren die eigentlichen Verfahren, die eigentlichen Operationen, die in jedem Fall, der die Manipulation der Macht eines Verbündeten einschloß, unternommen wurden. Daß ein Verbündeter manipulierbar war, gewährleistete seine Nützlichkeit beim Erreichen pragmatischer Ziele, und die Manipulationstechniken waren das Verfahren, sich den Verbündeten nutzbar zu machen. Spezifischer Zweck und Manipulationstechnik bildeten eine Einheit, die ein Zauberer genau kennen mußte, um seinem Verbündeten wirksam Befehle zu erteilen.

Don Juans Lehren schlossen die folgenden spezifischen Zwecke der Regeln der zwei Verbündeten ein. Ich habe sie hier in der gleichen Reihenfolge angeordnet wie er in seiner Darstellung.

Der erste spezifische Zweck, der in nicht-alltäglicher Wirklichkeit verifiziert wurde, war das Testen des in *Datura inoxia* enthaltenen Verbündeten. Die Manipulationstechnik war das Einnehmen eines aus einem Wurzelteil der *Datura*-Pflanze hergestellten Trankes. Das Einnehmen dieses Trankes rief einen schwachen Zustand nicht-alltäglicher Wirklichkeit hervor, den Don Juan benutzte, um mich zu prüfen, damit er entscheiden konnte, ob ich als zukünftiger Schüler eine Affinität zu dem in der Pflanze enthaltenen Verbündeten hatte oder nicht. Der Trank sollte entweder ein Gefühl unbestimmten physischen Wohlbehagens oder ein Gefühl großen Unbehagens hervorrufen. Diese Wirkungen beurteilte Don Juan als Zeichen von Affinität, beziehungsweise als Zeichen des Mangels daran.

Der zweite spezifische Zweck war die Wahrsagung. Sie war ebenfalls Teil der Regel des in *Datura inoxia* enthaltenen Verbündeten. Don Juan betrachtete Wahrsagung als eine Form spezialisierter Bewegung. Er setzte voraus, daß der Zauberer von dem Verbündeten in einen besonderen Bereich nicht-alltäglicher Wirklichkeit transportiert wurde, wo er Ereignisse wahrsagen konnte, die ihm sonst unbekannt blieben.

Die Manipulationstechnik des zweiten spezifischen Zwecks war ein Prozeß, den ich »Einnehmen-Absorption« nennen möchte, weil hierbei ein Trank aus *Datura*-Wurzel eingenommen und eine Salbe aus *Datura*-Samen auf die Schläfen und gewisse Stirnpartien gerieben wurde und das Einnehmen vielleicht beim Hervorrufen eines Zustands nicht-alltäglicher Wirklichkeit durch die Hautabsorption, oder aber diese durch das Einnehmen unterstützt wurde.

Diese Technik verlangte den Gebrauch weiterer Elemente außer der *Datura*-Pflanze, in diesem Fall zweier Eidechsen. Sie sollten dem Zauberer als Instrumente der Bewegung dienen. Hier bedeutete dies die besondere Wahrnehmung, sich in einer bestimmten Sphäre zu befinden, in der man eine Eidechse sprechen hören und sich anschließend optisch vorstellen konnte, was sie gesagt hatte. Don Juan erklärte solche Phänomene als die Antwort der Eidechsen auf die Fragen, die ihnen zur Wahrsagung gestellt worden waren.

Der dritte spezifische Zweck der Regel des in *Datura*-Pflanzen enthaltenen Verbündeten bezog sich auf eine andere spezialisierte Form der Bewegung, den körperlichen Flug. Wie Don Juan erklärte, konnte ein Zauberer, der diesen Verbündeten benutzte, körperlich über riesige Entfernungen fliegen; der körperliche Flug war die Fähigkeit des Zauberers, sich durch nicht-alltägliche Wirklichkeit zu bewegen und aus eigenem Entschluß in die alltägliche Wirklichkeit zurückzukehren.

Die Manipulationstechnik des dritten spezifischen Zwecks bestand ebenfalls in einem Prozeß des Einnehmens-Absorbierens. Ein Trank aus *Datura*-Wurzel wurde eingenommen, und eine Salbe aus *Datura*-Samen wurde auf die Fußsohlen, auf die Innenseite beider Beine und auf die Geschlechtsteile gerieben. Der dritte spezifische Zweck ist nicht in aller Tiefe bekräftigt worden. Don Juan deutete an, daß er nicht andere Aspekte der Manipulationstechnik erschlossen hatte, die einem Zauberer erlauben würden, einen Sinn für Richtung während seiner Bewegung zu erlangen.

Der vierte spezifische Zweck der Regel war das Testen; der Verbündete war in *Psilocybe mexicana* enthalten. Das Testen sollte nicht die Affinität zu einem Verbündeten oder das Fehlen der Affinität bestimmen, es war eher ein unvermeidbarer erster Versuch oder das erste Treffen mit dem Verbündeten.

Zur Manipulationstechnik des vierten spezifischen Zwecks wurde eine Rauchmixtur aus getrockneten Pilzen gebraucht, die mit verschiedenen Teilen von fünf anderen Pflanzen vermischt war; von keiner war bekannt, ob sie halluzinogene Eigenschaften hatte. Die Regel betonte das Inhalieren des Rauchs von der Mixtur; der Lehrer verwandelte darum das Wort *humito* (kleiner Rauch), um auf den darin enthaltenen Verbündeten hinzuweisen. Aber ich habe diesen Prozeß »Einnehmen-Inhalieren« genannt, weil es eine Kombination von Einnehmen und anschließendem Inhalieren war. Da die Pilze sehr weich waren, trockneten sie zu feinem Staub, der ziemlich schwierig zu verbrennen war. Die anderen Zutaten trockneten zu Stückchen. Diese Stückchen wurden im Pfeifenkopf entzündet, während das Pilzpulver, das nicht so leicht brannte, in den Mund gesogen und eingenommen wurde. Naturgemäß war die Menge der eingenommenen, getrockneten Pilze größer als die Menge der verbrannten und inhalierten Stückchen.

Die Wirkungen des ersten Zustands nicht-alltäglicher Wirklichkeit, der von *Psilocybe mexicana* hervorgerufen wurde, war Ausgangspunkt zu Don Juans kurzer Darlegung des fünften spezifischen Zwecks der Regel. Sie bezog sich auf Bewegung – Bewegung mit Hilfe des in *Psilocybe mexicana* enthaltenen Verbündeten in und durch leblose Objekte oder in und durch lebende Wesen. Die vollständige Manipulationstechnik schloß vielleicht außer dem Prozeß des Einnehmens-Inhalierens auch noch hypnotische Suggestion ein. Da Don Juan diesen spezifischen Zweck nur in einem kurzen Gespräch darstellte, das nicht weiter verifiziert wurde, konnte ich keinen seiner Aspekte davon genau abschätzen.

Der sechste spezifische Zweck der Regel, der in nicht-alltäglicher Wirklichkeit verifiziert wurde und ebenfalls den in *Psilocybe mexicana* enthaltenen Verbündeten betraf, hatte mit einem anderen Aspekt der Bewegung zu tun – der Bewegung durch Annahme einer anderen Gestalt. Dieser Aspekt der Bewegung wurde der gründlichsten Verifizierung unterworfen. Don Juan versicherte, daß ausdauernde Übung nötig sei, um ihn zu beherrschen. Er wies darauf hin, daß dem in *Psilocybe mexicana* enthaltenen Verbündeten die Fähigkeit innewohnte, den Körper des Zauberers verschwinden zu lassen; so war der Gedanke der Annahme einer anderen Gestalt eine logische Möglichkeit, um unter den Bedingungen der Körperlosigkeit Bewegung zu erreichen. Eine andere logische Möglichkeit, Bewegung zu erreichen, war natürlich die Bewegung durch Objekte und Wesen, über die Don Juan kurz gesprochen hatte.

Die Manipulationstechnik des sechsten spezifischen Zwecks der Regel schloß nicht nur Einnehmen-Inhalieren, sondern auch, allen Anzeichen nach, hypnotische Suggestion ein. Don Juan hatte eine solche Suggestion während der Übergangsstadien zu nicht-alltäglicher Wirklichkeit und auch während der Anfangsstadien der Zustände nicht-alltäglicher Wirklichkeit angewandt. Er klassifizierte den scheinbar hypnotischen Prozeß als bloße persönliche Überwachung. Das bedeutete, daß er mich mit der vollständigen Manipulationstechnik zu diesem Zeitpunkt noch nicht vertraut gemacht hatte.

Die Annahme einer anderen Gestalt bedeutete nicht, daß ein Zauberer die Freiheit hatte, einer plötzlichen Eingebung zu folgen, um irgendeine Gestalt anzunehmen; im Gegenteil, es bedeutete lebenslange Übung, um eine vorher ausgedachte Gestalt annehmen zu können. Die vorher ausgedachte Gestalt, die

Don Juan vorgezogen hatte anzunehmen, war die einer Krähe, und folglich betonte er diese besondere Gestalt in seinen Lehren. Er machte es nichtsdestoweniger sehr klar, daß die Krähe seine persönliche Wahl war und daß es unzählige andere mögliche vorher ausgedachte Gestalten gäbe.

Die vierte Einheit

Die Regel wurde durch speziellen Konsens bekräftigt

Unter den einzelnen Begriffen, aus denen sich die Regel zusammensetzte, war allein der Gedanke, daß die Regel durch speziellen Konsens bekräftigt wurde, zu ihrer Erklärung unerläßlich; alle anderen reichten allein genommen nicht aus, um die Bedeutung der Regel zu erklären.
Don Juan machte sehr klar, daß ein Verbündeter dem Zauberer nicht geschenkt wurde, sondern daß der Zauberer lernte, den Verbündeten durch den Prozeß der Bekräftigung der Regel zu manipulieren. Der vollständige Lernprozeß schloß die Verifizierung der Regel sowohl in nicht-alltäglicher Wirklichkeit als auch in alltäglicher Wirklichkeit ein. Der entscheidende Aspekt der Lehren Don Juans war jedoch die Bekräftigung der Regel auf pragmatische und experimentelle Weise im Kontext dessen, was man als die einzelnen Elemente nicht-alltäglicher Wirklichkeit wahrnahm. Aber jene einzelnen Elemente waren dem gewöhnlichen Konsens nicht unterworfen, und wenn man unfähig war, über ihre Existenz Übereinkunft zu erlangen, dann war ihre wahrgenommene Wirklichkeit nur eine Illusion. Da ein Mann in nicht-alltäglicher Wirklichkeit allein sein mußte, war, was immer er wahrnahm, aufgrund seiner Einsamkeit höchstpersönlich. Die Einsamkeit und die Idiosynkrasien waren eine Folge der angenommenen Tatsache, daß kein Mitmensch der eigenen Wahrnehmung gewöhnlichen Konsens geben konnte.
Hier fügte Don Juan den wichtigsten konstituierenden Teil seiner Lehre ein: er versorgte mich mit speziellem Konsens zu den Handlungen und Elementen, die ich in nicht-alltäglicher Wirklichkeit wahrgenommen hatte, Handlungen und Elemente, von denen angenommen wurde, daß sie die Regel bekräftigten. In Don Juans Lehren bedeutete spezieller Konsens stillschweigendes Einverständnis über die einzelnen Elemente nicht-alltäglicher Wirklichkeit, das er, in seiner Eigenschaft als Lehrer, mir als dem Schüler seiner Lehren gab. Dieser spezielle Konsens war keineswegs betrügerisch oder unecht wie etwa der Konsens, den zwei Menschen einander geben mochten, wenn sie einzelne Elemente ihrer individuellen Träume beschrieben. Der spezielle Konsens, den Don Juan gab, war systematisch, und um ihn bereitzustellen,

dürfte er den ganzen Umfang seines Wissens benötigt haben. Mit der Erwerbung systematischen Konsenses wurden die Handlungen und Elemente, die in nicht-alltäglicher Wirklichkeit wahrgenommen wurden, konsensuell wirklich, und dies bedeutete in Don Juans klassifizierendem Schema, daß die Regel des Verbündeten bekräftigt worden war. Die Regel war als ein Begriff sinnvoll, aber nur insofern, als sie speziellem Konsens unterworfen war, denn ohne besondere Übereinkunft über ihre Bekräftigung wäre die Regel eine rein persönliche Konstruktion gewesen.

Ich habe den Gedanken, daß die Regel durch speziellen Konsens bekräftigt wurde, zur vierten Haupteinheit dieses strukturellen Schemas gemacht, weil er für die Erklärung der Regel unerläßlich ist. Da diese Einheit hauptsächlich die Interaktion zwischen zwei Individuen war, bestand sie aus (1) dem Wohltäter oder dem Führer in das Wissen, das gelehrt wurde, dem Vermittler des speziellen Konsenses; (2) dem Lernenden oder der Person, die mit dem speziellen Konsens versehen wurde.

Versagen oder Erfolg im Erreichen des operativen Ziels der Lehre beruhte auf dieser Einheit. So war spezieller Konsens der prekäre Höhepunkt der folgenden Entwicklung: ein Zauberer hatte ein bestimmtes Merkmal, er besaß einen Verbündeten, und dies unterschied ihn von gewöhnlichen Menschen. Ein Verbündeter war eine Macht, die die besondere Eigenschaft besaß, eine Regel zu haben. Und die einzigartige Eigenschaft der Regel war ihre Bekräftigung in nicht-alltäglicher Wirklichkeit mit Hilfe des speziellen Konsenses.

Der Wohltäter

Der Wohltäter war ein Mittler, ohne den die Bekräftigung der Regel unmöglich gewesen wäre. Zur Bereitstellung des speziellen Konsenses erfüllte er zwei Aufgaben: (1) Vorbereitung des Hintergrunds für speziellen Konsens über die Bekräftigung der Regel und (2) Dirigieren des speziellen Konsenses.

Vorbereitung des speziellen Konsenses

Als erste Aufgabe hatte der Wohltäter den Hintergrund zu schaffen, der nötig war, um speziellen Konsens über die Bekräftigung der Regel hervorzurufen. Als mein Lehrer ließ mich Don Juan (1) andere Zustände nicht-alltäglicher Wirklichkeit erleben, die er als ganz anders als jene bezeichnete, welche hervorgerufen wurden, um die Regel der Verbündeten zu bekräftigen; (2) er ließ mich mit ihm zusammen bestimmte spezielle Zustände alltäglicher Wirklichkeit erleben, die er, wie es schien, selbst hervorgerufen hatte; (3) er ließ mich jedes Erlebnis detailliert wiedergeben. Don Juans Aufgabe, speziellen Konsens herzustellen, bestand daraus, die Bekräftigung der Regel zu sichern und zu festigen, und zwar, indem er den einzelnen Elementen dieser neuen Zustände nicht-alltäglicher Wirklichkeit und den einzelnen Elementen der speziellen Zustände alltäglicher Wirklichkeit speziellen Konsens gab.

Die anderen Zustände nicht-alltäglicher Wirklichkeit, die mich Don Juan erleben ließ, wurden durch das Einnehmen des Kaktus *Lophophora williamsii*, allgemein als Peyote bekannt, hervorgerufen. Gewöhnlich wurde der obere Teil des Kaktus abgeschnitten und gelagert, bis er getrocknet war, dann wurde er gekaut und eingenommen. Unter besonderen Umständen wurde der obere Teil eingenommen, während er noch frisch war. Das Einnehmen war jedoch nicht die einzige Art, einen Zustand nicht-alltäglicher Wirklichkeit mit *Lophophora williamsii* zu erfahren. Don Juan deutete an, daß spontane Zustände nicht-alltäglicher Wirklichkeit unter besonderen Umständen eintraten, und er ordnete sie als Geschenke oder Gaben von der in der Pflanze enthaltenen Macht ein.

Nicht-alltägliche Wirklichkeit, die durch *Lophophora williamsii* hervorgerufen wurde, hatte drei verschiedene Merkmale: (1) es wurde angenommen, daß sie durch ein »Mescalito« genanntes Wesen hervorgerufen wurde; (2) sie war nutzbar; und (3) sie setzte sich aus einzelnen Elementen zusammen.

Mescalito wurde für eine besondere Macht gehalten, ähnlich einem Verbündeten in dem Sinn, daß er einem erlaubte, die Grenzen alltäglicher Wirklichkeit zu überschreiten, aber gleichzeitig unterschied er sich auch von einem Verbündeten. Wie ein Verbündeter war Mescalito in einer bestimmten Pflanze, dem Kaktus *Lophophora williamsii*, enthalten. Aber anders als ein Verbündeter, der eigentlich nur *in* einer Pflanze *enthalten* war, waren Mescalito und jene Pflanze, in der er enthalten war, dasselbe; die Pflanze war der Mittelpunkt offener Achtungsbeweise, der Empfänger tiefer Verehrung. Don Juan glaubte fest, daß unter bestimmten Bedingungen, etwa in einem Zustand tiefer Ergebenheit Mescalito gegenüber, der einfache Akt, sich in der Nähe des Kaktus aufzuhalten, einen Zustand nicht-alltäglicher Wirklichkeit hervorrufen würde.

Aber Mescalito hatte keine Regel, und aus diesem Grund war er kein Verbündeter, obwohl er fähig war, einen Menschen über die Grenzen alltäglicher Wirklichkeit zu transportieren. Daß Mescalito keine Regel hatte, machte ihn nicht nur als Verbündeten untauglich, denn ohne Regel war es unvorstellbar, ihn zu manipulieren, sondern ließ ihn auch zu einer Macht werden, die sich bemerkenswert von einem Verbündeten unterschied. Die direkte Folge davon, daß Mescalito keine Regel hatte, machte ihn jedermann zugänglich, auch ohne die Notwendigkeit einer langen Lehre oder einer Bindung an Manipulationstechniken wie bei einem Verbündeten. Und da er ohne jede Übung zu erreichen war, nannte man Mescalito einen Beschützer. Ein Beschützer zu sein bedeutete, daß er jedem zugänglich war. Und doch war Mescalito als Beschützer nicht jedem zugänglich, und für einige Individuen war er unverträglich. Nach Don Juan entstand solche Unverträglichkeit durch die Diskrepanz zwischen Mescalitos »unbeugsamer Moralität« und dem fragwürdigen Charakter des Individuums.

Mescalito war auch ein Lehrer. Er übte angeblich didaktische Funktionen aus. Er war ein Anleiter, ein Wegweiser zu richtigem Verhalten. Mescalito lehrte den richtigen Weg. Don Juans Vorstellung vom richtigen Weg schien ein Gefühl für Angemessenheit zu sein, das nicht in der Rechtschaffenheit im Sinne einer Moral bestand, sondern in einer Tendenz, Verhaltensmuster im Sinne der durch seine Lehren geförderten Könnerschaft zu vereinfachen. Don Juan glaubte, Mescalito lehre eine Vereinfachung des Verhaltens.

Mescalito wurde für ein Wesen gehalten. Und es wurde angenommen, daß er als solches eine bestimmte Gestalt hatte, die gewöhnlich nicht gleichbleibend oder vorhersagbar war. Diese Qualität implizierte, daß Mescalito nicht nur von verschiedenen Menschen, sondern auch von demselben Menschen bei verschiedenen Gelegenheiten verschieden wahrgenommen wurde. Don Juan erklärte diesen Gedanken mit Mescalitos Fähigkeit, jede erdenkliche Gestalt annehmen zu können. Für Individuen, für die er verträglich war, nahm er jedoch eine beständige Gestalt an, nachdem sie seiner über eine Periode von mehreren Jahren teilhaftig geworden waren.

Die nicht-alltägliche Wirklichkeit, die Mescalito erzeugte, war nutzbar, und in dieser Hinsicht war sie identisch mit jener, die ein Verbündeter hervorrief. Der einzige Unterschied war das Grundprinzip, das Don Juan in seinen Lehren benutzte, um sie hervorzurufen: man sollte »Mescalitos Lektionen über den richtigen Weg« suchen.

Die nicht-alltägliche Wirklichkeit, die Mescalito hervorrief, setzte sich ebenfalls aus einzelnen Elementen zusammen, und auch hier waren die Zustände nicht-alltäglicher Wirklichkeit, die von Mescalito und von einem Verbündeten hervorgerufen wurden, identisch. In beiden waren die Merkmale der einzelnen Elemente Stabilität, Singularität und Fehlen des Konsenses.

Das andere Verfahren, das Don Juan gebrauchte, um den Hintergrund für speziellen Konsens vorzubereiten, bestand darin, mich zum Teilnehmer spezieller Zustände alltäglicher Wirklichkeit zu machen. Ein spezieller Zustand alltäglicher Wirklichkeit war eine Situation, die im Sinne der Eigenschaften des alltäglichen Lebens beschrieben werden konnte, außer daß es vielleicht unmöglich gewesen wäre, gewöhnlichen Konsens zu ihren Elementen, aus denen sie sich zusammensetzte, zu erhalten. Don Juan bereitete den Hintergrund für den speziellen Konsens zur Bekräftigung der Regel vor, indem er den einzelnen Elementen der speziellen Zustände alltäglicher Wirklichkeit speziellen Konsens gab. Diese einzelnen Elemente waren Elemente des alltäglichen Lebens, deren Existenz von Don Juan nur durch besondere Übereinkünfte bestätigt werden konnte. Ich vermutete dies, weil ich als Teilnehmer am speziellen Zustand alltäglicher Wirklichkeit glaubte, daß nur Don Juan als anderer Teilnehmer wissen würde, welche einzelnen Elemente den speziellen Zustand alltäglicher Wirklichkeit ausmachten.

Nach meinem persönlichen Urteil wurden spezielle Zustände alltäglicher Wirklichkeit von Don Juan hervorgerufen, obwohl er niemals behauptete, dies getan zu haben. Es schien, als riefe er sie durch eine geschickte Manipulation, durch Andeutungen und Winke hervor, um mein Verhalten zu lenken. Ich habe diesen Prozeß »Fingerzeig-Manipulation«* genannt. Er hatte zwei Aspekte: (1) Hinweise auf die Umgebung und (2) Hinweise auf Verhalten.

Während des Verlaufs der Unterweisung ließ mich Don Juan zweimal solche Zustände erleben. Es ist möglich, daß er den ersten durch den Prozeß des Hinweisens auf die Umgebung hervorgerufen hat. Don Juan begründete das Hervorrufen dieses Prozesses damit, daß ein Test notwendig war, um meine guten Absichten zu prüfen, und erst nachdem er mir speziellen Konsens zu seinen einzelnen Elementen gegeben hatte, willigte er ein, seine Lehren zu beginnen. Mit »Hinweis auf die Umgebung« meine ich, daß Don Juan mich in einen speziellen Zustand alltäglicher Wirklichkeit führte, indem er durch kunstvolle Beeinflussung einzelne Elemente der alltäglichen Wirklichkeit isolierte, die Teil der unmittelbaren, physischen Umgebung waren. Die auf solche Art isolierten Elemente erzeugten in diesem Fall eine bestimmte visuelle Wahrnehmung von Farbe, die Don Juan stillschweigend verifizierte.

Der zweite Zustand alltäglicher Wirklichkeit wurde vielleicht durch den Prozeß des Hinweisens auf Verhalten hervorgerufen. Don Juan gelang es, durch enge Verbindung mit mir und durch gleichbleibendes Verhalten, ein Image von sich zu schaffen, das mir als Grundmuster diente, ihn wiederzuerkennen. Später war Don Juan dann imstande, dieses Grundmuster des Wiedererkennens zu verzerren, indem er bestimmte, besonders ausgewählte Haltungen einnahm, die mit dem Image, das er geschaffen hatte, unvereinbar waren. Die Verzerrung hatte nun vielleicht ihrerseits die normale Konfiguration der Elemente, die mit dem

*»manipulation of cues«; Anm. d. Ü.

Muster assoziiert waren, zu einem neuen, nicht übereinstimmenden Muster verändert, das dem gewöhnlichen Konsens nicht unterworfen werden konnte; Don Juan war als zweiter Teilnehmer dieses speziellen Zustands alltäglicher Wirklichkeit die einzige Person, die die einzelnen Elemente kannte, und so war er auch die einzige Person, die mir deren Existenz bestätigen konnte.

Don Juan richtete den zweiten speziellen Zustand alltäglicher Wirklichkeit auch als Test ein, als eine Art Rekapitulation seiner Lehren. Es schien, daß die beiden speziellen Zustände alltäglicher Wirklichkeit einen Übergang in seinen Lehren anzeigten. Sie schienen Verbindungspunkte zu sein. Und der zweite Zustand hatte vielleicht mein Eintreten in ein neues Stadium des Lernens markiert, das durch direktere Zusammenarbeit zwischen Lehrer und Schüler zum Zweck des Erreichens eines speziellen Konsenses charakterisiert war.

Das dritte Verfahren, das Don Juan anwandte, um speziellen Konsens vorzubereiten, bestand darin, daß er mich einen ausführlichen Bericht dessen geben ließ, was ich als eine Nachwirkung jedes Zustandes nicht-alltäglicher Wirklichkeit und jedes speziellen Zustands alltäglicher Wirklichkeit erlebt hatte, und dann bestimmte, ausgewählte Einheiten betonte, die er aus dem Inhalt meines Berichts isolierte. Der entscheidende Faktor war das Lenken des Ausgangs der Zustände nicht-alltäglicher Wirklichkeit, und hier nahm ich fest an, daß die Merkmale der einzelnen Elemente nicht-alltäglicher Wirklichkeit – Stabilität, Singularität und Fehlen des gewöhnlichen Konsenses – in diesen selbst enthalten und nicht das Ergebnis von Don Juans Anleitung waren. Diese Annahme beruhte auf der Beobachtung, daß die einzelnen Elemente des ersten Zustands nicht-alltäglicher Wirklichkeit, den ich erlebte, die gleichen drei Merkmale besaßen, obwohl Don Juan mit seinen Anleitungen kaum begonnen hatte. Wenn wir annehmen, daß diese Merkmale allgemein den Elementen, aus denen sich die nicht-alltägliche Wirklichkeit zusammensetzte, zukamen, dann bestand Don Juans Aufgabe darin, sie als die Grundlage für das Lenken des Ausgangs jedes Zustands nicht-alltäglicher Wirklichkeit zu benutzen, wie er von *Datura inoxia, Psilocybe mexicana* und *Lophophora williamsii* hervorgerufen wurde.

Der detaillierte Bericht, den Don Juan als Nachspiel jedes Zustands nicht-alltäglicher Wirklichkeit von mir verlangte, war eine Rekapitulation der Erlebnisse. Er enthielt eine übergenaue verbale Wiedergabe dessen, was ich während des Verlaufs jedes Zustands wahrgenommen hatte. Eine Rekapitulation hatte zwei Aspekte: (1) die Erinnerung der Ereignisse und (2) die Beschreibung der wahrgenommenen einzelnen Elemente. Die Erinnerung der Ereignisse befaßte sich mit den Vorfällen, die ich während des Verlaufs des Erlebnisses, von dem ich erzählte, scheinbar wahrgenommen hatte: das heißt, mit den Ereignissen, die scheinbar geschehen waren, und mit den Handlungen, die ich scheinbar ausgeführt hatte. Die Beschreibung der wahrgenommenen einzelnen Elemente war mein Bericht über die besondere Form und die besonderen Details jedes einzelnen Elements, das ich scheinbar wahrgenommen hatte.

Aus jeder Rekapitulation des Erlebnisses wählte Don Juan bestimmte Einheiten aus, indem er (1) bestimmten geeigneten Bereichen meiner Wiedergabe Bedeutung beimaß und (2) anderen Bereichen meiner Wiedergabe jegliche Bedeutung absprach. Das Intervall zwischen den Zuständen nicht-alltäglicher Wirklichkeit war die Zeit, in der Don Juan die Rekapitulation der Erfahrung auslegte.

Ich habe diesen ersten Prozeß »Hervorhebung« genannt, weil er eine gehaltvolle Betrachtung über den Unterschied enthielt zwischen dem, was Don Juan sich als die Ziele vorstellte, die ich im Zustand nicht-alltäglicher Wirklichkeit erreicht haben sollte, und dem, was ich selbst wahrgenommen hatte. Hervorhebung bedeutete also, daß Don Juan einen Bereich meiner Erzählung isolierte, indem er den größten Teil der Betrachtung auf ihn konzentrierte. Hervorhebung war entweder positiv oder negativ. Positive Hervorhebung bedeutete, daß Don Juan mit einem bestimmten Gegenstand, den ich wahrgenommen hatte, zufrieden war, weil er mit den Zielen übereinstimmte, von denen er erwartet hatte, daß ich sie im Zustand nicht-alltäglicher Wirklichkeit erreichen würde. Negative Hervorhebung bedeutete, daß Don Juan nicht zufrieden war mit dem, was ich wahrgenommen hatte, weil es vielleicht nicht mit seinen Erwartungen übereinstimmte oder weil er es für ungenügend hielt. Trotzdem konzentrierte er immer noch den größten Teil seiner Betrachtung auf diesen Bereich meiner Rekapitulation, um den negativen Wert meiner Wahrnehmung zu betonen.

Der zweite selektive Prozeß, den Don Juan anwandte, bestand darin, daß er einigen Bereichen meines Berichts jegliche Bedeutung absprach. Ich habe dies »Fehlen der Hervorhebung« genannt, weil er das Gegenteil von und das Gegengewicht zu Hervorhebung ist. Indem Don Juan den Teilen meines Berichts, die sich auf einzelne Elemente bezogen, jegliche Bedeutung absprach, da er sie als völlig überflüssig für das Ziel seiner Lehren hielt, schien er buchstäblich meine Wahrnehmung der gleichen Elemente in den nachfolgenden Zuständen nicht-alltäglicher Wirklichkeit zu verwischen.

Dirigieren des speziellen Konsenses

Der zweite Aspekt der Aufgabe Don Juans als Lehrer war das Dirigieren des speziellen Konsenses durch Dirigieren des Ausgangs jedes Zustands nicht-alltäglicher Wirklichkeit und jedes Zustands alltäglicher Wirklichkeit. Don Juan dirigierte diesen Ausgang durch eine geordnete Manipulation der äußeren und inneren Umstände nicht-alltäglicher Wirklichkeit und der inneren Umstände der speziellen Zustände alltäglicher Wirklichkeit.

Die äußeren Umstände nicht-alltäglicher Wirklichkeit betrafen deren operative Anordnung. Sie schlossen die Mechanik ein, die Schritte, die zur eigentlichen nicht-alltäglichen Wirklichkeit führten. Die äußeren Umstände hatten drei unterscheidbare Aspekte: (1) die vorbereitende Periode (2) die Übergangsstadien und (3) die Beaufsichtigung durch den Lehrer.

Die vorbereitende Periode war die Zeit, die zwischen einem Zustand nicht-alltäglicher Wirklichkeit und dem nächsten verstrich. Don Juan benutzte sie, um mir direkte Anweisungen zu geben und den allgemeinen Verlauf seiner Lehren voranzutreiben. Die vorbereitende Periode war von äußerster Wichtigkeit beim Einrichten der Zustände nicht-alltäglicher Wirklichkeit; sie setzte sich aus zwei Teilen zusammen: (1) die Periode vor der nicht-alltäglichen Wirklichkeit und (2) die Periode, die auf die nicht-alltägliche Wirklichkeit folgte.

Die Periode vor der nicht-alltäglichen Wirklichkeit war ein relativ kurzer Zeitabschnitt, der höchstens vierundzwanzig Stunden betrug. In den von *Datura inoxia* und *Psilocybe mexicana* hervorgerufenen Zustände nicht-alltäglicher Wirklichkeit wurde diese Zeitspanne durch Don Juans dramatische und beschleunigte direkte Unterweisung über die spezifische Wirkung der Regel und über die Manipulationstechniken bestimmt, die ich in dem herannahenden Zustand nicht-alltäglicher Wirklichkeit bekräftigen sollte. Bei *Lophophora williamsii* war die Zeitspanne im wesentlichen eine Zeit rituellen Verhaltens, da Mescalito keine Regel hatte.

Andererseits war die Periode, die nicht-alltäglicher Wirklichkeit folgte, eine lange Zeitspanne; sie dauerte gewöhnlich Monate, und sie gab Don Juan Zeit für Gespräche und zur Klärung der Erlebnisse, die während des vorausgegangenen Zustands nicht-alltäglicher Wirklichkeit stattgefunden hatten. Dieser Zeitabschnitt war besonders wichtig nach dem Gebrauch von *Lophophora williamsii*. Da Mescalito keine Regel hatte, war das in nicht-alltäglicher Wirklichkeit verfolgte Ziel die Verifizierung von Mescalitos Eigenschaften; während der langen Pause, die jedem Zustand nicht-alltäglicher Wirklichkeit folgte, arbeitete Don Juan diese Eigenschaften heraus.

Der zweite Aspekt der äußeren Umstände waren die Übergangsstadien, das heißt, der Übergang von einem Zustand alltäglicher Wirklichkeit zu einem Zustand nicht-alltäglicher Wirklichkeit und umgekehrt. Die zwei Zustände der Wirklichkeit überschnitten sich in diesen Übergangsstadien, und das Kriterium, das ich benutzte, um die letzteren von den beiden Zuständen der Wirklichkeit zu unterscheiden, bestand in der Verschwommenheit ihrer einzelnen Elemente. Es gelang mir nie, sie genau wahrzunehmen oder mich genau an sie zu erinnern.

Was die wahrgenommene Zeit betraf, so waren die Übergangsstadien entweder abrupt oder langsam. Im Fall von *Datura inoxia* lagen alltägliche und nicht-alltägliche Zustände beinahe nebeneinander, und der Übergang von einem zum anderen fand abrupt statt. Am deutlichsten waren die Übergänge zur nicht-alltäglichen Wirklichkeit. *Psilocybe mexicana* andererseits rief Übergangsstadien hervor, die ich als langanhaltend wahrnahm. Der Übergang von alltäglicher zu nicht-alltäglicher Wirklichkeit war besonders lang ausgedehnt und wahrnehmbar. Er war mir immer deutlich bewußt, vielleicht wegen meiner Furcht vor den bevorstehenden Ereignissen.

Die von *Lophophora williamsii* hervorgerufenen Übergangsstadien schienen die Merkmale der beiden anderen in sich zu vereinigen. Jedenfalls waren die Übergänge in die nicht-alltägliche Wirklichkeit und aus ihr heraus deutlich erkennbar. Das Eintreten in nicht-alltägliche Wirklichkeit war langsam, und ich erlebte es fast ohne irgendeine Beeinträchtigung meiner Fähigkeiten; aber das Zurückkehren zur alltäglichen Wirklichkeit war ein plötzliches Übergangsstadium, das ich mit Klarheit wahrnahm, ohne Gelegenheit, jedes Detail einzuschätzen.

Der dritte Aspekt der äußeren Umstände war die Beaufsichtigung durch den Lehrer oder die tatsächliche Hilfe, die ich als Schüler während des Erlebens eines Zustands nicht-alltäglicher Wirklichkeit erhielt. Ich habe die Beaufsichtigung als eine Kategorie für sich eingerichtet, denn sie schloß ein, daß der Lehrer an einem bestimmten Punkt seiner Lehren mit seinem Schüler in nicht-alltägliche Wirklichkeit einzutreten hätte.

Während der von *Datura inoxia* hervorgerufenen Zustände nicht-alltäglicher Wirklichkeit erhielt ich ein Minimum an Aufsicht. Don Juan legte großes Gewicht auf die Durchführung der Schritte der Vorbereitungsperiode, nachdem ich aber diese Voraussetzung erfüllt hatte, ließ er mich allein weitermachen.

In der von *Psilocybe mexicana* hervorgerufenen nicht-alltäglichen Wirklichkeit war der Grad der Beaufsichtigung hoch, denn hier, so meinte Don Juan, brauchte der Schüler die weitestgehende Führung und Hilfe. Die Bekräftigung der Regel machte die Annahme einer anderen Gestalt notwendig; dies schien anzudeuten, daß ich mich einer Reihe sehr spezialisierter Anpassungen in der Wahrnehmung meiner Umgebung unterziehen mußte. Don Juan rief diese notwendigen Anpassungen während der Übergangsstadien zu nicht-alltäglicher Wirklichkeit durch verbale Befehle und Hinweise hervor. Ein anderer Aspekt seiner Beaufsichtigung bestand darin, daß er mich während des ersten Teils der Zustände nicht-alltäglicher Wirklichkeit führte, indem er mir befahl, meine Aufmerksamkeit auf bestimmte einzelne Elemente des vorausgegangenen Zustands alltäglicher Wirklichkeit zu richten. Die Dinge, auf die er sich konzentrierte, waren offensichtlich willkürlich ausgewählt, da der wichtige Punkt die Vervollkommnung der angenommenen anderen Gestalt war. Der letzte Aspekt der Beaufsichtigung war meine Rückkehr zu alltäglicher Wirklichkeit. Es verstand sich, daß dieser Vorgang ebenfalls ein Maximum an Beaufsichtigung durch Don Juan erforderte, obwohl ich mich an den tatsächlichen Vorgang nicht erinnern konnte.

Die notwendige Beaufsichtigung für die von *Lophophora williamsii* hervorgerufenen Zustände war eine Mischung der beiden anderen. Don Juan blieb, so lange er konnte, bei mir, und doch machte er keinerlei Versuch, mich in die nicht-alltägliche Wirklichkeit oder aus ihr heraus zu lenken.

Der zweite Umstand der unterschiedlichen Ordnung in nicht-alltäglicher Wirklichkeit waren die scheinbar internen Maßstäbe oder die scheinbar interne Anordnung ihrer einzelnen Elemente. Ich habe sie die »inneren Umstände« genannt, und ich habe hier angenommen, daß die einzelnen Elemente drei allgemeinen Prozessen unterworfen waren, die das Ergebnis von Don Juans Führung zu sein schienen: (1) ein Fortschreiten zum Spezifischen; (2) ein Fortschreiten zu einem ausgedehnteren Bewertungsbereich; und (3) ein Fortschreiten zu einem pragmatischen Gebrauch nicht-alltäglicher Wirklichkeit.

Das Fortschreiten zum Spezifischen war der offensichtliche Fortschritt der einzelnen Elemente jedes folgenden Zustands nicht-alltäglicher Wirklichkeit zu größerer Präzision und größerer Sonderheit. Es enthielt zwei getrennte Aspekte: (1) ein Fortschreiten zu spezifischen einzelnen Formen; und (2) ein Fortschreiten zu spezifischen Endresultaten.

Das Fortschreiten zu spezifischen einzelnen Formen bedeutete, daß die einzelnen Elemente in den frühen Zuständen nicht-alltäglicher Wirklichkeit mir auf unbestimmte Weise vertraut waren und in den späten Zuständen spezifisch und unbekannt wurden. Das Fortschreiten schien zwei Ebenen der Veränderung in den einzelnen Elementen nicht-alltäglicher Wirklichkeit zu umfassen: (1) eine zunehmende Komplexität des wahrgenommenen Details; und (2) ein Fortschreiten von gewohnten zu ungewohnten Formen.

Zunehmende Komplexität des Details bedeutete, daß in jedem folgenden Zustand nicht-alltäglicher Wirklichkeit die kleinsten Einzelheiten, die ich als Bestandteile der einzelnen Elemente wahrnahm, immer komplexer wurden. Ich schätzte die Komplexität danach ein, wie ich wahrnahm, daß die Struktur der einzelnen Elemente komplizierter wurde, doch verwirrten sich die Details nicht übermäßig oder überraschend. Die zunehmende Komplexität betraf eher das harmonische Anwachsen des wahrgenommenen Details, was von meinen Eindrücken verschwommener Formen während der frühen Zustände bis zu meiner Wahrnehmung massiver, kunstvoller Anordnungen der kleinsten Einzelheiten in den späten Zuständen reichte.
Das Fortschreiten von vertrauten zu ungewöhnlichen Formen bedeutete, daß zuerst die Formen der einzelnen Elemente entweder bekannte Formen waren, die in alltäglicher Wirklichkeit gefunden wurden, oder daß sie zumindest die Vorstellung bekannter Dinge des alltäglichen Lebens wachriefen. Aber in den folgenden Zuständen der nicht-alltäglichen Wirklichkeit wurden die spezifischen Gestalten, die Details, die die Gestalt bildeten, und die Muster, in denen die einzelnen Elemente vereint waren, zunehmend fremdartig, bis ich sie nicht mehr mit dem, was ich jemals wahrgenommen hatte, gleichsetzen konnte.
Das Fortschreiten der einzelnen Elemente zu spezifischen Endresultaten war die allmähliche Annäherung des Endergebnisses, das ich in jedem Zustand nicht-alltäglicher Wirklichkeit erreichte, an das Endresultat, das Don Juan suchte, in Hinsicht auf die Bekräftigung der Regel; das heißt, nicht-alltägliche Wirklichkeit wurde hervorgerufen, um die Regel zu bekräftigen, und die Bekräftigung wurde in jedem folgenden Versuch spezifischer.
Der zweite allgemeine Prozeß der inneren Umstände nicht-alltäglicher Wirklichkeit war das Fortschreiten zu einem ausgedehnten Bewertungsbereich. Mit anderen Worten, es war der Zuwachs, den ich in jedem folgenden Zustand nicht-alltäglicher Wirklichkeit hinsichtlich der Ausdehnung des Gebiets wahrnahm, über das ich meine Fähigkeit zur aufmerksamen Beobachtung ausüben konnte. Der fragliche Punkt war hier, daß es entweder ein bestimmtes Gebiet gab, das sich erweiterte, oder daß meine Fähigkeit wahrzunehmen mit jedem folgenden Zustand zuzunehmen schien. Don Juans Lehren nährten und bekräftigten den Gedanken, daß es ein Gebiet gab, das sich vergrößerte, und ich habe dieses vermeintliche Gebiet den »Bewertungsbereich« genannt. Seine fortschreitende Erweiterung bestand aus einer scheinbar den Sinnesorganen zuzuschreibenden Bewertung, die ich den einzelnen Elementen der nicht-alltäglichen Wirklichkeit, wenn sie innerhalb eines bestimmten Bereichs fielen, beilegte. Allem Anschein nach bewertete und analysierte ich diese einzelnen Elemente mit meinen Sinnen und nahm den Bereich, in

dem sie auftraten, in jedem folgenden Zustand als größer und umfassender wahr.

Der Bewertungsbereich war zweiseitig: (1) der abhängige Bereich und (2) der unabhängige Bereich. Der abhängige Bereich war ein Gebiet, in welchem die einzelnen Elemente jene Dinge der physischen Umgebung waren, die mir im vorangegangenen Zustand alltäglicher Wirklichkeit bewußt gewesen waren. Der unabhängige Bereich andererseits war das Gebiet, in dem die einzelnen Elemente nicht-alltäglicher Wirklichkeit von allein zu entstehen schienen, frei vom Einfluß der physischen Umgebung der vorangegangenen alltäglichen Wirklichkeit.

Don Juan sagte sehr deutlich über den Bewertungsbereich, daß jeder der beiden Verbündeten wie auch Mescalito die Eigenschaft besäße, beide Formen der Wahrnehmung hervorrufen zu können. Doch schien mir, als hätte *Datura inoxia* eine größere Fähigkeit, einen unabhängigen Bereich hervorzurufen, obwohl im Aspekt des körperlichen Fluges, den ich nicht lange genug wahrnahm, um ihn beurteilen zu können, der Bewertungsbereich implizit ein abhängiger war. *Psilocybe mexicana* hatte die Fähigkeit, einen abhängigen Bereich zu schaffen; *Lophophora williamsii* hatte die Fähigkeit, beide Bereiche hervorzurufen.

Ich nahm an, daß Don Juan diese verschiedenen Eigenschaften benutzte, um den speziellen Konsens vorzubereiten. Mit anderen Worten, in den von *Datura inoxia* hervorgerufenen Zuständen waren die einzelnen Elemente, denen gewöhnlicher Konsens fehlte, unabhängig von der vorangegangenen alltäglichen Wirklichkeit. Bei *Psilocybe mexicana* betraf das Fehlen von gewöhnlichem Konsens Elemente, die von der Umgebung der vorangegangenen alltäglichen Wirklichkeit abhängig waren. Und bei *Lophophora williamsii* wurden einige einzelne Elemente durch die Umgebung bestimmt, während andere von der Umgebung unabhängig waren. So schien der Gebrauch aller drei Pflanzen zusammen dazu bestimmt gewesen zu sein, eine ausgedehnte Wahrnehmung des Mangels am gewöhnlichen Konsens der einzelnen Elemente nicht-alltäglicher Wirklichkeit zu bewirken.

Der letzte Prozeß der inneren Umstände der nicht-alltäglichen Wirklichkeit war das Fortschreiten zu einem pragmatischeren Gebrauch der nicht-alltäglichen Wirklichkeit, das ich in jedem der einander folgenden Zustände wahrnahm. Dieses Fortschreiten schien mit dem Gedanken verbunden, daß jeder neue Zustand ein umfassendes Stadium des Lernens war und daß die zunehmende Komplexität jedes neuen Stadiums einen umfassenderen und pragmatischeren Gebrauch nicht-alltäglicher Wirklichkeit verlangte. Das Fortschreiten war am deutlichsten beim Gebrauch von *Lophophora williamsii*; das gleichzeitige Vorhandensein eines abhängigen und eines unabhängigen Bewertungsbereichs in jedem Zustand machte den pragmatischen Gebrauch nicht-

alltäglicher Wirklichkeit weitreichender, da er in beiden Bereichen gleichzeitig stattfand.
Das Dirigieren des Ausgangs der speziellen Zustände alltäglicher Wirklichkeit schien unter den inneren Umständen eine Ordnung herzustellen, die durch das Fortschreiten der einzelnen Elemente zum Spezifischen gekennzeichnet war; das heißt, die einzelnen Elemente waren zahlreicher und wurden in jedem folgenden speziellen Zustand alltäglicher Wirklichkeit leichter isoliert. Im Verlauf seiner Lehren zeigte Don Juan nur zwei von ihnen auf, aber ich konnte dennoch herausfinden, daß es für Don Juan beim zweiten einfacher war, eine große Anzahl von einzelnen Elementen zu isolieren, und diese Fähigkeit zu besonderen Ergebnissen wirkte auf die Schnelligkeit ein, mit der der zweite spezielle Zustand alltäglicher Wirklichkeit hervorgerufen wurde.*

Das Begriffsystem

Der Schüler

Der Schüler war die letzte Einheit der operativen Ordnung. Der Schüler war jene selbständige Einheit, welche Don Juans Lehren in den Brennpunkt rückte, denn er mußte die Ganzheit des speziellen Konsenses akzeptieren, der über die einzelnen Elemente aller Zustände nicht-alltäglicher Wirklichkeit und über all die speziellen Zustände alltäglicher Wirklichkeit hergestellt wurde, bevor spezieller Konsens ein sinnvoller Begriff werden konnte. Aber da spezieller Konsens Handlungen und Elemente, die in nicht-alltäglicher Wirklichkeit wahrgenommen wurden, betraf, enthielt er eine merkwürdige Ordnung der Begrifflichkeit, eine Ordnung, die derart wahrgenommene Handlungen und Elemente in Einklang mit der Bekräftigung der Regel brachte. Darum bedeutete für mich als Schüler das Akzeptieren des speziellen Konsenses die Annahme einer bestimmten Ansicht, die durch die Gesamtheit von Don Juans Lehren bestätigt wurde; das heißt, es bedeutete mein Vordringen zu einer Ebene der Begrifflichkeit, einer Ebene, die ein System der Verbegrifflichung enthielt, welches die Lehren unter ihren eigenen Voraussetzungen verständlich machen würde. Ich habe dies das »Begriffssystem« genannt, denn es war dies System, das den ungewöhnlichen Phänomenen, die Don Juans Wissen bildeten, einen Sinn gab; es war das Grundgefüge der Bedeutung, in das alle individuellen Begriffe eingebettet waren, die in seinen Lehren auftraten.
Unter dem Gesichtspunkt, daß das Ziel des Schülers in der An-

*Zum Prozeß der Gültigkeitserklärung des speziellen Konsenses, s. Appendix A.

nahme dieses Systems der Verbegrifflichung bestand, hatte er zwei Alternativen: er konnte entweder bei seinen Anstrengungen versagen, oder er konnte erfolgreich sein.

Die erste Alternative, Versagen bei der Annahme des Begriffssystems, bedeutet auch, daß der Schüler beim Erreichen des operativen Ziels der Lehren versagt hatte. Der Gedanke des Versagens wurde im Thema der vier symbolischen Feinde eines Wissenden erklärt; es war unausgesprochen klar, daß Versagen nicht die bloße Aufgabe des verfolgten Ziels bedeutete, sondern eben das vollständige Aufgeben der Suche unter dem Druck, der von einem der vier symbolischen Feinde ausgeübt wurde. Das gleiche Thema verdeutlichte auch, daß die ersten beiden Feinde – Furcht und Klarheit – der Grund für die Niederlage eines Mannes im Stadium eines Schülers waren, daß die Niederlage in diesem Stadium das Versagen in der Bemühung bedeutete, zu lernen, wie man einem Verbündeten befiehlt, und daß als eine Folge solchen Versagens der Schüler das Begriffssystem auf oberflächliche, irreführende Weise angenommen hatte. Das heißt, seine Annahme des Begriffssystems war insofern irreführend, als er eine trügerische Bindung oder Hingabe an die von den Lehren vorgebrachte Bedeutung einging. Der Gedanke, geschlagen zu sein, bedeutete für einen Schüler, daß er neben der Unfähigkeit, einem Verbündeten zu befehlen, nur mit dem Wissen bestimmter Manipulationstechniken sowie der Erinnerung an die wahrgenommenen einzelnen Elemente nicht-alltäglicher Wirklichkeit zurückgelassen wurde. So würde er sich nicht mit dem Grundprinzip identifizieren, das sie vielleicht sinnvoll gemacht hätte. Unter diesen Umständen hätte jeder gezwungen sein können, für persönlich gewählte Bereiche der Phänomene, die er erfahren hatte, seine eigenen Erklärungen zu finden, und dieser Prozeß würde eine irreführende Annahme des Gesichtspunkts einschließen, den Don Juans Lehren vorbrachten. Die irreführende Annahme des Begriffssystems blieb jedoch offensichtlich nicht auf den Schüler allein beschränkt. Was die Feinde eines Wissenden betraf, wurde auch stillschweigend vorausgesetzt, daß ein Mann, nachdem er das Ziel erreicht hatte, einem Verbündeten zu befehlen, immer noch den Angriffen seiner anderen beiden Feinde – Macht und Alter – unterliegen konnte. In Don Juans kategorisierendem Schema bedeutete eine solche Niederlage, daß ein Mann, genauso wie der besiegte Schüler, einer oberflächlichen oder irreführenden Annahme des Begriffssystems verfallen war.

Andererseits bedeutete die erfolgreiche Annahme des Begriffssystems, daß der Schüler das operative Ziel – eine echte Annahme des in den Lehren vorgebrachten Gesichtspunkts – erreicht hatte. Und die Annahme des Begriffssystems war echt, insofern sie eine vollständige Bindung und eine vollständige Hingabe an die Bedeutung war, die in diesem System der Verbegrifflichung ausgedrückt war.

Don Juan sagte nie etwas über den genauen Punkt, an welchem, oder über die genaue Weise, in der ein Schüler aufhörte, Schüler zu sein, obwohl der Hinweis deutlich war, daß er dann, wenn er das operationale Ziel des Systems erreicht hatte – das heißt, wenn er einem Verbündeten befehlen konnte – den Lehrer zur Führung nicht länger benötigen würde. Der Gedanke, daß die Zeit kommen würde, da die Anweisungen des Lehrers überflüssig wären, schloß ein, daß es dem Schüler gelingen werde, das Begriffssystem anzunehmen, und indem er dies tat, würde er die Fähigkeit erwerben, sinnvolle Schlüsse ohne die Hilfe des Lehrers zu ziehen.

Das Akzeptieren des speziellen Konsenses schien, insoweit Don Juans Lehren betroffen waren, und bis ich meine Lehre abbrach, die Annahme zweier Einheiten des Begriffssystems einzuschließen: (1) der Gedanke einer Wirklichkeit des speziellen Konsenses; (2) der Gedanke, daß die Wirklichkeit des gewöhnlichen, alltäglichen Konsenses und die Wirklichkeit des speziellen Konsenses den gleichen pragmatischen Wert hatten.

Wirklichkeit des speziellen Konsenses

Don Juan selbst nannte als den Hauptteil seiner Lehren den Gebrauch der drei halluzinogenen Pflanzen, mit denen er die Zustände nicht-alltäglicher Wirklichkeit hervorrief. Der Gebrauch dieser drei Pflanzen scheint seinerseits eine Sache wohlerwogener Absicht gewesen zu sein. Er schien sie gebraucht zu haben, weil jede von ihnen verschiedene halluzinogene Eigenschaften besaß, die er als die verschiedenen inneren Naturen der in ihnen enthaltenen Mächte interpretierte. Beim Dirigieren der äußeren und inneren Umstände nicht-alltäglicher Wirklichkeit nutzte Don Juan die verschiedenen halluzinogenen Eigenschaften, bis sie in mir – dem Schüler – die Wahrnehmung hervorriefen, daß nicht-alltägliche Wirklichkeit ein genau bestimmtes Gebiet sei, ein Bereich, der vom gewöhnlichen Alltagsleben getrennt war, und dessen innere Eigenschaften aufgedeckt wurden, während ich voranschritt.

Trotzdem war es auch möglich, daß die mutmaßlich verschiedenen Eigenschaften vielleicht nur das Ergebnis von Don Juans Prozeß des Lenkens der inneren Ordnung nicht-alltäglicher Wirklichkeit waren, obwohl er sich in seinen Lehren auf den Gedanken stützte, daß die in jeder Pflanze enthaltene Macht Zustände nicht-alltäglicher Wirklichkeit hervorrief, die sich voneinander unterschieden. Wenn das letztere zutraf, so schienen ihre Unterschiede – mit Bezug auf die Einheiten dieser Analyse – innerhalb des Bewertungsbereichs gelegen zu haben, die man in den Zuständen wahrnehmen konnte, die von jedem der drei hervorgerufen wurden. Auf Grund der Besonderheiten ihres Bewertungsbereichs trugen alle drei dazu bei, die Wahrnehmung eines genau umrissenen, aus zwei Abteilungen bestehenden Gebiets oder Bereichs hervorzurufen: dem unabhängigen Bereich, der der Bereich der Eidechsen oder der Lehren Mescalitos genannt wurde; und dem abhängigen Bereich, auf den man sich als das Gebiet bezog, in dem man sich selbständig bewegen konnte.

Ich gebrauche den Begriff »nicht-alltägliche Wirklichkeit«, wie ich es schon erwähnt habe, im Sinne außerordentlicher, ungewöhnlicher Wirklichkeit. Für einen Anfänger war eine solche Wirklichkeit in jeder Hinsicht ungewöhnlich, aber die Unterweisungen in Don Juans Wissen verpflichteten mich zur Teilnahme und Hingabe an pragmatischere und experimentelle Übung alles dessen, was ich gelernt hatte. Das bedeutete, daß ich als Schüler eine Reihe von Zuständen nicht-alltäglicher Wirklichkeit erfahren mußte und daß das Wissen aus erster Hand früher oder später die Klassifikation »alltäglich« und »nicht-alltäglich« bedeutungslos für mich machen würde. Die echte Annahme der ersten Einheit des Begriffssystems würde dann den Gedanken mit eingeschlossen haben, daß es einen anderen getrennten, aber nicht länger nicht-alltäglichen Bereich der Wirklichkeit gab – die »Wirklichkeit des speziellen Konsenses«.

Wenn man als eine Hauptvoraussetzung annahm, daß die Wirklichkeit des speziellen Konsenses ein getrennter Bereich war, so erklärte dies sinnvoll die Vorstellung, daß die Treffen mit dem Verbündeten oder mit Mescalito in einem Bereich stattfanden, der nicht illusorisch war.

Die Wirklichkeit des speziellen Konsenses hatte pragmatischen Wert

Der gleiche Prozeß des Dirigierens der äußeren und inneren Umstände nicht-alltäglicher Wirklichkeit, der auch die Erkenntnis der Wirklichkeit des speziellen Konsenses als eines getrennten Bereichs geschaffen zu haben schien, war auch die Ursache meiner Wahrnehmung, daß die Wirklichkeit des speziellen Konsenses praktisch und nutzbar war. Das Akzeptieren des speziellen Konsenses für alle Zustände nicht-alltäglicher Wirklichkeit und für alle speziellen Zustände alltäglicher Wirklichkeit diente dazu, das Bewußtsein zu stärken, daß er der Wirklichkeit des gewöhnlichen alltäglichen Konsenses entsprach. Diese Entsprechung beruhte auf dem Eindruck, daß die Wirklichkeit des speziellen Konsenses nicht ein Bereich war, der mit Träumen gleichgesetzt werden konnte. Er hatte vielmehr feste einzelne Elemente, die besonderer Übereinkunft unterworfen waren. Es war eigentlich ein Bereich, in dem man die Umgebung sehr bewußt wahr-

nehmen konnte. Seine einzelnen Elemente verdankten keiner persönlichen Laune ihr Dasein, sie waren prägnante Dinge oder Ereignisse, deren Existenz durch das gesamte Corpus der Lehren beglaubigt wurde.
Die Folgerungen, die man aus dieser Gleichsetzung ziehen konnte, wurden in der Behandlung deutlich, welche Don Juan der Wirklichkeit des speziellen Konsenses angedeihen ließ, einer Behandlung, die pragmatisch und selbstverständlich war; er bezog sich zu keiner Zeit darauf, und auch von mir wurde nicht verlangt, daß ich mich anders als in pragmatischer und selbstverständlicher Weise dazu verhielt. Die Tatsache, daß die beiden Gebiete als gleich angesehen wurden, bedeutete jedoch nicht, daß man sich in beiden Gebieten auf genau die gleiche Weise verhalten haben könnte. Das Verhalten eines Zauberers mußte im Gegenteil anders sein, da jedes Gebiet der Wirklichkeit Eigenschaften hatte, die es auf seine eigene Weise nutzbar machten. Der bestimmende Faktor in Bezug auf Bedeutung schien der Gedanke gewesen zu sein, daß eine solche Gleichheit nach der praktischen Nützlichkeit eingeschätzt werden konnte. So mußte ein Zauberer glauben, daß es möglich war, von einem Gebiet in das andere zu wechseln, daß beide ihrer Natur nach nutzbar waren und daß ihre einzige Verschiedenheit ihre unterschiedliche Eignung war, genutzt zu werden, daß heißt, die Verschiedenheit der Zwecke, denen sie dienten. Ihre Getrenntheit schien jedoch nur ein geeignetes Arrangement auf der speziellen Ebene meiner Unterweisung zu sein, welches Don Juan gebrauchte, um mir bewußt zu machen, daß ein anderer Bereich der Wirklichkeit existieren konnte. Aber mehr durch seine Handlungen als durch seine Behauptungen brachte er mich dazu zu glauben, daß es für einen Zauberer nur ein einziges Kontinuum der Wirklichkeit gäbe, das zwei oder vielleicht mehr als zwei Teile hatte, aus denen er Schlüsse von pragmatischem Wert zog. Die echte Annahme der Vorstellung, daß die Wirklichkeit des speziellen Konsenses pragmatischen Wert hatte, hätte der Bewegung eine sinnvolle Perspektive verliehen.
Wenn ich den Gedanken akzeptiert hätte, daß die Wirklichkeit des speziellen Konsenses nutzbar war, weil sie ihrer Natur nach nützliche Eigenschaften besaß, die so pragmatisch waren wie die der Wirklichkeit des alltäglichen Konsenses, dann wäre es für mich natürlich gewesen, zu verstehen, warum Don Juan die Vorstellung in der Wirklichkeit des speziellen Konsenses mit solcher Ausführlichkeit behandelte. Nach dem Akzeptieren der pragmatischen Existenz einer anderen Wirklichkeit mußte ein Zauberer nur noch die Mechanik der Bewegung lernen. Natürlich mußte die Bewegung in diesem Fall spezialisiert sein, da sie die inneren pragmatischen Eigenschaften der Wirklichkeit des speziellen Konsenses betraf.

Zusammenfassung

Folgende Themen waren Gegenstand meiner Analyse:

1. Das Fragment der Lehren Don Juans, das ich hier vorgestellt habe, hatte zwei Aspekte: die operative Ordnung oder die sinnvolle Folge, in der sich alle individuellen Begriffe seiner Lehren miteinander verbanden, und das Begriffssystem oder das Grundgefüge der Bedeutung, in der alle individuellen Begriffe seiner Lehren eingebettet waren.
2. Die operative Ordnung hatte vier Haupteinheiten und die Gedanken, aus denen sie sich zusammensetzten: (1) der Begriff »der Wissende«; (2) der Gedanke, daß ein Wissender die Hilfe einer spezialisierten Macht, die ein Verbündeter genannt wurde, besaß; (3) der Gedanke, daß ein Verbündeter von einem Corpus von Bestimmungen – Regel genannt – beherrscht wurde; und (4) der Gedanke, daß die Bekräftigung der Regel Gegenstand speziellen Konsenses war.
3. Diese vier Einheiten waren miteinander auf die folgende Weise verbunden: das Ziel der operativen Ordnung bestand darin, jemanden zu unterweisen, wie er ein Wissender werden konnte; ein Wissender unterschied sich von gewöhnlichen Menschen, da er einen Verbündeten hatte; ein Verbündeter war eine spezialisierte Macht, die eine Regel hatte; man konnte einen Verbündeten gewinnen oder zähmen, indem man seine Regel im Bereich nicht-alltäglicher Wirklichkeit verifizierte und indem man speziellen Konsens über diese Bekräftigung erhielt.
4. Ein Wissender zu werden war im Kontext von Don Juans Lehren keine dauernde Errungenschaft, sondern vielmehr ein Prozeß. Das heißt, der Faktor, der einen zum Wissenden machte, war nicht allein der Besitz eines Verbündeten, sondern die lebenslange Bemühung des Mannes, sich innerhalb der Grenzen eines Systems von Annahmen zu halten. Don Juans Lehren zielten jedoch auf praktische Ergebnisse, und sein praktisches Ziel in Verbindung mit seiner Unterweisung, wie man ein Wissender werden konnte, war es, zu lehren, wie man einen Verbündeten gewann, indem man seine Regel lernte. So war es das Ziel der operativen Ordnung, speziellen Konsens bereitzustellen über die einzelnen Elemente, welche in nicht-alltäglicher Wirklichkeit wahrgenommen wurden, und die als die Bekräftigung der Regel des Verbündeten angesehen wurden.
5. Um der Bekräftigung der Regel des Verbündeten speziellen Konsens zu geben, mußte Don Juan den einzelnen Elementen aller Zustände nicht-alltäglicher Wirklichkeit und den speziellen Zuständen alltäglicher Wirklichkeit, wie sie im Verlauf seiner Lehren hervorgerufen wurden, speziellen Konsens geben. Daher beschäftigte sich spezieller Konsens mit ungewöhnlichen Erscheinungen, eine Tatsache, die mich annehmen ließ, daß jeder

Schüler durch Annehmen des speziellen Konsenses dazu geführt wurde, die begriffliche Ordnung des vermittelten Wissens anzunehmen.

6. Vom Standpunkt des von mir erreichten Lernstadiums aus konnte ich schließen, daß bis zu der Zeit, zu der ich mich von den Unterweisungen zurückzog, Don Juans Lehren die Annahme von zwei Einheiten des Begriffssystems gefördert hatten: (1) der Gedanke, daß es einen getrennten Bereich der Wirklichkeit, eine andere Welt gab, die ich die »Wirklichkeit des speziellen Konsenses« genannt habe; (2) der Gedanke, daß die Wirklichkeit des speziellen Konsenses oder jene andere Welt so nutzbar war wie die Welt des alltäglichen Lebens.

Fast sechs Jahre, nachdem ich begonnen hatte, an den Unterweisungen teilzunehmen, wurde Don Juans Wissen zum ersten Mal ein zusammenhängendes Ganzes. Ich erkannte, daß es sein Ziel gewesen war, einen echten Konsens zu meinen persönlichen Entdeckungen zu liefern, und obwohl ich nicht weitermachte, weil ich nicht bereit war und es nie sein werde, die Härten solcher Übungen durchzumachen, fand ich in dem Versuch, seine Lehren zu verstehen, meine eigene Art, seine Maßstäbe persönlicher Anstrengung zu übernehmen. Ich empfand, daß es dringend notwendig war zu beweisen, wenn auch nur für mich selbst, daß die Lehren nichts Wunderliches waren.

Nachdem ich mein strukturelles Schema geordnet hatte und viele Notizen wegwerfen konnte, die für meine anfängliche Anstrengung, die Überzeugungskraft seiner Lehren aufzuzeigen, überflüssig waren, wurde mir klar, daß sie einen inneren Zusammenhang, eine logische Folgerichtigkeit besaßen, die es mir ermöglichten, das ganze Phänomen in einem Licht zu sehen, das das Gefühl des Bizarren auflöste, von dem alles, was ich erlebt hatte, gekennzeichnet war. Mir wurde dann klar, daß meine Unterweisung nur der Anfang eines sehr langen Weges gewesen war. Und die anstrengenden Erfahrungen, denen ich mich ausgesetzt hatte und die so überwältigend für mich waren, waren nur ein sehr kleines Fragment eines Systems logischen Denkens, aus dem Don Juan sinnvolle Schlüsse für sein tagtägliches Leben zog, ein ungeheuer komplexes System von Anschauungen, in dem das Nachforschen ein Erlebnis war, das zum Triumph führte.

Appendix A
Der Prozeß der Bestätigung des speziellen Konsenses

Die Bestätigung des speziellen Konsenses schloß ständig die Akkumulation der Lehren Don Juans ein. Zum Zweck der Erklärung des akkumulativen Prozesses habe ich die Bekräftigung des speziellen Konsenses in der Reihenfolge angeordnet, in welcher die Zustände nicht-alltäglicher Wirklichkeit und spezieller alltäglicher Wirklichkeit eintraten. Don Juan schien den Prozeß des Dirigierens der inneren Ordnung nicht-alltäglicher und spezieller alltäglicher Wirklichkeit nicht genau festgelegt zu haben; er schien die Einheiten des Dirigierens in einer ziemlich beweglichen Weise isoliert zu haben.

Don Juan begann den Hintergrund für speziellen Konsens vorzubereiten, indem er den ersten speziellen Zustand alltäglicher Wirklichkeit durch den Prozeß des Manipulierens von Hinweisen auf die Umgebung hervorrief. Er isolierte durch diese Methode bestimmte einzelne Elemente aus dem Bereich alltäglicher Wirklichkeit, und indem er sie isolierte, leitete er mich an, ein Fortschreiten zum Spezifischen wahrzunehmen; in diesem Fall handelte es sich um die Wahrnehmung von Farben, die von zwei kleinen Stellen auf dem Boden auszugehen schienen. Durch ihre Isolierung verloren diese Zonen der Färbung den gewöhnlichen Konsens; es schien, als sei nur ich fähig, sie zu sehen, und so schufen sie einen speziellen Zustand alltäglicher Wirklichkeit.

Die Isolierung dieser beiden Stellen auf dem Boden durch den Entzug des gewöhnlichen Konsenses dient dazu, das erste Glied zwischen alltäglicher und nicht-alltäglicher Wirklichkeit zu bilden. Don Juan leitete mich an, einen Teil alltäglicher Wirklichkeit auf ungewohnte Weise wahrzunehmen; das heißt, er veränderte bestimmte, gewöhnliche Elemente zu Dingen, die speziellen Konsenses bedurften.

Das Nachspiel dieses ersten speziellen Zustands alltäglicher Wirklichkeit war meine Wiedergabe des Erlebnisses; aus ihm wählte Don Juan die Wahrnehmung verschiedener Stellen der Verfärbung als die Einheiten für positive Betonung. Zur negativen Akzentuierung hob er den Bericht meiner Furcht und Müdigkeit und die Möglichkeit meiner mangelnden Ausdauer hervor.

Während der nun folgenden Vorbereitungszeit konzentrierte er den größten Teil seiner Betrachtung auf die Einheiten, die er isoliert hatte, und übernahm den Gedanken, daß es möglich sei, in der Umgebung mehr als das Gewöhnliche zu entdecken. Aus den Einheiten, die er meiner Wiedergabe entnommen hatte, führte Don Juan auch einige der Begriffe an, aus denen sich »der Wissende« zusammensetzte.

Als zweiten Schritt beim Vorbereiten des speziellen Konsenses zur Bekräftigung der Regel rief Don Juan einen Zustand nicht-alltäglicher Wirklichkeit durch *Lophophora williamsii* hervor. Der Gesamtinhalt dieses ersten Zustands nicht-alltäglicher Wirklichkeit war recht verschwommen und unzusammenhängend, doch waren die einzelnen Elemente sehr deutlich erkennbar; ich nahm seine Merkmale der Stabilität, der Singularität und des Mangels an gewöhnlichem Konsens fast so deutlich wahr wie in späteren Zuständen. Aber diese Merkmale waren nicht so auffällig, vielleicht wegen meines Mangels an Übung; es war das erste Mal, daß ich nicht-alltägliche Wirklichkeit erlebt hatte.

Es war unmöglich, den Einfluß früherer Anleitung auf den tatsächlichen Verlauf der Erfahrung zu ermitteln; jedoch war seine Meisterschaft im Hervorrufen bestimmter Ergebnisse der späteren Zustände nicht-alltäglicher Wirklichkeit von diesem Zeitpunkt an ganz offenkundig.

Aus meiner Rekapitulation des Erlebnisses wählte er die Einheiten aus, um das Fortschreiten zu spezifischen einzelnen Formen und spezifischen Endresultaten zu lenken. Er nahm meinen Bericht von dem Hund und verband ihn mit der Vorstellung, daß Mescalito ein sichtbares Wesen war. Es war fähig, jede Gestalt anzunehmen; vor allem war es ein Wesen außerhalb von einem selbst.

Der Bericht über meine Handlungen diente Don Juan auch dazu, das Fortschreiten auf eine Erweiterung des Bewertungsbereichs auszurichten; in diesem Fall war es ein Fortschreiten auf einen abhängigen Bereich zu. Don Juan legte positive Betonung auf den Gedanken, daß ich in nicht-alltäglicher Wirklichkeit mich fast so bewegt und so gehandelt hatte, wie ich es im alltäglichen Leben getan hätte.

Der Fortschritt zu einem mehr pragmatischen Gebrauch nicht-alltäglicher Wirklichkeit wurde angeregt durch negative Betonung der Darstellung meiner Unfähigkeit, den wahrgenommenen einzelnen Elementen vernünftige Aufmerksamkeit zu schenken. Don Juan deutete an, daß es mir möglich gewesen wäre, die Elemente mit Abstand und Genauigkeit zu untersuchen; dieser Gedanke deckte zwei allgemeine Charakteristika der nicht-alltäglichen Wirklichkeit auf: sie war pragmatisch, und sie hatte einzelne Elemente, die mit Hilfe der Sinnesorgane eingestuft werden konnten.

Der Mangel an gewöhnlichem Konsens für die einzelnen Elemente wurde sehr deutlich durch eine Wechselbeziehung von positiver und negativer Betonung aufgezeigt, die den Ansichten der Zuschauer beigemessen wurden, welche mein Verhalten während des Verlaufs dieses ersten Zustands nicht-alltäglicher Wirklichkeit beobachtet hatten.

Die Vorbereitungszeit, die dem ersten Zustand nicht-alltäglicher Wirklichkeit folgte, dauerte mehr als ein Jahr. Don Juan nutzte diese Zeit, um mich mit weiteren Begriffen, aus denen sich »der Wissende« zusammensetzte, vertraut zu machen und um einige Teile der Regel der beiden Verbündeten aufzuzeigen. Er rief auch einen schwachen Zustand nicht-alltäglicher Wirklichkeit hervor, um meine Affinität zu dem in *Datura inoxia* enthaltenen Verbündeten zu prüfen. Don Juan gebrauchte die verschwommenen Empfindungen, die ich im Verlauf dieses schwachen Zustands erlebte, um die allgemeinen Charakteristika des Verbündeten darzustellen, indem er sie dem gegenüberstellte, was er als Mescalitos wahrnehmbare Merkmale isoliert hatte.

Der dritte Schritt bei der Vorbereitung des speziellen Konsenses zur Bekräftigung der Regel war das Hervorrufen eines anderen Zustands nicht-alltäglicher Wirklichkeit durch *Lophophora williamsii*. Don Juans vorangegangene Anleitung schien mich dazu geführt zu haben, diesen zweiten Zustand nicht-alltäglicher Wirklichkeit auf die folgende Art wahrzunehmen:

Das Fortschreiten zum Spezifischen bestand darin, daß ich mir nun ein Wesen vergegenwärtigen konnte, dessen Gestalt sich bemerkenswert verändert hatte – von der mir vertrauten Gestalt eines Hundes im ersten Zustand zu der völlig ungewohnten Gestalt eines menschenähnlich zusammengesetzten Dinges, welches scheinbar außerhalb meiner selbst existierte.

Das Fortschreiten zu einem ausgedehnten Bewertungsbereich wurde in meiner Wahrnehmung einer Reise deutlich. Im Verlauf dieser Reise war der Bewertungsbereich sowohl abhängig als auch unabhängig, obwohl eine große Zahl der einzelnen Elemente von der Umgebung des vorangegangenen Zustands alltäglicher Wirklichkeit abhing.

Das Fortschreiten zu einem mehr pragmatischen Gebrauch nicht-alltäglicher Wirklichkeit war vielleicht das hervorragendste Merkmal meines zweiten Zustands. Es wurde mir auf umfassende und detaillierte Weise klar, daß man sich in nicht-alltäglicher Wirklichkeit bewegen konnte.

Ich untersuchte auch die einzelnen Elemente mit Objektivität und Genauigkeit. Ich nahm ihre Stabilität, ihre Singularität und den Mangel an Konsens sehr deutlich wahr.

Aus meiner Rekapitulation des Erlebnisses hob Don Juan das Folgende hervor: Für das Fortschreiten zum Spezifischen gab er dem Teil meines Berichts positive Bedeutung, in dem ich Mescalito als eine anthropomorphe Gestalt gesehen hatte. Der größte Teil seiner Betrachtungen konzentrierte sich auf den Gedanken, daß Mescalito fähig sei, sowohl Lehrer als auch Beschützer zu sein.

Um das Fortschreiten auf einen größeren Bewertungsbereich zu lenken, legte Don Juan positive Betonung auf den Bericht von meiner Reise, die offensichtlich im abhängigen Bereich stattgefunden hatte; er legte gleichfalls positive Betonung auf meine Darstellung der visionären Szenen, die ich auf der Hand von Mescalito gesehen hatte, Szenen, die von den einzelnen Elementen der vorausgegangenen alltäglichen Wirklichkeit unabhängig schienen.

Der Bericht von meiner Reise und die auf Mescalitos Hand gesehenen Szenen machten es Don Juan möglich, das Fortschreiten auf einen größeren pragmatischen Gebrauch nicht-alltäglicher Wirklichkeit hinzulenken. Zuerst machte er mich mit dem Gedanken vertraut, daß es möglich sei, einen Richtungssinn zu gewinnen, dann deutete er die Szenen als Lektionen, die die richtige Art zu leben betrafen.

Einige Abschnitte meiner Rekapitulation, die sich mit der Wahrnehmung überflüssiger Teile befaßten, wurden überhaupt nicht betont, da sie zur Festlegung der Richtung der inneren Ordnung nicht brauchbar waren.

Der nächste Zustand nicht-alltäglicher Wirklichkeit, es war der dritte, wurde durch die Bekräftigung der Regel mit dem in *Datura inoxia* enthaltenen Verbündeten hervorgerufen. Die Vorbereitungszeit war wichtig und zum ersten Mal deutlich zu bemerken. Don Juan zeigte die Manipulationstechniken und erklärte, daß der spezifische Zweck, den ich zu bekräftigen hatte, die Wahrnehmung war.

Sein Dirigieren, das den drei Aspekten der inneren Ordnung vorausgegangen war, schien die folgenden Ergebnisse hervorgerufen zu haben: das Fortschreiten zum Spezifischen drückte sich in meiner Fähigkeit aus, einen Verbündeten als eine Qualität wahrzunehmen; das heißt, ich verifizierte die Behauptung, daß ein Verbündeter überhaupt nicht sichtbar sei. Das Fortschreiten zum Spezifischen rief auch die merkwürdige Wahrnehmung einer Reihe von Bildern hervor, die denen sehr ähnelten, die ich auf Mescalitos Hand gesehen hatte. Don Juan deutete diese Szenen als Wahrsagung oder als Bekräftigung des spezifischen Zwecks der Regel.

Das Wahrnehmen dieser Reihe von Szenen hatte auch ein Fortschreiten zu einem größeren Bewertungsbereich zur Folge. Diesmal war der Bereich unabhängig von der Umgebung der vorausgegangenen alltäglichen Wirklichkeit. Die Szenen erschienen nicht so wie die Bilder, die ich auf Mescalitos Hand gesehen hatte, also als Überblendungen der einzelnen Elemente; tatsächlich gab es keine anderen einzelnen Elemente außer denen, die zu den Szenen gehörten. Der gesamte Bewertungsbereich war also unabhängig.

Die Wahrnehmung eines völlig unabhängigen Bereichs zeigte

auch das Fortschreiten zu einem mehr pragmatischen Gebrauch nicht-alltäglicher Wirklichkeit an. Das Wahrsagen implizierte, daß man allem, was man geshen hatte, einen nutzbaren Wert geben konnte.

Um das Fortschreiten auf das Spezifische hin zu lenken, legte Don Juan positive Betonung auf den Gedanken, daß es unmöglich sei, sich aus eigener Kraft im unabhängigen Bewertungsbereich zu bewegen. Er erklärte, daß die Bewegung dort indirekt sei, und in diesem besonderen Fall wurde sie durch die Eidechsen als Instrumente erreicht. Um die Richtung des zweiten Aspekts der inneren Umstände festzulegen, dem Fortschreiten zu einem größeren Bewertungsbereich, konzentrierte er den größten Teil seiner Betrachtungen auf den Gedanken, daß die von mir wahrgenommenen Szenen, die Antworten auf Weissagungen, untersucht und ausgedehnt werden konnten, solange ich es wollte. Um das Fortschreiten zu einem mehr pragmatischen Gebrauch nicht-alltäglicher Wirklichkeit zu dirigieren, legte Don Juan positive Betonung auf den Gedanken, daß der Gegenstand der Wahrsagung einfach und direkt sein müßte, um ein brauchbares Ergebnis zu erzielen.

Der vierte Zustand nicht-alltäglicher Wirklichkeit wurde gleichfalls zur Bekräftigung der Regel von dem in *Datura inoxia* enthaltenen Verbündeten hervorgerufen. Der spezifische Zweck der Regel, der bekräftigt werden sollte, hatte mit dem körperlichen Flug als einem anderen Aspekt der Bewegung zu tun.

Ein Ergebnis des Fortschreitens zum Spezifischen war vielleicht die Wahrnehmung, körperlich durch die Luft zu gleiten. Diese Empfindung war klar, obwohl ihr die Tiefe all der früheren Wahrnehmungen von Handlungen fehlte, die ich mutmaßlich in nicht-alltäglicher Wirklichkeit ausgeführt hatte. Körperlicher Flug schien sich in einem abhängigen Bewertungsbereich vollzogen zu haben, und es schien Bewegung durch eigene Anstrengung gewesen zu sein, welche vielleicht das Ergebnis eines Fortschreitens zu einem ausgedehnteren Bewertungsbereich gewesen sein könnte.

Die zwei anderen Aspekte der Empfindung, durch die Luft zu gleiten, ergaben sich vielleicht daraus, daß das Fortschreiten auf einen mehr pragmatischen Gebrauch nicht-alltäglicher Wirklichkeit hin dirigiert wurde. Diese Aspekte waren zuerst die Wahrnehmung von Entfernung, eine Wahrnehmung, die das Gefühl eines wirklichen Fluges hervorrief, und dann die Möglichkeit, im Verlauf dieser mutmaßlichen Bewegung eine Richtung zu gewinnen.

Während der folgenden Vorbereitungszeit beschäftigte sich Don Juan mit den vermutlichen Eigenschaften des in *Datura inoxia* enthaltenen Verbündeten. Er isolierte folgende Abschnitte meines

Berichts: Um das Fortschreiten zum Spezifischen zu dirigieren, legte er positive Betonung auf meine Erinnerung des Gleitens durch die Luft. Obwohl ich die einzelnen Elemente dieses Zustands nicht-alltäglicher Wirklichkeit nicht mit der Klarheit wahrnahm, die ich inzwischen gewohnt war, empfand ich die Bewegung sehr deutlich, und Don Juan nutzte diese Empfindung, um das spezifische Ergebnis der Bewegung zu bekräftigen. Das Fortschreiten zu einem sehr pragmatischen Gebrauch nicht-alltäglicher Wirklichkeit wurde erreicht, indem der größte Teil der Betrachtungen auf den Gedanken gerichtet war, daß Zauberer über gewaltige Entfernungen fliegen könnten, ein Gedanke, der die Möglichkeit eröffnete, daß man sich im abhängigen Bewertungsbereich bewegen und eine solche Bewegung dann in die alltägliche Wirklichkeit übertragen könnte.

Der fünfte Zustand nicht-alltäglicher Wirklichkeit wurde von dem in *Psilocybe mexicana* enthaltenen Verbündeten hervorgerufen. Die Pflanze wurde zum ersten Mal benutzt, und der daraus folgende Zustand war mehr als ein Test gedacht, denn als ein Versuch, die Regel zu bekräftigen. In der Vorbereitungszeit zeigte Don Juan nur eine manipulierende Technik; da er die spezifische Absicht, die zu verifizieren war, nicht verdeutlichte, glaubte ich nicht, daß der Zustand hervorgerufen wurde, um die Regel zu bekräftigen. Doch die schon früher festgesetzte Anleitung der inneren Umstände nicht-alltäglicher Wirklichkeit schien die folgenden Resultate bestimmt zu haben.

Das Dirigieren des Fortschreitens zu spezifischen Endresultaten rief in mir die Wahrnehmung hervor, daß sich die beiden Verbündeten voneinander unterschieden und daß jeder von ihnen anders als Mescalito war. Ich nahm den in *Psilocybe mexicana* enthaltenen Verbündeten als eine Qualität wahr – er war gestaltlos und unsichtbar und rief ein Gefühl der Körperlosigkeit hervor. Das Fortschreiten zu einem größeren Bewertungsbereich hatte die Empfindung zur Folge, daß die gesamte Umgebung der vorausgegangenen alltäglichen Wirklichkeit, die in meinem Bewußtsein blieb, in nicht-alltäglicher Wirklichkeit zu gebrauchen war; das heißt, die Ausdehnung des abhängigen Bereichs schien alles umfaßt zu haben. Das Fortschreiten zu einem mehr pragmatischen Gebrauch nicht-alltäglicher Wirklichkeit rief die merkwürdige Wahrnehmung hervor, daß ich durch die einzelnen Elemente innerhalb des abhängigen Bewertungsbereichs gehen könnte, trotz der Tatsache, daß sie gewöhnliche Elemente des alltäglichen Lebens zu sein schienen.

Don Juan verlangte nicht die übliche Rekapitulation des Erlebnisses; es war, als hätte das Fehlen einer speziellen Absicht diesen Zustand nicht-alltäglicher Wirklichkeit nur zu einem verlängerten Übergangsstadium gemacht. Während der folgenden Vorbereitung jedoch befaßte er sich mit bestimmten Beobachtungen,

die er während des Erlebnisverlaufs an meinem Verhalten gemacht hatte.
Er legte negative Betonung auf mein logisches Unvermögen, das mich davon abhielt zu glauben, man könnte durch Dinge oder Wesen hindurchgehen. Mit dieser Betrachtung lenkte er das Fortschreiten zu einem spezifischen Endergebnis der Bewegung durch die einzelnen Elemente nicht-alltäglicher Wirklichkeit, die innerhalb des abhängigen Bewertungsbereichs wahrgenommen wurden.
Don Juan nutzte die gleichen Beobachtungen, um den zweiten Aspekt der inneren Umstände, einen erweiterten Bewertungsbereich, zu dirigieren. Wenn die Bewegung durch Dinge und Wesen möglich war, dann mußte sich der abhängige Bereich entsprechend ausdehnen; er mußte die ganze Umgebung der vorausgegangenen alltäglichen Wirklichkeit umfassen, die zu irgendeiner beliebigen Zeit im Bewußtsein einer Person war, da Bewegung eine ständige Veränderung der Umgebung bewirkte. In die gleiche Überlegung wurde auch einbezogen, daß nicht-alltägliche Wirklichkeit auf mehr pragmatische Weise hätte genutzt werden können. Die Bewegung durch Dinge und Wesen stellte einen bestimmten Vorteil dar, der einem Zauberer in alltäglicher Wirklichkeit unzugänglich war.
Danach benutzte Don Juan eine Reihe von drei Zuständen nicht-alltäglicher Wirklichkeit, die von *Lophophora williamsii* hervorgerufen wurden, um den speziellen Konsens zur Bekräftigung der Regel weiter vorzubereiten. Diese drei Zustände wurden hier als eine einzige Einheit behandelt, weil sie an vier aufeinanderfolgenden Tagen eintraten und ich während der wenigen Stunden zwischen ihnen keinerlei Kommunikation mit Don Juan hatte.
Die innere Ordnung dieser drei Zustände wurde auch als einzelne Einheit mit den folgenden Charakteristika betrachtet. Das Fortschreiten zum Spezifischen rief die Wahrnehmung von Mescalito als sichtbarer anthropomorpher Gestalt hervor, die fähig war zu lehren. Die Fähigkeit zu unterrichten implizierte, daß Mescalito in der Lage war, Menschen zu beeinflussen.
Das Fortschreiten zu einem größeren Bewertungsbereich erreichte einen Punkt, an dem ich beide Bereiche gleichzeitig wahrnahm und den Unterschied zwischen ihnen nur noch in der Bewegung festlegen konnte. Im abhängigen Bereich konnte ich mich durch meine eigenen Fähigkeiten und meinen Willen bewegen, aber im unabhängigen Bereich konnte ich mich nur mit Hilfe von Mescalito als Instrument bewegen. Zum Beispiel schlossen Mescalitos Lektionen eine Reihe von Szenen ein, die ich nur beobachten konnte. Das Fortschreiten zu einem mehr pragmatischen Gebrauch nicht-alltäglicher Wirklichkeit wurde in dem Gedanken impliziert, daß Mescalito tatsächlich Lektionen über den richtigen Lebensweg geben könne.

Während der Vorbereitungszeit, die dem letzten Zustand nicht-alltäglicher Wirklichkeit in dieser Reihe folgte, wählte Don Juan die folgenden Einheiten aus. Für das Fortschreiten zum Spezifischen legte er positive Betonung auf den Gedanken, daß Mescalito einem behilflich war, den unabhängigen Bewertungsbereich zu durchqueren und daß Mescalito eine didaktische Entität war, die Lektionen geben konnte, indem sie einem erlaubte, in eine visionäre Welt einzutreten. Don Juan befaßte sich auch mit den Schlüssen, die daraus zu ziehen waren, daß Mescalito seinen Namen ausgesprochen und mir angeblich einige Lieder beigebracht hatte; diese zwei Gelegenheiten waren als Beispiele konstruiert, Mescalitos Fähigkeiten als Beschützer zu zeigen. Und die Tatsache, daß ich Mescalito als ein Licht wahrgenommen hatte, wurde betont als die Möglichkeit, daß er schließlich für mich eine abstrakte, beständige Gestalt angenommen hatte.

Die Betonung der gleichen Einheiten diente Don Juan auch dazu, das Fortschreiten zu einem größeren Bewertungsbereich zu dirigieren. Während des Verlaufs der drei Zustände nicht-alltäglicher Wirklichkeit nahm ich deutlich wahr, daß der abhängige und der unabhängige Bereich zwei getrennte Aspekte nicht-alltäglicher Wirklichkeit darstellten, die gleich wichtig waren. Der unabhängige Bereich war das Gebiet, in dem Mescalito seine Lektionen erteilte, und da diese Zustände nicht-alltäglicher Wirklichkeit nur hervorgerufen werden sollten, um solche Lektionen zu suchen, war der unabhängige Bereich ein Gebiet von besonderem Gewicht. Mescalito war Beschützer und Lehrer, und das bedeutete, daß er sichtbar war; und doch hatte seine Gestalt nichts mit dem vorausgegangenen Zustand alltäglicher Wirklichkeit zu tun. Andererseits sollte man weit reisen, vorstoßen in nicht-alltägliche Wirklichkeit, um Mescalitos Lektionen zu suchen. Dieser Gedanke implizierte die Wichtigkeit des abhängigen Bereichs.

Das Fortschreiten zu einem mehr pragmatischen Gebrauch nicht-alltäglicher Wirklichkeit war so gestaltet, daß sich der größte Teil der Betrachtungen mit Mescalitos Lektionen befaßte. Diese Lektionen stellte Don Juan so vor, als seien sie für das Leben eines Mannes unentbehrlich; es war ein klarer Schluß, daß nicht-alltägliche Wirklichkeit auf eine mehr pragmatische Weise genutzt werden konnte, um Bezugspunkte zu erreichen, die auch in alltäglicher Wirklichkeit Wert hatten. Es war das erste Mal, daß Don Juan eine solche Folgerung ausgesprochen hatte.

Der folgende Zustand nicht-alltäglicher Wirklichkeit, der neunte in den Lehren, wurde hervorgerufen, um die Regel des in *Datura inoxia* enthaltenen Verbündeten zu bekräftigen. Die spezifische Absicht, die in diesem Zustand bekräftigt werden sollte, betraf die Weissagung, und das vorausgegangene Dirigieren der inneren

Umstände endete in den folgenden Punkten. Das Fortschreiten zu einem spezifischen Endresultat schuf die Wahrnehmung einer kohärenten Folge von Szenen, die für die Stimme der Eidechse gehalten werden sollte, welche über die wahrzusagenden Ereignisse erzählte, und die Empfindung einer Stimme, die solche Szenen tatsächlich beschrieb. Das Fortschreiten zu einem unabhängigen Bewertungsbereich resultierte in der Wahrnehmung eines weiten und klaren, unabhängigen Bereichs, der frei war vom äußeren Einfluß alltäglicher Wirklichkeit. Das Fortschreiten zu einem mehr pragmatischen Gebrauch nicht-alltäglicher Wirklichkeit endete mit den nutzbaren Möglichkeiten, den unabhängigen Bereich auszuwerten. Diese besondere Richtung wurde von Don Juans Betrachtung über die Möglichkeit ausgelöst, Orientierungspunkte aus dem unabhängigen Bereich zu gewinnen und sie in alltäglicher Wirklichkeit zu nutzen. So hatten die wahrsagerischen Szenen einen deutlich pragmatischen Wert, denn von ihnen wurde angenommen, daß sie eine Ansicht von Handlungen darstellten, die andere ausgeführt hatten, Handlungen, zu denen man mit gewöhnlichen Mitteln keinen Zugang gehabt hätte.

In der folgenden Vorbereitungszeit betonte Don Juan mehr einzelne Themen »des Wissenden«. Er schien sich darauf vorzubereiten, zu der Arbeit mit nur einem der beiden Verbündeten, dem Verbündeten Humito, überzugehen. Aber er legte positive Betonung auf den Gedanken, daß ich zu dem in *Datura inoxia* enthaltenen Verbündeten eine enge Affinität hatte, weil er mir erlaubt hatte, einen Fall der Flexibilität der Regel mitzuerleben, als mir bei der Ausführung der manipulierenden Technik ein Irrtum unterlaufen war. Meine Annahme, daß Don Juan bereit war, das Lehren der Regel des in *Datura inoxia* enthaltenen Verbündeten aufzugeben, wurde von der Tatsache genährt, daß er keines der Gebiete meiner Rekapitulation des Erlebnisses isolierte, um das Dirigieren der inneren Umstände der folgenden Zustände nicht-alltäglicher Wirklichkeit zu klären.

Es folgte eine Reihe von drei Zuständen nicht-alltäglicher Wirklichkeit, die hervorgerufen wurden, um die Regel des in *Psilocybe mexicana* enthaltenen Verbündeten zu bekräftigen. Ich habe sie hier als eine Einheit behandelt. Und obwohl beträchtliche Zeit zwischen ihnen verging, machte Don Juan während der Intervalle keinen Versuch, sich mit irgendeinem Aspekt ihrer inneren Ordnung zu befassen.

Der erste Zustand der Reihe war verschwommen; er endete plötzlich, und seine einzelnen Elemente waren nicht klar. Er schien eher ein Übergangsstadium als ein richtiger Zustand nicht-alltäglicher Wirklichkeit zu sein.

Der zweite Zustand war tiefreichender. Zum ersten Mal nahm ich den Übergangszustand zu nicht-alltäglicher Wirklichkeit gesondert wahr. Während des Verlaufs dieses ersten Übergangsstadiums zeigte mir Don Juan, daß die spezifische Absicht der Regel, die ich bekräftigen mußte, einen anderen Aspekt der Bewegung betraf, einen Aspekt, der seine genaueste Überwachung verlangte; ich habe ihn mit »Bewegung durch Annahme einer anderen Gestalt« wiedergegeben. Folglich wurden zwei Aspekte der äußeren Umstände nicht-alltäglicher Wirklichkeit zum ersten Mal deutlich: die Übergangsstadien und die Überwachung durch den Lehrer.

Don Juan nutzte seine Überwachung während dieses ersten Übergangsstadiums, um das folgende Dirigieren von drei Aspekten der inneren Umstände deutlich zu zeigen. Seine Anstrengungen waren gezielt, um hauptsächlich ein spezifisches Endresultat hervorzubringen, indem er mich zum Erleben der präzisen Empfindung führte, die Gestalt einer Krähe angenommen zu haben.

Die Möglichkeit, eine andere Gestalt anzunehmen, um Bewegung in nicht-alltäglicher Wirklichkeit zu erreichen, schloß wiederum eine Ausdehnung des abhängigen Bewertungsbereichs ein, dem einzigen Bereich, in dem solche Bewegung stattfinden konnte.

Der pragmatische Gebrauch nicht-alltäglicher Wirklichkeit wurde entschieden, indem er mich veranlaßte, meine Aufmerksamkeit auf bestimmte einzelne Elemente des abhängigen Bereichs zu konzentrieren, um sie als Bezugspunkte der Bewegung zu benutzen.

Während der folgenden Übergangszeit, die dem zweiten Zustand der Reihe folgte, weigerte sich Don Juan, irgendeinen Teil meines Erlebnisses zu diskutieren. Er behandelte den zweiten Zustand, als sei er nur ein weiteres, verlängertes Übergangsstadium.

Der dritte Zustand der Reihe jedoch war von größter Bedeutung in den Lehren. Es war ein Zustand, bei dem der Prozeß des Dirigierens der inneren Umstände in den folgenden Ergebnissen seinen Höhepunkt fand: das Fortschreiten zum Spezifischen führte zu der leichten Wahrnehmung, daß ich so vollständig eine andere Gestalt angenommen hatte, daß es sogar genauer Regulierungen bedurfte in der Art, wie ich meine Augen auf etwas richtete und wie ich sah. Ein Ergebnis dieser Regulierungen war meine Wahrnehmung einer neuen Seite des abhängigen Bewertungsbereichs – die kleinsten Teilchen, die die einzelnen Elemente bildeten – und diese Wahrnehmung vergrößerte entschieden den Bewertungsbereich. Das Fortschreiten zu einem mehr pragmatischen Gebrauch der nicht-alltäglichen Wirklichkeit kulminierte bei mir in dem Bewußtsein, daß es möglich sei, sich im abhängigen Bereich so pragmatisch zu bewegen, wie man es in alltäglicher Wirklichkeit tut.

In der Vorbereitungszeit, die dem letzten Zustand nicht-alltäg-

licher Wirklichkeit folgte, führte Don Juan eine Art der Rekapitulation ein. Er wählte die Gebiete der Erinnerung aus, bevor er meinen Bericht gehört hatte; das heißt, er verlangte, die Berichte nur soweit zu hören, wie sie zum pragmatischen Gebrauch der nicht-alltäglichen Wirklichkeit und der Bewegung führten.
Auf diesen Berichten baute er das Fortschreiten zum Spezifischen auf, indem er positive Betonung auf die Version legte, aus der hervorging, wie ich die Gestalt einer Krähe genutzt hatte. Und doch maß er nur dem Gedanken der Bewegung Bedeutung bei, nachdem ich die Gestalt angenommen hatte. Bewegung war das Gebiet meiner Rekapitulation, dem er im Wechselspiel positive und negative Bedeutung beimaß. Er gab dem Bericht positive Betonung, wenn er die Vorstellung der pragmatischen Natur nicht-alltäglicher Wirklichkeit zur Geltung brachte oder wenn er die Wahrnehmung von einzelnen Elementen betraf, die mir erlaubt hatten, einen allgemeinen Orientierungssinn zu erlangen, während ich mich scheinbar im abhängigen Bewertungsbereich bewegte. Er legte negative Betonung auf meine Unfähigkeit, mich präzise an die Eigenart oder die Richtung solcher Bewegung zu erinnern.
Indem er das Fortschreiten zu einem ausgedehnteren Bewertungsbereich dirigierte, konzentrierte Don Juan seine Überlegungen auf meinen Bericht von der seltsamen Art, in der ich die kleinsten Teilchen wahrgenommen hatte, welche die einzelnen Elemente bildeten, die innerhalb des abhängigen Bereichs lagen. Seine Überlegung führte mich zu der Annahme, daß, wenn es möglich wäre, die Welt mit den Augen einer Krähe zu sehen, der abhängige Bewertungsbereich sich tiefer ausdehnen und erweitern mußte, um das ganze Spektrum alltäglicher Wirklichkeit einzubeziehen. Um das Fortschreiten zu einem mehr pragmatischen Gebrauch nicht-alltäglicher Wirklichkeit zu dirigieren, erklärte Don Juan meine besondere Art, die einzelnen Elemente wahrzunehmen, als die Art einer Krähe, die Welt zu sehen. Und folglich setzte diese Art zu sehen den Zwang zu einer Reihe von Phänomenen außerhalb der normalen Möglichkeiten in der alltäglichen Wirklichkeit voraus.
Das letzte in meinen Notizen aufgezeichnete Erlebnis war ein spezieller Zustand alltäglicher Wirklichkeit; Don Juan rief ihn hervor, indem er einzelne Elemente alltäglicher Wirklichkeit durch den Prozeß von Hinweisen auf sein eigenes Verhalten isolierte.
Die allgemeinen Prozesse, die benutzt wurden, um die inneren Umstände nicht-alltäglicher Wirklichkeit zu dirigieren, riefen während des Verlaufs des zweiten speziellen Zustands alltäglicher Wirklichkeit folgende Ergebnisse hervor. Das Fortschreiten zum Spezifischen resultierte in der einfachen Isolierung vieler Elemente alltäglicher Wirklichkeit. Im ersten speziellen Zustand alltäglicher

Wirklichkeit wurden die sehr wenigen einzelnen Elemente, die durch den Prozeß von Hinweisen auf die Umgebung isoliert wurden, auch zu fremdartigen Formen verwandelt, denen gewöhnlicher Konsens fehlte. Im zweiten speziellen Zustand alltäglicher Wirklichkeit waren ihre einzelnen Elemente jedoch zahlreich, und obwohl sie ihre Eigenschaft als vertraute Elemente nicht verloren, verloren sie vielleicht ihre Fähigkeit zu gewöhnlichem Konsens. Solche einzelnen Elemente umfaßten vielleicht die totale Umgebung, derer ich mir bewußt war.
Don Juan rief diesen zweiten Zustand vielleicht hervor, um die Verbindung zwischen alltäglicher und nicht-alltäglicher Wirklichkeit zu stärken, indem er die Möglichkeit entwickelte, daß die meisten, wenn nicht alle, einzelnen Elemente alltäglicher Wirklichkeit ihre Fähigkeit zu speziellem Konsens verlieren könnten.
Ich selbst beurteilte diesen letzten speziellen Zustand jedoch als die endgültige Zusammenfassung meiner Lehrzeit. Der furchtbare Eindruck der Angst auf die Ebene nüchternen Bewußtseins hatte die besondere Eigenschaft, die Gewißheit zu untergraben, daß die Wirklichkeit des alltäglichen Lebens unbedingt wirklich war, die Gewißheit, daß ich mir in Sachen alltäglicher Wirklichkeit unbegrenzt lange Konsens verschaffen könnte. Bis zu diesem Punkt schien der Verlauf meiner Lehrzeit ein ständiger Aufbau gewesen zu sein, der auf das Zusammenbrechen dieser Gewißheit zielte. Don Juan gebrauchte jede Seite seiner dramatischen Anstrengung, um diesen Zusammenbruch während dieses letzten speziellen Zustands zu erreichen. Diese Tatsache brachte mich zu dem Glauben, daß vollständiger Zusammenbruch dieser Gewißheit die letzte Schranke entfernt hätte, die mich davon abhielt, die Existenz einer getrennten Wirklichkeit zu akzeptieren: die Wirklichkeit des speziellen Konsenses.

Appendix B
Aufbau der strukturellen Analyse

Die operative Ordnung

Die erste Einheit

Der Wissende

Ein Wissender zu werden, war eine Sache des Lernens

Es gab keine offenkundigen Erfordernisse

Es gab einige versteckte Erfordernisse

Ein Schüler wurde von einer unpersönlichen Macht ausgegesucht

Der, der ausgewählt war (*escogido*)

Die Entscheidungen der Macht wurden durch Omen offenbar

Ein Wissender hatte einen unbeugsamen Vorsatz

Zurückhaltung

Gesundes Urteil

Mangelnde Freiheit zu Neuerungen

Ein Wissender hatte einen klaren Verstand

Freiheit, einen Weg zu suchen

Wissen um die spezifische Absicht

Beweglichkeit

Ein Wissender zu werden, war eine Sache anstrengender Arbeit

Dramatische Anstrengung

Wirksamkeit

Herausforderung

Ein Wissender war ein Krieger

Er mußte Ehrfurcht haben

Er mußte Furcht haben

Er mußte hellwach sein

Bewußtheit der Absicht

Bewußtheit der erwarteten Veränderung

Er mußte Selbstvertrauen haben

Ein Wissender zu werden, war ein unaufhörlicher Prozeß

Er mußte das Bestreben, ein Wissender zu werden, erneuern

Er war vergänglich

Er mußte dem Weg mit Herz folgen

Die zweite Einheit

Ein Wissender hatte einen Verbündeten

Ein Verbündeter war gestaltlos

Ein Verbündeter wurde als eine Qualität wahrgenommen

Der in *Datura inoxia* enthaltene Verbündete
  Er war frauen-ähnlich
    Er war besitzergreifend
    Er war leidenschaftlich
    Er war unberechenbar
    Er hatte eine schädliche Wirkung auf den Charakter seiner Anhänger
  Er war ein Spender überreichlicher Macht
Der in *Psilocybe mexicana* enthaltene Verbündete
  Er war mann-ähnlich
    Er war leidenschaftslos
    Er war sanft
    Er war berechenbar
    Er hatte eine wohltuende Wirkung auf den Charakter seiner Anhänger
  Er war ein Spender von Ekstase
Ein Verbündeter war zähmbar
  Ein Verbündeter war ein Vehikel
    Der in *Datura inoxia* enthaltene Verbündete war unberechenbar
    Der in *Psilocybe mexicana* enthaltene Verbündete war berechenbar
  Ein Verbündeter war ein Helfer

Die dritte Einheit
Ein Verbündeter hatte eine Regel
  Die Regel war unabänderlich
    Ausnahme durch direkten Eingriff des Verbündeten
  Die Regel war nicht-akkumulativ
  Die Regel wurde in alltäglicher Wirklichkeit bekräftigt
  Die Regel wurde in nicht-alltäglicher Wirklichkeit bekräftigt
    Die Zustände nicht-alltäglicher Wirklichkeit
      Nicht-alltägliche Wirklichkeit war verwertbar
      Nicht-alltägliche Wirklichkeit setzte sich aus einzelnen Elementen zusammen
        Die einzelnen Elemente hatten Stabilität
        Sie hatten Singularität
        Es fehlte ihnen gewöhnlicher Konsens
    Die speziellen Zwecke der Regel
      Erster spezieller Zweck, das Testen (*Datura inoxia*)
        Manipulationstechnik: Einnehmen
      Zweiter spezieller Zweck, Weissagung (*Datura inoxia*)
        Manipulationstechnik: Einnehmen-Absorption
      Dritter spezieller Zweck, körperlicher Flug (*Datura inoxia*)
        Manipulationstechnik: Einnehmen-Absorption
      Vierter spezieller Zweck, das Testen (*Psilocybe mexicana*)

Manipulationstechnik: Einnehmen-Inhalieren
Fünfter spezieller Zweck, Bewegung (*Psilocybe mexicana*)
Manipulationstechnik: Einnehmen-Inhalieren
Sechster spezieller Zweck, Bewegung durch Annahme einer anderen Gestalt (*Psilocybe mexicana*)
Manipulationstechnik: Einnehmen-Inhalieren

Die vierte Einheit
Die Regel wurde durch speziellen Konsens bekräftigt
Der Wohltäter
Vorbereitung des speziellen Konsenses
Die anderen Zustände nicht-alltäglicher Wirklichkeit
Sie wurden von Mescalito hervorgerufen
Er war in der Pflanze enthalten*
Die Pflanze war die Macht selbst**
Er hatte keine Regel
Er verlangte keine Lehrzeit
Er war ein Beschützer
Er war ein Lehrer
Er war eine bestimmte Gestalt
Nicht-alltägliche Wirklichkeit war verwertbar
Nicht-alltägliche Wirklichkeit setzte sich aus einzelnen Elementen zusammen
Die speziellen Zustände alltäglicher Wirklichkeit
Sie wurden von dem Lehrer hervorgerufen
Hinweise auf die Umgebung
Hinweise auf Verhalten
Die Rekapitulation des Erlebnisses
Die Erinnerung der Ereignisse
Die Beschreibung der einzelnen Elemente
Betonung
Positive Betonung
Negative Betonung
Fehlen der Betonung
Dirigieren des speziellen Konsenses
Die äußeren Umstände nicht-alltäglicher Wirklichkeit
Die vorbereitende Periode
Die Periode vor der nicht-alltäglichen Wirklichkeit
Die Periode, die der nicht-alltäglichen Wirklichkeit folgte
Die Übergangsstadien
Die Überwachung durch den Lehrer
Die inneren Umstände nicht-alltäglicher Wirklichkeit
Fortschreiten zum Spezifischen
Spezifische einzelne Formen

*It was contained; Anm. d. Ü.
**The container was the power itself; Anm. d. Ü.

Zunehmende Komplexität der wahrgenommenen Details

Fortschreiten von bekannten zu ungewohnten Formen

Spezifische Endresultate

Fortschreiten zu einem ausgedehnten Bewertungsbereich

Der abhängige Bereich

Der unabhängige Bereich

Fortschreiten zu einem pragmatischeren Gebrauch nicht-alltäglicher Wirklichkeit

Fortschreiten zum Spezifischen in speziellen Zuständen alltäglicher Wirklichkeit

Das Begriffssystem

Der Schüler

Die trügerische Annahme des Begriffssystems

Die echte Annahme des Begriffssystems

Die Wirklichkeit des speziellen Konsenses

Die Wirklichkeit des speziellen Konsenses hatte pragmatischen Wert